小学生发展与教育心理学

主编 王小会 黄 姗
参编 陈维举 赵 静 杜柏玲

陕西师范大学出版总社

图书代号　JC15N0199

图书在版编目(CIP)数据

小学生发展与教育心理学 / 王小会，黄姗主编. —西安：陕西师范大学出版总社有限公司，2015.2(2020.3重印)
ISBN 978-7-5613-8066-6

Ⅰ．①小…　Ⅱ．①王…②黄…　Ⅲ．①小学生—教育心理学—高等学校—教材　Ⅳ．①G444

中国版本图书馆 CIP 数据核字(2015)第 032124 号

小学生发展与教育心理学
XIAOXUESHENG FAZHAN YU JIAOYU XINLIXUE
王小会　黄　姗　主编

责任编辑 /	王东升
责任校对 /	杜世雄
封面设计 /	鼎新设计
出版发行 /	陕西师范大学出版总社
	(西安市长安南路 199 号　邮编 710062)
网　　址 /	http://www.snupg.com
经　　销 /	新华书店
印　　刷 /	陕西省富平县万象印务有限公司
开　　本 /	787mm×1092mm　1/16
印　　张 /	16.5
字　　数 /	321 千
版　　次 /	2015 年 2 月第 1 版
印　　次 /	2020 年 3 月第 3 次印刷
书　　号 /	ISBN 978-7-5613-8066-6
定　　价 /	33.00 元

读者购书、书店添货如发现印刷装订问题，请与本社高教出版分社联系调换。
电话：(029)85303622(传真)　85307864

前　言

　　教育活动伴随着人类社会的产生而产生,也随着社会的政治、经济和文化的发展而发展。小学教育作为义务教育阶段的起点,对人一生的发展起着至关重要的奠基作用,为了促进小学生的全面发展,贯彻落实素质教育的精神,培养小学生可持续发展和终身学习的能力,就要求小学教师具有正确的儿童观,科学的教育理念与方法,熟悉小学生的心理发展规律和特点,了解其学习心理,培养小学生良好的学习动机,保护小学生喜欢探究的天性。这就要求小学教师要掌握扎实的有关小学生发展与教育心理学的知识,并在实践中自觉运用,以此提高教育教学质量。

　　随着基础教育改革向纵深发展,教育部在2011年10月颁布了《教师教育课程标准(试行)》,其中指出小学职前教师教育课程要引导未来教师理解小学生成长的特点与差异,学会创设富有支持性和挑战性的学习环境,满足他们的表现欲和求知欲;理解小学生的生活经验和现场资源的重要意义,学会设计和组织适宜的活动,指导和帮助他们自主、合作与探究学习,形成良好的学习习惯;理解交往对小学生发展的价值和独特性,学会组织各种集体和伙伴活动,让他们在有意义的学校生活中快乐成长。为了落实《教师教育课程标准(试行)》的精神,我们将"儿童发展与学习领域"和"心理健康与道德教育学习"领域中的"儿童发展"、"小学生认知与学习"和"小学生品德发展与道德教育"等模块与发展心理学和教育心理学的核心内容进行整合,使之成为体现小学教师教育课程特色,符合时代潮流和教育发展要求,满足学生学习需求的小学教育专业教材。

　　小学生发展与教育心理学的主要任务在于探究小学生的认知发展、个性发展和社会性发展的特点与规律,学生在知识与技能的学习,态度形成和品德发展,动机激发与迁移能力培养等方面关系,使小学教师的教育教学活动建立在心理科学的基础上,从而提高教育活动的质量,更有利于学生发展和成长。基于此,小学教师应该具有一定的发展与教育心理学的知识,从心理学的角度分析和对待小学生,把小学生作为一个处在发展中的个体来教育,了解学生的心理发展特点,在把握发展共性的同时,关注个体差异,因材施教,教会学生学习策略,提高学生的元认知能力。

本书的目的在于引导未来的小学教师熟悉小学生的心理发展特点与学习规律,以及与之相适应的学习策略等。在心理科学的指导下,让小学教师尽快适应教育和教学工作,促进专业成长,从一个新手教师向成熟的教师发展,成为反思性教学的实践者,乃至专家型教师。本书作为小学教育专业的教师教育类课程教材,在编写的过程中力求突出如下特点:

1. 理论与实践结合,关注小学生课堂生态,突显应用性。作为小学教师教育类课程教材,我们以小学生发展与教育心理学的相关理论和原理为经,以课堂中鲜活生动的案例为纬,关注小学生发展与教育中实际存在的问题与冲突,适当的案例增强可读性,使学生进一步理解相关理论与原理的应用价值,突出学生主动建构知识,掌握学习方法,培养学习兴趣,提高教学的实效性。

2. 发展与教育心理整合,关注智力与非智力因素,体现创新性。小学生发展与教育心理学的学科性质决定了本书在讲求应用与实效的同时,重视基础理论的学习,也关注智力因素作为小学生发展的条件和基础的根本性,及非智力因素中诸如社会性和个性的培养,唯其如此,学生的发展才是全面的。全书以发展与教育心理学的基本理论为基础,着重探讨小学生心理发展的特点与规律,关注小学生的学习活动,各章以具体明晰的"学习目标"及课堂生活中真实的"案例导入",引领学习者与教师共同建构学习内容、紧扣每章内容设计的"思考与讨论",让学生能够对所学知识不断地反思,内化为个人知识,在与同学分享中,促进合作交流,提高反思与应用能力,详尽的"参考文献"为学习者进一步的自主学习提供了依据,也拓展了学生的学习空间。

《小学生发展与教育心理学》是共同合作的成果和集体智慧的结晶。全书由王小会担任第一主编,黄姗担任第二主编,各章的编写人员如下:王小会(第一章),黄姗(第五章、第六章),陈维举(第二章、第七章),赵静(第八章、第九章),杜柏玲(第三章、第四章)。全书由王小会和黄姗统稿和定稿。

本书的编写和出版得到了陇南师范高等专科学校特聘教授何安乐同志的悉心指导,参与编写提纲讨论,提出了许多建设性的意见和建议,陇南师范高等专科学校学前教育学院潘文生院长多次督促,为本书的出版提供了大力支持,在此表示最诚挚的感谢!编写过程中,借鉴、参考和引用了相关的文献和案例,我们在此也致以深深的谢意!

由于学识和水平所限,错误和疏漏在所难免,恳请专家学者和读者批评指正。

编者

2015 年 2 月

目 录

第一章 小学生发展与教育心理学概述 （1）
  第一节 小学生发展与教育心理学的学科性质 （2）
  第二节 小学生发展与教育心理学的研究方法 （11）
  第三节 小学生发展与教育心理学的意义和作用 （17）
  思考与讨论 （20）
  参考文献 （20）

第二章 小学生心理发展的基本规律 （21）
  第一节 影响小学生心理发展的因素 （22）
  第二节 教育与小学生心理发展 （30）
  第三节 小学生心理发展的一般特点 （34）
  第四节 小学生心理发展的年龄特征 （40）
  第五节 小学生心理发展的主要理论 （46）
  思考与讨论 （53）
  参考文献 （53）

第三章 小学生智力因素发展与教育 （55）
  第一节 智力发展概述 （56）
  第二节 小学生智力因素发展与教育 （58）
  第三节 个体差异与因材施教 （81）
  思考与讨论 （94）
  参考文献 （94）

第四章 小学生社会性因素发展与教育 （95）
  第一节 社会性因素概述 （96）
  第二节 小学生社会性因素发展与教育 （103）
  第三节 个体差异与因材施教 （123）
  思考与讨论 （131）
  参考文献 （132）

第五章　小学生学习心理 …… (133)
- 第一节　学习概述 …… (133)
- 第二节　学习的主要理论 …… (137)
- 第三节　小学生知识的学习 …… (151)
- 第四节　小学生技能的学习 …… (156)
- 第五节　小学生问题解决的学习 …… (164)
- 思考与讨论 …… (175)
- 参考文献 …… (175)

第六章　小学生的学习动机 …… (177)
- 第一节　学习动机概述 …… (178)
- 第二节　学习动机的理论 …… (188)
- 第三节　影响小学生学习动机形成的因素 …… (196)
- 第四节　小学生学习动机的培养和激发 …… (199)
- 思考与讨论 …… (203)
- 参考文献 …… (204)

第七章　小学生学习的迁移 …… (205)
- 第一节　学习迁移概述 …… (206)
- 第二节　学习迁移的理论 …… (211)
- 第三节　小学生学习迁移的影响因素及其在教学中的应用 …… (216)
- 思考与讨论 …… (225)
- 参考文献 …… (226)

第八章　小学生的学习策略 …… (227)
- 第一节　学习策略概述 …… (228)
- 第二节　认知策略 …… (229)
- 第三节　元认知策略与资源管理策略 …… (234)
- 第四节　小学生学习策略的训练 …… (237)
- 思考与讨论 …… (241)
- 参考文献 …… (241)

第九章　小学生品德心理 …… (243)
- 第一节　小学生品德心理概述 …… (244)
- 第二节　品德形成的理论 …… (247)
- 第三节　小学生品德的培养 …… (250)
- 第四节　小学生品德不良的矫正 …… (252)
- 思考与讨论 …… (257)
- 参考文献 …… (257)

第一章 小学生发展与教育心理学概述

1. 了解小学生发展与教育心理学的研究对象、研究内容及历史演进等。
2. 熟悉小学生发展与教育心理学的研究任务与作用。
3. 撑握小学生发展与教育心理学的研究原则与常用研究方法。

自从有了人类社会,便出现了以传递人类知识经验和改善人的本性为目的的教育。尤其在课程改革不断深入的今天,培养健全的"人"是我们最终的教育理想。而要切实做到这一点,我国小学生教育者应注意的最关键一点是:为了儿童的一切。不论是智力的还是情感的、生理的还是心理的、品德的还是人格的,要系统掌握小学生发展与教育过程中的心理学规律,从实际出发,真正做到因材施教。

心理学是一门研究人的行为和心理活动规律的科学,是人类对自我的探求。心理学的英文"phychology"一词来源于希腊文,由两个字源组成,即"psyche"和"logos"。前者来源于希腊神话中灵魂女神"psyche"的名字,即"心灵""灵魂"的意思,而"logos"是希腊的哲学术语"逻格斯",意为"讲述"或"解说",两者合起来就是"对心灵或灵魂的解说"。这可以说是心理学最早的定义,但该解释只具有哲学意义,并不具备科学内涵。它作为一门严格应用自然科学的方法研究人的心理和行为的科学,只有短短100多年的历史,但它作为哲学的一个分支,却有漫长的过去。自从人类历史有文字记载以来,无论是古代的还是近代的哲学家,往往也都是教育家。教育是他们应用包括心理学思想在内的哲学观点的一个重要领域。为了了解心理学产生的历史渊源,我们首先回顾在科学心理学产生以前,哲学与心理学的结合;然后回顾科学心理学的发展;再回顾科学心理学与教育的结合,即教育心理学作为一门独立的心理学分支学科的诞生,以及科学心理学与教育结合100年所走过的曲折道路;最后探讨小学生发展与教育心理学的研究对象及任务。

第一节 小学生发展与教育心理学的学科性质

一、小学生发展与教育心理学的研究对象

(一)小学生发展与教育心理学的科学内含

小学生发展与教育心理学是发展心理学与教育心理学相结合的产物。小学生发展心理学是研究小学生身心发展特点与规律的科学,小学生教育心理学主要探究在学校教育情境中小学生的学习过程与条件。因此,小学生发展与教育心理学就是关于小学生教育过程中的教与学基本心理规律的科学,也是研究如何针对小学生的身心理发展特点、利用教育心理学原理对小学生进行教育的一门学科。小学生发展与教育心理学的含义如下:

1. **小学生心理发展是教育活动展开的前提和基础**

教育和培养学生,就应该了解学生,了解学生心理发展的特点和规律。小学生是处于发展中的个体,是教学活动的对象,是学习活动的主体,教育教学活动的出发点和归宿是促进其全面、和谐、健康发展。因此,小学生的心理发展既是教学和学习活动的起点,又是教学和学习活动的目的和落脚点。教育工作者既要看到小学生心理发展的共性和普遍的规律,也要看到基于遗传、素质和文化等因素影响下的个体差异性,个性影响儿童对外界刺激的反应方式。教育对不同个体所起的作用也受其个性的影响。

2. **小学生教育心理是促进发展的手段和根据**

教师的教育教学活动是否有效,是否能够促进小学生的发展,必须要通过其学习活动落实和体现。教学活动应该符合小学生发展规律与小学生学习的规律,尤其是有关小学生学习过程、学习条件以及学习策略。教育过程既是教的过程也是小学生学习的过程,主要是对小学生进行影响的过程,这个过程是有规律可循的。在教育过程中,课程的设置、教材的安排、知识和技能的传授以及课堂的管理等一切教育教学活动都与教育心理有关。只有掌握教与学的规律和原理,并在相关指导下进行教育活动,才能促进教育教学活动的顺利进行,促进小学生的全面发展和健康成长。

3. **小学生发展与教育心理规律在教学生态中的应用是目的**

了解小学生的心理发展特点,掌握教育教学规律,最终的目的是为了提高课堂教学质量,促进学生的发展。课堂生态是一个开放式的系统,它包括人的因素、物质因素和精神因素,在自然环境、社会环境、规范环境、心理环境的综合影响下,多种因素同时并存并

相互制约,共同作用于课堂教学。这就要求小学生发展与教育心理学,不仅要探讨小学生心理发展的特点与学习规律和策略,也要关注其在课堂生态中的应用问题,提高教学的有效性,满足小学生发展与成长的需求。

(二)小学生发展与教育心理学的学科特性

小学生发展与教育心理研究的核心,是小学生心理发展规律,是学校教育情境中小学生的学习过程与教学策略,其理论基础和研究方法主要源于心理学。因此,小学生发展与教育心理学属于心理学的学科范畴。

小学生发展与教育心理学侧重于应用性。小学生发展与教育心理学既是基础学科,又是应用学科;既是自然科学,又是社会科学。它是基础学科,是因为小学生发展与教育心理学要研究发展与教育心理学的一般规律,其结果可以作为小学教育教学实践的理论依据,在实践过程中又能不断丰富和深化儿童心理学和教育心理学的理论;它又是应用学科,是因为研究的目的是要将儿童心理学和教育心理学的研究成果在教学生态中运用。

综上所述,小学生发展与教育心理学既是理论学科,又关注理论在教学实践中的应用价值,兼具自然科学和社会科学的特性,关注课堂生态中的人,关注小学生发展的各种因素的相互影响,凸显它们的教育价值,带有明显的人文社会科学的色彩。

二、小学生发展与教育心理学的研究内容

小学生发展与教育心理学的研究范围是由它的特殊研究对象决定的。这门学科主要研究儿童心理学与教育心理学相结合过程中的心理学规律,小学生发展与教育心理学既探讨发展与教育,又涵盖学习与教学;既关注智力与非智力因素,又兼顾教师与学生。小学生发展与教育心理学的研究对象决定了它的主要研究范围:小学生掌握知识、技能,形成某种才能的心理学规律;形成道德品质和个性的心理规律。

三、小学生发展与教育心理学的历史演变

(一)西方儿童发展与教育心理学的历史演变

1.心理学的发展历史

正如德国心理学家艾宾浩斯(H. Ebbinghaus)在《心理学纲要》中曾经指出的那样:心理学虽然只有短暂的历史,但却有着一个漫长的过去。在心理学成为一门独立科学以前,有关人类心理及其如何操作并转化为外显行为的资料,可以追溯到许多世纪以前,以及公元前的一些历史记载、诗歌以及哲学思想。

在西方,心理学的源头可以追溯到古希腊的苏格拉底、柏拉图和亚里士多德时代。苏格拉底是雕塑家和助产妇的儿子,他的箴言是:"认识你自己"。柏拉图的基本观点是

灵魂不死论。世上万物由"理念"派生出来,人的灵魂也来自理念世界,人死后灵魂又回到理念世界,所以灵魂是永生不死的。亚里士多德是第一位百科全书式的思想家,也是古希腊哲学思想的集大成者。他的基本观点是形式质料论。他认为形式先于质料,"形式的形式"是宇宙变化的第一动力。灵魂是形式,身体是质料,形式决定质料,所以灵魂具有主动性。灵魂具有认识(感觉、记忆、想象、思维)和动求(欲望、动作、意志和情感)功能。这是西方心理学史中最早的知意二分法。他的代表作《论灵魂》,是西方心理学史上第一本哲学心理学著作,对后来心理学的发展产生了重要影响。现代心理学是在19世纪末独立成为一门科学的,它的诞生与发展有两大历史源头。

其一,是近代哲学源头,主要是法国的唯理论和英国的经验论。唯理论的代表笛卡尔提出"我思故我在",他认为一切东西都可以被怀疑,但只有"我在怀疑"不能被怀疑。"我"在怀疑就是"我"在思想,这个"我"是思想上理性的人。他关于身心二元论对摆脱数百年来神学教条的僵化统治有积极意义,推进了现代心理学的发展。经验论的代表人物有培根(F. Bacon)、洛克(J. Locke)、休谟(D. Hume)和贝克莱(G. Berkeley)等。培根于1620年出版《新工具》一书,提倡探求知识的新方法。他认为人类要认识自然、研究自然及控制自然,提出"知识就是力量"的名言。洛克于1690年出版的《人类理智论》,反驳了笛卡儿的天赋观念说,宣传了唯物主义的经验论。洛克反驳当时传统的"固有观念"或"天赋观念"。他认为人不存在没有经验就先意识到的所谓"固有观念",认为一切知识来源于经验。他提出人心在出生时像张白纸,最初没有字,一切字都是由经验印上去的。唯理论和经验论的争论使心理学的理论获得了极大的发展。

其二,是生物学与生理学源头。生物学的研究当数19世纪英国生物学家达尔文(C. Darwin)的贡献最大。达尔文划时代的著作《物种起源》(The Origin of Species)发表于1859年,其重要主张被称为"进化论"。把进化观念应用于意识领域,这标志着从现实的生物血缘来看心理现象和有机现象的接近。正是在进化生物学的影响下,提出了一系列关键性的问题。如遗传、环境的适应、个别变异、结构和机能的相互关系等,尤其是关于有机体及其在自然界的地位这一观点,从根本上扩大了对心理活动进行科学认识的可能性。生理学在19世纪中叶已经成为一门以实验为中心的独立的学科。德国生理学家穆勒(J. P. Muller)提出神经特殊能量学说,促使生理心理学家对感官神经进行广泛深入的研究。德国著名科学家赫尔姆霍兹(H. Helmholtz)支持色觉的"三色说"并提出听觉的"共鸣说",成为感觉心理学的先驱。另一位德国著名心理物理学家费希纳(C. T. Fechner)研究脑怎样把刺激的物理属性转变为心理属性,通过不断实验研究,提出了心物两者之间存在着对数关系和心理物理学方法。德国物理学家韦伯(E. Weber)通过众多实验,系统地改变刺激的强度来观察个体的反应,发现刺激与感觉之间的某些关系是可以预测的,并可表示为"定律"。以上几位科学家在视觉、听觉、感觉阈限的测量等感官生理学方面的实验研究及其成果,直到今天仍然是心理学的重要内容之一。这一时期的实验手段也为心理学采用科学的实验方法研究心理活动,以摆脱哲学的附庸地位,最终成为一门独立的学科,产生了深远的影响。

在心理学史上,德国心理学家冯特的名字是与心理学的独立和实验心理学的创立联系在一起的。1879年,他在德国莱比锡大学建立了世界上第一个心理学实验室,正式从事有系统的心理学实验,从而使心理学从哲学母体中脱离出来,成为一门独立的学科。冯特也因此被尊称为"科学心理学之父"。

阅读材料

冯特建立心理学实验室后,试图模仿化学研究中的元素分析与合成的方法,研究人的心理实质,分析人的心理结构,其思想体系被人们称为"构造主义"。该学派从1879年开始兴盛了二三十年,从那以后心理学界出现了百家争鸣、学派林立的局面。

一、构造主义

构造主义认为,人的心理意识现象是简单的"心理元素"构成的"心理复合体",强调通过实验条件的控制来对心理意识现象的"构造"进行研究,分析心理意识现象的"元素",设想心理元素结合的方式。该学派主要代表人物是冯特与其学生铁钦纳。铁钦纳发现心理元素有三种:感觉、表象和感情状态,一切复杂而各异的高级心理过程都是由这三种元素复合而成。20世纪20年代,构造主义学派由于其狭隘性而逐渐衰落,但它在相当长的一段时间内影响了美国心理学的发展方向,并在与机能主义学派的长期论战中,极大地促进了美国心理学的发展。

二、机能主义

机能主义是近代心理学发展中与构造主义相对抗而形成的一种学术思想,它主张心理学研究的目的不在于把心理分解为一些元素,而在于研究心理适应环境的机能。机能主义是19世纪末在美国兴起的,到20世纪20年代成为美国心理学中主导的势力。该学派的主要代表人物是詹姆斯(W. James)、杜威(J. Dewey)和安吉尔(J. Angell)。

詹姆斯认为意识是连续不断流动的,可称之为"思想流、意识流或主观生活流",人的心理是作为不可分割的整体发挥作用的。意识是机体适应环境达到生存目的的工具,心理学的任务是对意识状态"适应功能"的描述和解释。机能主义心理学派主张采用观察、测验、问卷调查等方法来研究意识的功能和目的,其影响是深远的。美国心理学对人类学习过程的研究以及应用领域的扩展,大都受到机能主义心理学的启发。今天,虽然机能主义心理学作为一个阵线分明的学派已不复存在,但它的观点已融合在心理学发展的主流学术思想中。

三、格式塔心理学

格式塔心理学是20世纪初期在德国兴起的心理学派,也称完形心理学派。1912

年,魏特海默(M. Wertheimer)发表了一篇题为《似动的实验研究》的论文,标志着格式塔心理学的开始。"格式塔"是德文"Gestalt"一词的音译,意思为"形式""形状"。该学派的主要代表人物是魏特海默、苛勒(W. Kohler)和考夫卡(K. Koffka)。

格式塔学派主张心理学研究人脑的内部过程,认为人在观察外界事物的时候,所看到的东西并不完全决定于外界,而是在人的头脑中有某种"场"的力量,把刺激组织成一定的完形,从而决定人看到的外界东西是什么样的。格式塔学派反对构造主义只强调分析的方法,而认为人的每一种经验都是一个整体,整体决定其内在的部分,整体大于部分之和,不能简单地用其组成部分来说明。这种强调整体和综合的观点对后来心理学的发展是有益的。

四、行为主义

行为主义是20世纪初在美国兴起的一个心理学派。其创始人是华生(J. B. Watson),他在1913年发表的《行为主义者眼中的心理学》,是这一学派诞生的标志。之后,行为主义在美国广为传播,成为20世纪60年代以前美国心理学的主流。该学派的代表人物主要有华生和斯金纳(B. F. Skinner)。

行为主义反对冯特把意识作为心理学的研究对象,把内省当作心理学的研究方法。华生指出,心理学要成为真正的自然科学,就不能以意识为研究对象。自然科学以直接经验材料为基础,不能观察的东西如意识,不能成为科学的对象。人和动物可观察的活动是行为,因而心理学的研究对象只能是行为。行为主义学派认为,对行为的研究包括刺激和反应两个方面。他认为人的素质、气质、性格等都是后天习得的,不是遗传的。人的心理品质在出生时都是相等的,只是由于不同的生活环境和训练,才在不同人身上培养出不同的习惯系统。在一个人身上某些习惯系统占优势,另一些习惯系统占劣势,这便组成一个人所谓的个性。

行为主义学派的理论深刻地影响了心理学的发展,并广泛运用到工厂、医院、学校等领域,在行为矫正、心理治疗以及教学设计等方面发挥了重要作用。不仅如此,对其不足的批评、指责和争论,也对心理学和其他学科产生了深远的影响。

五、精神分析

精神分析学派产生于19世纪末20世纪初,创始人是奥地利精神病学家弗洛伊德(S. Freud)。精神分析是从治疗人的心理障碍开始发展起来的,后来成为一种强调无意识过程的心理学理论。它后来经众多心理学家努力而得到不断发展,其中坚持弗洛伊德的性本能、无意识和俄狄浦斯情结的被称为"经典精神分析流派",主要代表人物是弗洛伊德、阿德勒(A. Adler)和荣格(C. C. Jung);重视社会文化因素作用的被称为"新精神分析学派",主要代表人物有艾里克森(E. H. Erikson)等。

精神分析学派在20世纪初有一段兴盛时期,形成了精神分析运动,对许多学科产生了巨大的影响。但弗洛伊德理论中过分重视性本能的观点受到了强烈批评，他的学生首先对此作了修正。新精神分析学派重视社会文化因素对人行为的作用，并在一定程度上承认人的理性和自主性，也看到了人际关系对心理发展的意义。因此，现代精神分析的许多含义已有了较大变化，不少内容都表现出更适合于现代社会问题的趋向。

六、认知心理学

认知心理学始于20世纪50年代中期，1967年美国心理学家奈瑟尔（U. Neisser）《认知心理学》一书的出版，标志着认知心理学已成为一个独立的流派。认知心理学以新的理论观点和丰富的实验成果改变着心理学的面貌，给许多心理学分支巨大的影响，成为当前占主导地位的心理学思潮。

认知心理学研究与人的认知活动相关的全部心理活动，包括知觉、注意、记忆、言语、问题解决和推理等。它把人的心理活动看作信息加工系统，由感官搜集的信息，经过分析、存储、转换，然后加以利用，这些活动叫作信息加工过程。

认知心理学派从形成至今，只有短短几十年时间，它还处在发展的初期阶段，有许多不成熟的地方。然而，不管认知心理学将来的去向如何，它所开拓的研究心理活动内部机制的方向无疑具有历史性意义。

七、人本主义

人本主义心理学在二十世纪五六十年代兴起于美国，它的产生猛烈冲击着当代西方心理学体系。人本主义学派既反对精神分析仅仅以病人作为研究对象，又反对行为主义把人看作物理的、化学的客体。人本主义心理学以意识经验为出发点，主要研究人格发展与社会生活的关系，强调人的目的性、创造性和自身价值，主张促进人的健康成长和潜能的实现。该学派的主要代表人物是马斯洛（A. H. Maslow）和罗杰斯（C. R. Rogers）。

马斯洛强调人在进化过程中已获得一些高于一般动物的潜能，包括友爱、自尊、创造以及对真善美和公正等价值的追求。这些潜能在社会生活中表现为人的高级需要，潜能在人的低级需要得到必要满足的条件下，有可能成为支配人的动机和行为的优势力量。

罗杰斯认为精神病态是社会环境的不良影响，使人脱离自我实现方向的一种异化表现。但人有自我指导的能力，心理治疗师应该对此有基本的信赖。通过共情式的理解、无条件的积极关注和耐心的引导，治疗师能够建立与患者的真诚关系，逐步改变患者的异化概念，使患者恢复自我指导能力，重新走上健康发展的道路。他在心理治疗实践和心理学理论研究中发展出人格的"自我理论"，并倡导了"患者中心疗法"的心理治疗方法。

人本主义深刻地批判了西方心理学机械的与生物的两种非人化的还原论，直接将心理学回归于人性科学的本来面目。但同时他们也遭受了实验系列学家的严厉批评。

2.发展心理学的发展历史

任何一门学科的形成与发展都是社会需要和自身发展的必然结果,是内外因相互作用的产物。发展心理学也概莫能外。

1882年,德国生理学家和实验心理学家普莱尔(W. T. Preyer)撰写并出版了《儿童心理》一书,这被认为是第一部科学的、系统的儿童心理学著作。此书的出版标志着科学儿童心理学的诞生,普莱尔则成为科学儿童心理学的奠基人。当然,其发展也与近代以来社会政治经济的迅速发展有关,也与近代自然科学的发展密切相关。其中,英国达尔文的"进化论",洛克的"白板说"将发展完全归于感觉输入的作用,罗素有关自然成长和成熟的观点,法国思想家、哲学家和教育家卢梭的依照儿童的自然倾向、冲动和情感进行教育的思想,都对儿童发展心理学理论的形成和发展产生着积极的影响。

1904年,美国心理学家霍尔(G. S. Hall)出版了《青春期:青春期心理学以及青春期与生理学、人类学、社会学、性犯罪、宗教与教育的关系》,将儿童心理学研究的年龄范围扩大到青春期,霍尔是美国儿童心理研究运动的创始人,享有"美国儿童心理学之父"的称号。他发明了研究儿童心理学的新技术:问卷法,并首先运用这种方法大规模地研究儿童。

精神分析理论的创始人弗洛伊德(S. Freud)关于儿童早期经验的重视,强调亲子关系的重要性等,对发展心理学重视早期经验和幼儿研究起了很大的推动作用。

行为主义理论的创始人华生(J. B. Watson)在其儿童心理学的专著《儿童的心理护理》中指出,一切行为都是"刺激—反应"的联结过程,他运用实验的方法,进行了许多儿童心理实验的开创性研究,比如有关情绪的研究,进一步规范和提高了儿童心理研究的科学化水平。

到二十世纪上半叶,研究一生发展的心理学——发展心理学问世。1957年美国《心理学年鉴》开始用"发展心理学"为章名,代替了惯用的"儿童心理学"。

法国瓦隆(H. Wallon)提出了一些较新的发展理论和观点。他认为在儿童心理研究上,各种研究方法都有一定的作用,如观察、实验、测验、统计、临床研究等。他认为年龄量表的研究是有一定价值的。并且他特别强调要注意运用方法时的观点,他称之为"参照体系"。他认为,不同的观点决定对材料的不同选择,同时也会做出不同的结论。瓦隆的研究重点和皮亚杰有许多共同之处,但又有本质的差别。例如,瓦隆和皮亚杰都着重研究儿童思维,但瓦隆又同时注意研究儿童心理的整个面貌,研究儿童的个性发展。又如,瓦隆和皮亚杰使用的术语有许多是相同的,但解释不同。以"可逆性"为例,瓦隆的研究认为,儿童四岁时就出现"可逆性",就有初步的逻辑思维。瓦隆还有一点是和皮亚杰不同的。瓦隆在早期也注重理论研究,但后来,则更多注重实践性课题的研究,他的著作《学校心理学》就鲜明地体现了这一特点。

瑞士的皮亚杰、美国的布鲁纳分别提出了独具风格的实验方法和理论概括。一些儿童心理学家还企图把认知理论和信息加工理论结合起来。与此同时，新行为主义者如斯金纳、比乔和贝尔，新精神分析的代表如埃里克森，也各自提出新的儿童心理学观点和研究成果。

3. 教育心理学的发展历史

古希腊时期，是教育心理学思想比较丰富的一个时期。苏格拉底提出"产婆术"的概念，"产婆术"是倡导用启发学生智慧的问答式教学方式使学生自己去获得真理，获得知识，注重利用学生已有的知识经验，引发学生的认知冲突。柏拉图在《理想国》中提出的依智、情、意的发展优势规划培养目标和依据年龄特征划分教育任务。重点考察了遗传（天性）与天性（培育）的作用同时承认获得知识时推理和感情的重要意义。柏拉图的学生亚里士多德主张理性统御或纯化感觉官能和欲望，使人达到至"善"与幸福的"教育之理想"，在长达2000年里，它的观点给一切正规学校教育提供了心理学基础，可看做是西方教育心理学思想的萌芽。

17～19世纪，是教育心理学的前形成期。在这一时期，教育学和心理学均获得较大发展，尤其是许多教育思想家主张教育要以心理学为基础，使教育与心理的联系比以往更加紧密，为教育心理学的诞生在理论基础和方法论上做了充分准备。17世纪捷克的大教育家夸美纽斯（J. A. Comenius），瑞士的裴斯泰洛齐（Pestalozzi），德国的赫尔巴特（Johann Friedrich Herbart）和冯特等人。夸美纽斯在《大教学论》中提出了丰富的教育心理学主张，承认儿童的学习能力存在着年龄的差异，如教学要适应少年期的心理特点，以直观性原则为主，教材内容要生动形象，教学首先要唤起学生的注意，激发学生的求知欲望与热情，教师要相信学生均有可教育性，教师要注意教学设计等。裴斯泰洛齐可被尊称为第一位应用教育心理学家，他主张用心理学理论、方法来研究教育学中的问题，其中心思想是把直观——包括感官外在的知觉与内在意识的体验——作为教学的基础，力图使教育过程同儿童的自然发展协调一致，从而使"教育过程组织化和心理学化"。赫尔巴特主张学习过程必须从儿童有准备、有意义地学习材料内容之时开始，教学要以学生的心理为基础，他以心理学为基础构建了教学方法论体系，提出了相应于心理状态的注意、期待、探究与行为的教学过程四阶段。赫尔巴特的心理学导致冯特在1879年在莱比锡大学建立了第一个心理实验室。新的实验室既是心理学成为一门独立的科学，又是明确规定研究心理现象的科学方法与制度化的标志，使心理学研究超越了内省和经验主义的水平，为科学教育心理学的诞生提供了方法论的基础。

苏联教育家与心理学家的研究为教育心理学的发展做了一定的贡献。1868年，俄国著名教育家乌申斯基出版的《人事教育的对象》一书，对当时心理学的发展成果进行了系统总结，他被称为"俄罗斯教育心理学的奠基人"。1877年，俄国教育与心理学家卡普捷列夫出版了世界上第一本以"教育心理学"命名的专著，直到20世纪30年代，俄国并没有形成自成体系的教育心理学。

教育心理学作为一门独立的学科,一般认为它出现在20世纪初期,其产生是19世纪政治、经济、教育与心理科学发展的产物,以1903年美国心理学家桑代克(Thorndike)的《教育心理学》一书的出版为标志。但是,作为教育心理学的思想,则具有较为悠久的历史,因此,教育心理学是一门既古老而又年轻的学科。

桑代克(E. Thorndike)是教育心理学史上里程碑式的人物,他在1897年获得哈佛大学的硕士学位,1898年以他的论文《动物的智慧》在哥伦比亚大学获得博士学位。他在1903年出版的《教育心理学》一书标志着教育心理学的诞生。之后,教育心理学中的概念发展停留于高原期近半个世纪之久。从教育心理学诞生到20世纪50年代,苏联的教育心理学家做了大量的实验及实践研究工作,为教育心理学的进一步发展奠定了基础,尤其是维果斯基在《教育心理学》一书中,主张把教育心理学作为一门独立科学的分支来研究,而不是普通心理学在教育中的应用,强调在儿童发展中教育与教学的主导作用,关注社会文化对儿童发展的作用和价值,并由此提出了"文化发展论"和"内化说"。20世纪60年代到70年代,随着认知心理学的兴起,教育心理学的研究转向认知范式,系统的教育心理学理论体系逐渐形成。在教育过程中,教育者按照一定的目的、计划和措施向受教育者施加一定的影响。而受教育者对教育的接受不是被动的、消极的,而是积极的、主动的、有选择的,是在其自身发展与成熟的基础上进行的。所以,教育者必须考虑受教育者的实际情况并因材施教才能收到实效。在苏联,以赞科夫为代表进行了"教育与发展"的实验研究,使教育心理学与发展心理学日益相结合。20世纪80年代以来,教育心理学越来越注重与教学实践的结合,教育心理学得到较大发展,体系渐趋明晰,内容相对集中,各派兼收并蓄,派系之间的分歧越来越小,教育心理学自始至终在追寻自身的同一性,以便确立解释的框架,同时尊重各种文化的差异,教育心理学不可能脱离文化而存在。

(二)我国儿童发展与教育心理学的历史演变

发展与教育心理学思想在我国起源很早,春秋战国时期一些著名的思想家、教育家的论著中就有不少与之相关的论述。孔子在教育教学过程中提出并运用了自己的发展与教育心理学思想观点。如在先天与后天的关系上,他提出"人之初,性本善,性相近,习相远",说明后天环境对个体心理的影响。孔子在《论语为政》中提出:"吾十有五而志于学,三十而立,四十而不惑,五十而知天命,六十而耳顺,七十而从心所欲不逾矩。"这可以说是我国最早的对年龄阶段的划分,尽管划分得很粗糙,毕竟有胜于无。孔子还提出因智力施教的观点,"中人以上,可以语上也;中人以下,不可以语上也"。虽然他没有对"中人"的标准进行确切的量化,但在当时已经是难能可贵了,"温故而知新"等丰富的教学与学习心理思想,为后世留下了极为宝贵的发展与教育心理学的思想遗产,在今天来看,依然是熠熠生辉。

在20世纪20年代,科学的儿童心理学就被介绍到我国。陈鹤琴用日记的形式对他的儿子进行头三年的追踪观察,于1925年出版的《儿童心理之研究》是我国第一本儿童发展心理学方面的专著,30年代,肖孝嵘先生著有《实验儿童心理学》等书。解放初及20世纪50年代,学习苏联,当时的儿童心理学教材多译自苏联。1962年朱智贤出版了《儿童心理学》,这是马克思主义指导下的教科书,批判吸收了国内外的研究成果。1979年又对其进行了修订。此后,一批发展心理学的教科书相继出版。我国第一份公开发表的儿童心理学和教育学的学术杂志《心理发展与教育》于1985年创刊。20世纪80年代以来,我国儿童发展心理学的研究呈现出一些显著的特点,比如关注儿童社会性发展与社会化的问题,关注本土文化对儿童心理发展的影响等。近年来,随着经济社会的发展,城市化程度越来越高,儿童的发展引起了广泛的关注。

我国出现的第一本教育心理学著作是1908年由房东岳翻译,日本小原又一所著的《教育实用心理学》。1924年,廖世承出版了我国第一本《教育心理学》教科书。1966年以前,我国心理学研究发展迅速,陆续出版了一系列的教育心理学教科书,各师范院校相继开设教育心理学课程。1962年,成立了教育心理学专业委员会,我国的教育心理学获得了重大发展,1963年潘菽主编的《教育心理学》讨论稿内部印行使用。教育心理学的研究在1966年到1977年期间因历史原因受到破坏。1976年以后,许多教育心理学方面的专著和译著相继出现,潘菽主编的《教育心理学》教科书1980年由人民教育出版社正式出版,该书反映了我国教育心理学方面的一般观点和研究成果。当前,我国儿童发展与教育心理学有了一定的发展,但发展与教育心理学的本土化仍是面临的重要课题。建设具有中国特色的发展与教育心理学依然任重道远。

第二节　小学生发展与教育心理学的研究方法

一、研究小学生发展与教育心理学的基本原则

(一)客观性原则

人的心理虽然具有主观能动性,但心理也是对客观现实的反映,即客观现实是心理的源泉,心理发展是有客观规律可循的。只有尊重客观现实,才能发现其内在规律,才能保证研究结果可靠和有效。要做到研究的客观性,首先,就要坚持以实事求是地揭示发

展与教育心理规律为目的;其次,确立客观的目标和指标,是保证研究结果客观性和可靠性的前提,指标应该是能观察、可测量的,用仪器和观察表来测定、记录和分析。客观性原则是指研究者的态度应是实事求是的,在教育领域的研究中,要按照心理现象的本来面貌加以揭示,不能凭主观臆想作结论,这样才能揭示心理现象的事实、本质、规律和机制。

(二)理论联系实际的原则

小学生发展与教育心理学具有很强的实践性和应用性,所以在研究时也要本着理论联系实际的原则进行,遵循这一原则应该做到以下几点:首先,明确研究的目的是为了教育学生,为了有利于小学生发展,研究出的结果必须能在实践中运用;其次,确定研究的形式,小学生心理发展与小学生的活动有密切的关系,是在活动中表现出来的,所以,选择研究的形式时必须采用活动方式;再次,采用的研究方法也应适合不同年龄阶段的小学生,并不是所有方法对不同年龄阶段的小学生都适用,另外,选择研究方法还应考虑研究的目的和内容。小学生发展与教育心理学理论研究的最终目的,是为了促进小学生的健康发展,解决教育教学和学生发展中的实际问题。密切联系教育教学实践是检验发展与教育心理学理论的最好方法,丰富多彩、充满生命活力的课堂实践也提供了大量有意义的研究课题和内容,因此,应把应用放在突出的位置上。

(三)教育性原则

小学生发展与教育心理学的性质决定了研究的教育性原则。小学生发展与教育心理学最终目的是为了小学生的全面和谐发展,所以在选择研究方法、安排研究程序、设置研究情境、选用工具时,不能不考虑对小学生心理健康所产生的影响。当然,对小学生所做的任何研究都会对其产生一定的影响,有的可能比较明显,有的可能是潜在的;有的是积极的,有的可能是消极的。在研究之前应仔细分析可能产生的各种影响的性质及程度,尽量使不可避免的负面效应降到最低。如果实在难以克服,而影响又对其发展极为不利,尽管研究很有价值,也坚决不能进行。有时,由于考虑不周,出现不利影响还应设法补救。这也是心理学研究较为困难之所在。有时,当无法对人进行操作控制时,人们只好转而对动物进行研究。但把动物作为对象的研究活动目前也受到了一些批评和指责,所以,对人尤其是小学生的研究更应考虑其教育性。

(四)系统性原则

系统性原则是指应把个体的心理活动看作受多种因素影响的开放的、动态的、整体的系统,才有可能把握心理现象与其他因素之间的关系,并且能够在变化中把握心理发展规律。首先,小学生不是处于真空中的,其心理发展受遗传、环境等方面的共同作用,在研究时不能忽视这些因素的影响。其次,儿童心理是一个整体,我们把心理分成各种成分,只是为了研究的方便,然而,各种心理现象之间是相互制约、共同作用的。在研究某一种或某些心理现象时,不能不考虑其他心理活动的影响。如在研究被试的记忆时,就应该考虑到智力、兴趣、动机以及其他心理过程的影响,尽量进行合理的实验设计,排除其他因素的干扰作用,避免出现自变量的混淆。再次,在解释研究结果时,应注意小学生心理发展既有连续性又有阶段性,既有共性又有个性。不能用僵化的观点看待研究的结果,从而造成一种刻板印象。对于年龄越低的儿童更应慎重。如儿童的智力发展有早晚之分,有的小学生虽然早期智力较落后,但以后会很快赶超上来,所以,不能根据早期偶尔一次的智力测量结果而定终身。同时应该看到,人的心理系统是环境中一个有序的系统,这个系统又是动态发展的、开放的。在人的大脑的调节下,通过与外界的信息交换,人能够不断地对原有的心理结构进行改造、重组和调节,从而提高心理系统的有序性,进而适应外界环境,尤其是其所处的社会。教育教学的目的就是要在外在环境的刺激作用下,影响和改善小学生内部心理结构的有序性和自我组织能力,从而提高其适应能力和学习能力。

(五)定量与定性研究相结合的原则

在教育、教学过程中的心理现象是十分复杂的,因此,在研究中既要重视定量的研究也要重视定性的分析。定量研究是对研究对象的特点进行量的分析,一般使用平均数、中数、众数、标准差等,定性分析就是对学生在不同教学方式下动机行为的具体特征、注意力集中的表现、参与教学的状况、兴趣性表现、师生互动的情况、课堂气氛以及学生的主观报告的内容进行性质分析。

二、小学生发展与教育心理学研究方法

(一)观察法

观察法是指在自然条件下,通过感官或借助一定的仪器设备,有目的、有计划地通过观察和记录被试的外在表现(行为、言语、表情等),以此获得事实材料的研究方法。观察法是发展与教育心理学研究中经常使用的最基本的方法。

1. 观察法的种类。根据观察的时间安排可以分为集中观察和分散观察。集中观察是指在长时间内连续观察某种活动的方法。分散观察是指每次观察一段时间,反复进行,从而了解儿童心理发展的一般情况,观察的次数及间隔的时间视研究的目的、观察的结果而定。一般在纵向研究中多使用这种方式。

根据观察的内容可以分为全面观察和重点观察。全面观察即在一定时期内对所观察的个体的心理面貌进行全面的观察,这种观察由于涉及的项目较多,因而观察的时间比较长。重点观察即在一定时期内,对选定个体心理发展的某一方面或某些方面进行观察,一般横向研究中这种观察法用得较多。

根据观察过程的结构性质与控制程度可以分为正式观察和非正式观察。正式观察是一种有控制的、系统的观察,特点是严格地对所观察的行为下定义;制定表格;用相对严格,先进的方法分析资料,结果较为真实可靠。非正式观察结构较为松散,适用于教师获取有关日常教学和活动安排等方面的信息,或帮助观察者获得了解小学生身心发展和学习方面的感性经验,在科学性上比较欠缺,但易于实施,比较实用。

2. 使用观察法时应注意的事项,主要有以下几点:

(1)观察前要有明确的目的,有详细的观察计划,选择特定的观察内容。

(2)观察所需的记录仪器、设施(如单向观察室、闭路电视、录像、录音)要准备充分。

(3)观察者必须经过培训,如实记录观察结果,分析观察材料和行为的动机,做出符合实际的结论。

(4)必须在不同的条件下全面观察。

(5)应注意使被观察者处于自然状态下,以保证观察结果的真实性。

(二)实验法

实验法是指在控制条件下对某一种或几种心理现象进行研究的方法,它是小学生发展与教育心理学最常用,最基本的研究方法。在实验中,主试可以控制某些条件、创设某种情境,使被试产生所需要的心理现象。实验法与观察法不同之处在于有目的创设某种情境,并且可以反复进行。

1. 实验法的种类。实验法可分为实验室实验法和自然实验法。实验室实验法是指借助专门的实验设备,对实验条件严加控制,来引起或改变一种或几种影响个体心理变化的条件,从而观察个体生理及行为变化的方法。这种方法的优点是研究者可以从自己的意愿出发,对所研究对象的心理现象进行控制,有利于明确心理现象的因果关系,实验结果可以反复验证,科学性强。缺点是在对个体进行控制下的实验结果与现实生活中的实际情况还有一段差距,在具体应用时要受到很多限制。另外,个体对实验的配合与否,直接影响研究结果的真实可靠性。自然实验法是指在教育教学过程中,根据研究目的,控制或变更某些条件,以观察被试的心理活动表现的一种方法,这种方法是在现实生活场景中进行的,保持了课堂的自然生态。自然实验法是在日常生活中进行的心理实验方法。它的优点表现在:它不是在特设的实验室中操作的,而是在实际教育情境中进行的,保持了被试的自然性;它又对实验条件有所控制,使得主试能按照自己的意愿进行,可操作性强。具有观察法的自然性和实验室实验法的主动性优点,尤其适合小学生发展与教育的实验研究,有推广价值。由于这种方法把科学研究与生活实践(学校生活)密切结合,得到的材料和数据比较符合实际,对于小学生发展与教育心理研究具有现实意义。

2. 使用实验法时应注意的事项,主要有以下四点:

(1)所选实验对象要具有代表性。首先,确定所研究对象的总体,即具有某种特征的一类事物的总体。总体是由每个个体构成的。如要研究某校小学生,则这所学校的所有小学生成就为研究的总体,每个学生都是总体中的个体。其次,从总体中选出一部分个体——样本,样本要有代表性,即最能代表总体的特征。如从上述例子中抽出的个体就应该代表小学生的性别、年龄智力等特征。只选高年级或只选成绩好的个体就不具有代表性。最后,选择有代表性的样本的方法有许多种。一是完全随机取样,如上例,将全校学生编号,用抽签的方法随机抽取一定数量的被试,就属于完全随机取样;二是分层随机抽样,从不同年级中随机抽取整班的方法即为分层抽样。

(2)进行科学的实验设计。科学的实验设计是实验成功的关键一环。由于实验目的不同,研究对象不同,所用的实验设计也不尽相同。按照因素的多少,可分为单因素实验设计、双因素实验设计和多因素实验设计;按照被试所接受的处理情况,可分为组内实验设计、组间实验设计和混合实验设计,以上都属于真实验设计,有时还涉及准实验设计和非实验设计。所以在使用实验法时应在专人的指导下进行。

(3)指导语要明确,并且在实验过程中要保持一致。以避免主试操作失误或指导语不清而带来的附加自变量,导致实验失败。

(4)分析统计结果时要客观。不能根据自己的意愿随意改变或删除数据,有时,只要实验是客观的,实验失败也是允许的,切不可盲目臆断。

(三)调查法

调查法是指通过被调查者对所问的问题的回答来了解其基本情况及心理状况的方法。

1.调查法的种类。根据是否向被研究者本人进行调查分为直接调查法和间接调查法。直接调查法是指由被研究对象本人直接回答所问问题的方法。间接调查法是由熟悉所研究对象情况的人来回答问题的方法,如对某个学生的调查可以通过其他同学来进行。

根据被调查者回答问题的方式分为书面调查法和口头调查法。书面调查法即问卷法,是由被调查者自行填写所问问题的一种方法。这种方法可同时调查许多人,能在短时间内收集到大量的信息,但难以保证每个被调查者都能如实无遗漏地回答所有问题。口头调查法即谈话法,指研究者和被研究者面对面交谈,获取所需信息的一种方法。与书面调查法相比,口头调查法较为费时,对调查者的要求也较高,每次只能访谈一个人,信息面窄。但研究者能对被调查者的情况有一个详尽、系统的了解,产生比较丰富、典型的印象,并且往往可以有意外的收获。

2.使用调查法时应注意的事项,主要有以下四点:

(1)在调查前应该仔细推敲所提的问题,避免产生歧义,并使其与研究目的保持一致,且适合所调查的对象。

(2)问卷题目不宜过多,回答应简单,不需太多的思考。

(3)在问卷中应设计一些探测性的项目,用以了解被调查者是否真实回答了调查项目。

(4)为了消除被调查者的顾虑,问卷可用不记名的方式。

(四)作品分析法

作品分析法又叫产品分析法,是对调查对象(明确总体和样本)的各种作品,如笔记、作业、日记、文章等进行分析研究,了解情况,发现问题,把握特点和规律的方法。该方法可用于智商测试,通过这种方法,可以了解人的知识、技能、技巧、对事物的态度、智力、能力的水平等。根据作品类型的不同作品分析法可以分为不同的种类,常见的作品分析法有作业分析、作文分析、笔记分析、模型分析及手工制品分析五种。

作品分析法是指有目的地确定一个主题,使研究对象完成一件作品,研究者通过对作品进行分析,从而获得关于研究对象特定信息的一种研究方法。例如,我们对儿童绘画作品的研究,可以反映出他们的许多心理特征。儿童的绘画可以反映他们的知觉特征和学生对所绘的物体形成的表象特征。通过儿童的绘画还可以在一定程度上判断其智力水平。研究表明,智力落后的学龄儿童所画的图画,其内容通常是原始的,而且惊人地千篇一律。在儿童的绘画中,还鲜明地表现出儿童对周围环境的态度,他们的态度既影响主题的选择,也影响绘画方式,特别影响对物体和人物的着色,儿童往往把"坏人"和动物涂成黑色。

作品分析法往往需要与实验法相结合,设置对照组,观察儿童创造产品的实际过程,这样可以获得更加科学的结论。

1. 在教育中,作品分析法的主要研究对象是学生,它具有以下特点:

(1)研究具有隐蔽性。作品分析法是以学生的作品为中介,推断学生的个性发展特征,在实施时,学生通常不知道老师要求他完成作品的真正意图。其注意力集中于作品的完成过程中。这样可以达到降低学生防范心理,获得学生真实情况的良好效果。

(2)研究规模较小。首先,由于作品分析法要对学生的作品进行深入的分析,分析每一件作品所需要的单位时间较多。因此,如果研究的规模过大,势必导致研究时间延长,在研究结果出现时,实际情况已发生了变化。其次,由于学生的特殊性,其作品之间的差别也比较大。一般的分析只能获得共性的认识,要想更深入地了解学生,则需要对其作品进行深入分析,找到特殊性。再次,如果研究的规模过大,又需在规定的时间内完成,必须要多人参与,这将会导致分析的标准出现因人而异现象,使材料可比性下降。

(3)研究的主观性较大。由于作品分析法以作品作为中介进行研究,因此,同一件作品由不同的人进行分析,结果相差可能较大,这种误差是无法避免的。正因为作品分析法具有较大的主观性,所以它对研究者的素养提出了较高的要求,如果想采用作品分析法深入了解学生的个性心理特征,还要求研究者具有较高的心理学理论修养。由此也可以看出,对于一般的教师而言,作品分析法是有一定难度的。

2.使用作品分析法常用的几个维度指标

(1)时间。时间维度用于反映学生的心理能力,心理能力强者正确完成作品所用的时间应比别人的少。时间的判定应以正确完成任务为前提,并且与全体学生的平均时间作比较。不能盲目计算时间量的多少。也不能简单地将时间少与高心理能力画上等号。

(2)形式。形式是作品表现主题的方式,反映着学生的想象力和对任务完成方式的掌握程度,体现学生的技能水平。例如,笔记技术方式(抄、批、注、白、点、圈、线)。

(3)内容。内容是指作品内容的正确性,是学生知识经验水平和知识应用水平的反映。通过内容分析,教师可以清楚地了解学生对教学和自我学习过程中对知识点、重点、难点、关键点的掌握程度。它对教师的知识性教学也有重要的促进作用。

(4)能力。能力是个体完成某种活动中所表现出来的典型、稳定的心理特征。从作品中分析学生的能力特征,是作品分析法的一项重要内容。人的能力的锻炼与发展主要通过解决问题进行,而评价一个人的能力也主要根据他所解决问题的难度以及问题的解决程度。

(5)性格。性格反映着学生对现实的态度和行为方式的特点。作品分析法中对学生性格的研究主要偏重于了解学生在性格方面存在的问题,以便进行指导。这些问题包括两个方面:消极态度和问题行为。

在作品分析法中,以上五个维度指标常常是结合在一起的,实际研究中根据需要可以灵活运用。

第三节 小学生发展与教育心理学的意义和作用

一、小学生发展与教育心理学的研究意义

小学生发展与教育心理学作为一门兼具理论性和应用性的学科,它既要促进小学生发展与教育心理学理论的完善和丰富,又要保证教育教学的质量。因此,研究小学生发展与教育心理学具有重大的理论意义。一方面,有利于发展心理学理论的进一步完善。发展心理学的理论只有在教育实践中应用才能验证其科学性、合理性,也才能发挥

其基础学科的作用。发展心理学的研究成果是在儿童的各种活动中得出的结论,小学生的发展和教育是息息相关的,发展是教育的前提,教育促进发展,是主导。此外,也只有在实践运用过程中,才能发现新问题,从而为进一步的研究提供新思路、新视角。另一方面,有利于教育心理学理论的丰富和发展。在教育小学生时,只有针对小学生的具体心理发展特点才能做到因材施教,从而使教育心理学理论与实际相结合,取得实效。而研究中存在的问题、进一步研究的方向也只有在和发展心理学相结合的过程中才能充分体现出来。此外,研究小学生发展与教育心理学也可为认识论和辩证法提供科学的根据。

小学生发展与教育心理学具有重要的实践意义,主要表现在可以为教育事业提供服务与科学依据。在人的一生中,小学阶段是发展非常迅速的时期,也是非常关键的阶段,对以后的发展起到奠基作用。小学生的发展是在遗传素质的基础上,在家庭、学校、社会等各种因素相互作用下完成的。对小学生的教育必须在小学生发展与教育心理学的理论指导下进行。教育工作者和教师对小学生进行教育和培养时都必须了解小学生的心理发展特点和规律,并且要掌握教育心理学的有关理论和方法,据此对小学生进行教育,让小学生健康成长,为后面的全面和谐发展打下坚实的基础。

二、小学生发展与教育心理学的作用

人类能够改造世界,创造新事物,主要是因为人们能在实践中不断认识客观事物的发展规律,按客观规律解决实际问题。教师和教育工作者要想使教育教学工作做得更有成效,就必须不断去发现、把握和正确运用存在于教育教学过程中的规律。小学生发展与教育心理学作为以应用为主的学科,更重视研究并揭示存在于教育教学实践中的具体规律,使其直接能为学校教育提供指导与帮助。

(一)学习小学生发展与教育心理学有助于教育工作者认识到教育的艰巨性和复杂性,从而能做到严于律己、认真教学、消除隐患,有意识避免不符合教育教学规律的事件发生。"师者,所以传道、授业、解惑也。"可见教师在教育教学工作中起着非常重要的作用。教师对学生的影响表现在:教师的各个方面都会影响小学生的发展,如教师的智力水平、教学方法、教学设计、教育期望以及教师的人格、精神状态等等;另外,教师对学生的影响是多方面的,既可以影响其学习,也会影响其性格、态度等各方面心理的发展。还有,教师对学生的影响具有一定的深刻性和长期性,教师不利于小学生心理发展的行为会产生不良效果,影响少年儿童的健康发展。

(二)学习小学生发展与教育心理学有助于教育工作者按照教学规律进行工作,提高自身素质,从而取得事半功倍的效果。小学生发展与教育心理学主要是针对教育工作者的实际需要而开设的一门课程,为实际教学提供了一般性的原则或技术。学习这门课程既可以结合实际的教学内容、教学对象、教学材料、教学环境等,将这些原则或技术转变为具体的教学程序或活动。也可以了解小学生心理,掌握学习心理,对教育工作者的实践活动起着很重要的指导作用。如,依据学习动机的规律,在课堂教学中可以采取创设问题情境、积极反馈、恰当控制动机水平等手段来培养和激发学生的学习动机。运用教学规律进行教育活动,可以提高教学效果,增强教育职能。

(三)帮助小学教师预测并干预学生。利用小学生发展与教育心理学,教师不仅可以正确分析、了解学生,而且可以预测学生将要发生的行为或发展的方向,并采取相应的干预或预防措施,达到预期的效果。也就是解决"怎么做"的问题。教师可以根据小学生发展与教育心理学的理论和规律以及学生现在或过去的行为,来预测他将做什么。比如,老师如果知道一个学生的一般智力、学习策略和学习动机,就能更准确地预测这个学生在学校里的学业成绩。行为预测必然伴随着行为的干预。如根据学生的认知发展水平,为智力超常或有特殊才能的儿童提供更为充实、更有利于其潜能充分发展的环境和教学内容;为智力落后或学习困难的学生提供额外的帮助或行之有效的具体的矫正措施,使其达到最大程度的发展,做到因材施教,满足学生多样化发展的需要。

(四)小学生发展与教育心理学可以帮助教师正确分析、了解学生,而且科学预测学生将要发生的行为或发展的方向,并采取相应的干预或预防措施,达到预期的效果。也就是解决"怎么做"的问题。小学生发展与教育心理学不仅提供一般性的理论指导,也为教师参与教学研究提供可参照的丰富的例证。课堂充满了未知和可变的因素。学生、班级、学校以及社会环境各有不同,教学内容、手段、策略等也各有不同,普遍适用的教学模式是不存在的,需要小学教师结合教学实际,创造性地、灵活地将小学生发展与教育心理学的基本原理与规律应用于教学中。否则,生搬硬套某些原理与规律,往往无助于教学效率的提高,甚至会适得其反。小学生发展与教育心理学并非给教育工作者提供解决一切问题的"灵丹妙药",它主要是给小学教师提供进行科学研究的思路和方法,使小学教师不仅能够理解、应用某些基本的原理和方法,而且可以结合自己的教学实际进行创造性的研究,去验证这些原理并解决特定的问题。

(五)小学生发展与教育心理学有助于促进教师专业发展。通过职前培养,教师不仅要掌握扎实的学科知识,而且也要有丰富的教育教学知识,以及有关学生发展的知识,要熟悉小学生认知发展、个性发展和社会性发展等内容和特点,知道如何激发小学生学习动机,培养学习兴趣,保护儿童天性,掌握有效的教学策略和小学生学习策略等。而小学生发展与教育心理学可以为未来的小学教师提供有关这方面的知识、经验和理论,从而加速小学教师专业化发展的进程。

思考与讨论

1. 请根据发展与教育心理学的发展历史,探讨你对发展心理学与教育心理学的认识。

2. 如果你是一位小学教师,你对于学科知识、一般性教育教学知识、特定内容的教育知识各自在教学中的重要性如何认识?你认为其中最重要的是哪种知识,最不重要的是哪种知识?为什么?

参考文献

[1] 伍新春.儿童发展与教育心理学[M].第2版.北京:高等教育出版社,2013

[2] 姚本先.儿童发展与教育心理学[M].合肥:安徽大学出版社,2002

[3] 沈德立.小学儿童发展与教育心理学[M].上海:华东师范大学出版社,2003

[4] 俞国良,戴斌荣.基础心理学[M].武汉:武汉大学出版社,2007

[5] 李小平.新编基础心理学[M].南京:南京师范大学出版社,2005

[6] 虞国庆,漆权主编.小学教育心理学[M].江西高校出版社,2008.1

[7] 阎江涛.小学教育心理学教程[M].郑州:郑州大学出版社,2007

第二章 小学生心理发展的基本规律

学习目标

1. 了解影响小学生心理发展的主要因素。
2. 了解教育在小学生心理发展中的作用。
3. 了解小学生心理发展的一般特点。
4. 了解小学生心理发展年龄特征的实质,理解心理发展的敏感期与关键期。掌握年龄特征的稳定性与可变性。
5. 了解华生、弗洛伊德和布朗芬布伦纳的心理发展理论,理解埃里克森八阶段理论,掌握皮亚杰和维果茨基的心理发展理论。

【案例导入】

狼孩的故事

1920年10月,一位印度传教士辛格在印度加尔各答的丛林中发现两只狼哺育的女孩。大的女孩约8岁,小的1岁半左右。据推测,她们必是在半岁左右时被母狼带到洞里去的。辛格给她们起了名字,大的叫卡玛拉,小的叫阿玛拉。当她们被领进孤儿院时,一切生活习惯都同野兽一样,不会用双脚站立,只能用四肢走路。她们害怕日光,在太阳下,眼睛只开一条窄缝,而且,不断地眨眼。她们习惯在黑夜里看东西。她们经常白天睡觉,一到晚上则活泼起来。每夜10点、1点和3点循例发出非人非兽的尖锐的怪声。她们完全不懂语言,也不发出人类的音节。她们两人经常动物似地卷伏在一起,不愿与他人接近。她们不会用手拿东西,吃起东西来真的是狼吞虎咽,喝水也和狼一样用舌头舔。吃东西时,如果有人或有动物走近,便呜呜作声去吓唬人。在太阳下晒得热时,即张着嘴,伸出舌头来,和狗一样的喘气。她们不肯洗澡,也不肯穿衣服,并随地便溺。

她们被领进孤儿院后,辛格夫妇异常爱护她们,耐心抚养和教育她们。总的来说,小的阿玛拉的发展比大的卡玛拉的发展快些。进了孤儿院两个月后,当她渴时,她开始会说"bhoo(水,孟加拉语)",并且较早对别的孩子的活动表现出兴趣。遗憾的是,阿玛拉进院不到一年,便死了。卡玛拉用了25个月才开始说第一个词"ma",4年后一共只学会了6个字,7年后增加到45个字,并曾说出用3个字组成的句子。进院后16个月卡玛拉才会用膝盖走路,2年8个月才会用两脚站起来,5年多才会用两脚走路,但快跑时又会用四肢爬行。卡玛拉一直活到17岁。但她直到死还没真正学会说话,智力只相当于三四岁的孩子。

印度狼孩的故事告诉我们,人的成长环境是至关重要的,许多声称在某地发现行为古怪颇具动物习性的野人或兽孩已屡见不鲜,其中这些兽孩很难学会人类语言,尽管后期被人类收养,但他们仍保留着一些动物的本性,具备着某种动物的"特异功能"。对于兽孩,他们身上总是难以抹去"人与动物的不了情"。那么,哪些因素会影响人的心理发展以及小学生心理发展有哪些基本规律,这是我们本章要探讨的问题。

第一节 影响小学生心理发展的因素

个体心理的发展受到诸多因素的影响,主要有遗传、成熟、环境等,环境又包括了自然环境、家庭环境、学校环境和文化环境等。如何全面看待这些因素对人心理发展的影响以及它们之间的辩证关系,对于我们客观地认识小学生的心理发展是至关重要的。

一、遗传与心理发展

遗传是一种生物现象,是指父代把自己的生物特性通过基因传递给子代的现象。通过遗传,子代可以获得与父代相似的生物特征。我们通常把那些通过遗传而获得的生理解剖特点如机体的构造、形态、感官和神经系统的特点称为遗传素质。人们常常将遗传素质理解为"与生俱来"的东西,这其实是一个误解。一方面,与生俱来的东西并不一定是遗传素质,例如母亲怀孕时受到放射性侵害而使出生的新生儿的某些生理器官发育不正常;另一方面,遗传素质并不一定一出生就表现出来,而是在出生后逐步地表现出来,出生时没有表现出来而在以后表现出来的生物特征也可能是遗传素质。遗传素质是个体心理发展的生物基础,它在个体的心理发展中的作用主要表现在以下两个方面。

(一)遗传素质是心理发展必要的生物前提和自然条件

遗传对于心理发展来说是至关重要的,没有正常的遗传素质就不可能有心理的正常发展。遗传素质为身心发展提供了可能性,比如健全的四肢是动作技能发展的前提,完善的发音器官是口语发展的前提。发育良好的大脑和神经系统是智慧发展的前提。

先天失明的幼儿不能发展视力,先天聋哑的幼儿不能发展听觉和口语,无脑畸形儿不能产生任何心理活动。由此可见,没有正常人的遗传素质,就没有正常人的心理,遗传是儿童心理发展的物质前提。例如,一个遗传素质正常的人,在一定的社会生活条件下可以发展成一个具有高度心理发展水平的人;而一个高等动物,无论你给它提供什么良好的训练条件,也不能使它具有人类的心理发展水平。同样,一个生下来就没有大脑皮质的婴儿,也不可能发展成为一个正常的人,不可能具有人类正常的心理活动。许多智力落后的儿童,常常有遗传方面的缺陷。例如,有一种"三色体病",是在遗传过程中,第21对染色体上多了一条染色体,这种儿童一生下来就有躯体和智力上的缺陷,也叫作"先天愚"(大约占产儿中的1/650)。又如,有一种"苯丙酮尿症",由于在遗传过程中,血液中缺乏一种分解苯丙酣酸的酶,以致损害中枢神经系统,造成儿童严重的智力低下。如果在6岁以前,通过饮食治疗(通过饮食降低苯丙酮酸),也可以使智力恢复正常。

另一方面,也决不夸大遗传这个条件。因为它只能提供儿童发展的自然前提和可能性,但决不能预定或决定儿童心理的发展。谁都知道:一个言语器官生来很健全的儿童,如果出生以后不与人类社会接触,就不可能学会说话,甚至不可能形成人的心理。所谓"狼孩",就是一个很好的例子。

在我们的日常生活中,也可以看到,尽管一个儿童生来听觉器官是健全的,但如果没有适当的音乐环境或音乐教育,就不可能成为音乐家,如果没有适当的外语环境或外语教育,就不可能学会外语。因此,父母和教师在教导工作中遇到困难时,就轻率地诿罪于儿童的遗传素质,那是不正确的。

(二)遗传素质差异是个体心理发展的个别差异的生物基础

每个人都具有遗传素质,但每个人的遗传素质是存在着一定的差异,这些差异都将在个体的心理发展过程中以一定的方式表现出来。众所周知,孩子一出生就会表现一定的差异,有的喜欢安静,有的比较活跃;有的容易安抚,有的则显得焦躁。这些都是通过遗传素质在起作用的,遗传素质的差异对儿童的身体特征和心理特征都有一定的影响,影响儿童的身高、体重、智力、个性等。比如儿童在感觉器官结构和功能上的差异,则表现为有的人更易于成为体育运动员,有的人更易于成为音乐家。大量有关双生子智力相关性的对比研究也表明,同卵双生子在智力上的相似程度高于异卵双生子。美国心理学家詹森(A. R. Jenaon,1969)关于血缘与智力关系的研究也表明:血缘关系越近,其智力上的平均相关程度就越高;血缘关系越远,其智力上的平均相关程度就越低。

遗传是个体心理发展的生物基础,但是,遗传在儿童心理发展上起着一定的作用。不过它只是一个必要的条件,它只为个体心理发展提供一种可能性而不是决定的条件。并不预定或决定个体心理发展。儿童心理向什么方向发展,并不决定于遗传,而是决定于环境和教育。例如,一个孩子可能生来就具有敏锐的听觉辨别能力和极强的乐感,具有一定的音乐天赋,但如果没能收到相应的音乐教育和相应的环境,也不可能成为音乐家的。总之,遗传在人的心理发展上只扮演着自然基础和前提的角色,它为人的心理发展提供了可能性,而这种可能性能否成为现实,取决于后天的环境和教育的影响。

【案例2-1】

1970年在美国加利福尼亚发现一个名叫基尼的13岁女孩,母亲失明,她自婴儿期起就受到父亲的虐待,被隔离在一个小房间里,没有人和她说话,几乎不能听到什么声音,只是由哥哥匆匆地、默默地供给她食物。当基尼被发现并送到医院时,她严重营养不良,最初几个月的测查得分只相当于1岁正常儿童。调查认为,基尼的缺陷不是天生的。13岁以后,经过7年的精心教育,她虽然学得了一些语言,却没有学会人类语言的语法规则。事实说明,具备正常遗传素质的儿童,其心理发展还要受环境的决定性影响。

二、成熟与心理发展

小学儿童心理的发展,离不开生理的发育,个体出生以后,其生理器官的结构和功能的发育需要经历一个漫长的生理成熟过程。生理成熟主要是依据有机体的遗传素质而发生变化的,不需要经过特别的训练和学习。例如,人的生理发育,如身高的增长;和某些本能行为的表现,如小孩学走路等。对于不同生理系统的器官来说,其发展的速度和成熟的早晚是不同的,但都有其规律性。心理是脑的机能,是高级神经活动的机能。特别是大脑皮层的结构和功能的发展与心理发展关系最为密切。科学研究证实,生理成熟的程序性,特别是神经系统发展的程序性,严格地控制着个体的心理发展和行为表现。

大脑皮层机能的成熟水平可以用脑电图来研究。研究表明,在个体生长过程中,脑电波要经历两次重大的转变。第一个重大转变是由 δ 波向 θ 波转变,大脑各部位这种转变一般在3岁前基本完成。第二次重大转变是由半原始的 θ 波向代表大脑完全成熟的 α 波转变。进一步的研究表明,α 波与 θ 波的斗争是从枕叶区开始,按照枕叶—颞叶—顶叶—额叶的顺序发展着。在4~20岁期间,大脑经历两个加速发展的时期,一个是5~6岁期间,大脑枕叶区 α 波与 θ 波的斗争最为剧烈;另一个是13~14岁期间,除额叶外,几乎整个大脑皮层的 α 波与 θ 波的斗争基本结束。通过对青少年思维发展的研究,发现5~6岁和13~14岁是青少年思维发展的加速期。由此可见,大脑皮层的成熟水平,直接决定了青少年的心理发展水平与速度。

心理活动是脑的机能,是高级神经活动的机能,因此,神经系统的发育直接影响着儿童心理的发展。而神经系统的发育首先表现在脑的重量变化上。个体出生时,脑的重量为390克左右,相当于成人脑重的25%。出生后的第一年,其脑重的增长速度最快,平均每天增加约1克,到9个月时,脑的重量为660克左右。2岁~3岁时达900克~

1011克,相当于成人脑重为75%。以后脑重增长速度放慢,到6岁~7岁时,脑重达1280克,为成人脑重的90%。12岁时,脑重为1400克。20岁以后脑重便不再增加。在脑重增加的同时,神经系统的内部结构也在趋于完善。到青少年时期,个体大脑皮质的沟回组织已发育成熟;神经细胞也完善化和复杂化;神经纤维的髓鞘化已经完成,保证了信息传递畅通而且互不干扰。

神经系统结构的发育,促进了神经系统功能的发展,为心理的发展提供了必要的生理条件。首先,神经系统兴奋和抑制功能的不断增强,使条件反射形成速度逐步加快,这是个体学习效率提高的基本前提。其次,皮质抑制的发展使大脑有可能更细致地分析综合外界事物刺激。对于儿童心理发展来说,皮质抑制机能是儿童认识外界事物和调节、控制自身行为的生理前提。再次,第二信号系统的逐步形成和发展。1周岁时,语言的强化作用开始出现。在幼儿期,第二信号系统的作用不断增强,但第一信号系统仍占优势。到了学龄初期,第二信号系统开始占优势。第二信号系统发展为个体由具体形象思维向抽象逻辑思维发展提供必要条件。

三、环境与心理发展

环境是个体心理发展必须依赖的外部条件,环境主要包括自然环境和社会环境。自然环境是个体赖以生存的物质条件,既包括土地、山川、河流等,也包括胎儿在母体中生活的环境;社会环境是指由一定的社会生活方式所决定的生活条件。环境在个体的心理发展过程中的作用主要表现为,它在遗传和成熟的基础上决定了个体心理发展的现实性。

(一)自然环境的作用

自然环境,尤其是胎儿在母体中的生活环境,对个体的身体发育和智力发展有重要影响。一般来说,大约有3%的个体在出生时就存在各种缺陷。产生缺陷的原因除了遗传因素以外,还与下列因素有关:

1. 胎儿母亲的营养

研究表明胎儿母亲在妊娠期间充分合理的营养将直接影响到胎儿的发育。资料表明,妊娠期间营养不良造成的流产、早产、死胎、新生儿死亡、畸形等结果,要比营养正常者高得多。

2. 药物

孕妇在妊娠期内服用大量药物后,药物会通过胎盘进入胎儿体内,可能影响胎儿组织器官的发育和功能。实验研究表明胎儿在药效学方面,即胎儿对药物的反应,与新生儿或儿童并无差异,但在药物代谢动力学方面有某特点,因而容易受到药物的影响。如四环素可积蓄于骨和牙齿,使胎儿骨生成延迟及牙釉质发育不全;链霉素可使听神经功能减退;抗癫痫药及地西泮可使胎儿慢性中毒,产生中枢抑制、凝血功能障碍等。

3. 酒精

酒精对胎儿的影响是非常大的。妇女在怀孕期间饮酒易造成胎儿畸形,因为,酒精不只影响中枢神经的发育,它对身体任何部位的组织细胞都能造成损害,从而引起发育迟缓,颜面畸形,智能低下等严重后果。

4. 毒品

母亲在怀孕时如吸食毒品对胎儿发育的损伤更为严重。会导致胎儿在母体中供氧不足,容易造成营养不良和早产。吸食毒品甚至也会导致胎儿畸形,严重的导致死亡。

另外,如果胎儿母亲有吸烟习惯或长期生活在有噪声、粉尘、放射性污染的环境中,胎儿也会出现生理缺陷和智力障碍。

(二)家庭环境的作用

家庭环境在个体心理发生和发展中起着非常重要的作用。良好的家庭环境包括家庭的经济状况及给子女所提供的教养、教育条件,父母亲的教育思想,教养、教育方式,家庭成员之间心理气氛等等都会影响到个体,特别是心理方面的发展方向及水平。发展心理学大量研究表明在家庭中实施的早期教育及个体获得的早期经验对个体、心理健康的影响是不容忽视的。综合国内外研究,家庭环境及早期教育对个体心理健康的影响主要表现在以下几方面。

1. 亲子关系

国内外一些研究表明,在个体的早期发展中,父母对子女的态度,如充满爱,能给予信任、鼓励和支持则容易使个体在与人初次接触时产生信任感、安全感。而这种情感的产生有助于个体与人的顺利交往。相反,缺乏父母的疼爱、关怀与照顾,信任、鼓励与支持,不仅会在儿童智力发育方面造成一些难以挽回的不良后果,还会使儿童产生孤独、无助的性格特征,甚至导致难于与人相处等人际交往方面的障碍。精神病学研究资料表明,一些神经症如恐惧症、强迫症、焦虑症和抑郁症病人的父母与正常人的父母相比,表现出对子女较少的情感温暖,较多的拒绝态度或过度保护。

亲子关系对小学生心理健康的影响,在不健全的双亲关系方面较为突出。生活在父母双亡或单亲死亡,父母离异,父母不和等家庭环境中的小学生比生活在双亲健全的家庭环境中的小学生在成长中可能会遇到更多麻烦,如较多出现对未来担心,被遗弃感,易激怒,孤独,悲伤等消极情绪与个性品质,还常常表现出对学习、社会生活不感兴趣等等。

2. 父母亲的教养思想、教养态度及教养方式

父母养育子女是一种社会责任。父母亲应有正确的教养思想,采取正确的教养态度及方式。只有这样才能使子女健康成长。事实上,一些父母仍持有"望子成龙""养儿防老"等不端正的教养动机,着眼于家庭或个人的私利;有些父母坚持"棒下出孝子""严

父慈母"等教育观念,对子女过于严厉甚至失去了爱等等。在这种教养思想的指导下,所采取的不正确的教育态度及教养方式自然不利于子女的健康成长。

父母亲对小学生的期望必须适度。父母亲对子女的期望值过高,甚至超过子女的自身条件与可能,往往会给子女带来沉重的心理压力。父母对子女学习、升学等方面的压力过重,会导致他们心理失衡,并可能产生对社会适应的恐慌。

对小学生的家庭调查发现,父母亲对子女的教养态度与教养方式不同,对子女的心理健康的影响也是不同的。一些父母对子女缺少爱心、理解、支持与关注,忽视对子女精神需要的满足及独立性。甚至把个人的设想强加给子女。父母的冷漠、忽视常常使子女产生无价值感、自卑感、不信任感与不安全感,并在其以后与人交往中表现出紧张、彷徨、犹疑或者退却。一些父母对子女持有一种专制态度。专制的父母对子女要求过于严厉,太多限制,过多的期望。专制的父母常常运用自己的权威,而无视子女的权利与自尊。这种专制的教养态度与方式常常会造就顺从型的子女。而顺从型子女有的在与人交往中表现出被动、自卑,独立性差,过分小心、谨慎等消极的性格品质。有的追求个人的完美无缺以致超过自己的能力。追求过分完美的欲望常常成为自责、自罪的根源。有些父母对子女过度保护。这种过度保护虽然使子女体验到父母的关心、爱护,体验了安全感,但在父母"保护伞"的呵护下,子女自身能力的开发往往受到限制,其人格也不能健康发展。

大量研究与调查表明,在民主的家庭教养态度与方式环境下成长的小学生具有较强的独立性,善于与人相处并能取悦于人,其情绪、情感是健康的,个性发展也是较全面、正常的。

3. 父母亲的文化修养及个性

父母亲的受教育程度,个人的兴趣、爱好等对子女的心理与行为有重要影响。有资料表明,父母受教育程度越低,其子女行为问题的检出率越高。个性健康的父母能给子女以正确的模仿榜样,并能创造出一个和谐的家庭气氛,从而有利于子女心理的健康发展。父母亲情绪稳定,尤其是对子女怀有深厚的稳定的教育情感;处理问题耐心、细致;性格开朗、大方;与人交往充满自信等等,这些积极的个性品质均能给子女以正向的潜移默化的影响。

4. 家庭成员间的关系及气氛的影响

一些学者研究表明,有些家庭属于"内向的家庭"。这种家庭成员在面临外部压力时,往往互相依赖,互相参与。这种家庭成员的个体容易缺乏与其他人的分化,容易采取投射的防御机制。在严重的应激情况下,这种家庭的成员容易产生神经症或防御性神经症。相反,"外向的家庭"成员之间缺乏情感交流,彼此之间有隔阂,呈现出早期分离的倾向。这种家庭有助于儿童个体化倾向的形成。在健康的家庭中,每个家庭成员均能使感情得到充分交流;彼此能体验到体贴和关心;相互之间能得到尊重、理解、帮助并接受各自的差异;家庭的经济生活有一定保障,家庭成员遵循一定的生活原则。这种健康的家庭即是家庭成员共同努力的结果,又是小学生健康成长不可缺少的基本气氛。

(三)学校环境的作用

学校环境包括学校物质环境和心理环境,他们都直接或间接地影响着学生的心理健康。物质环境包括教室卫生、校园的自然环境、教学设施、卫生设施等,是学校教育工作赖以进行的物质基础。苏霍姆林斯基说:"学校的物质基础(我们把学生周围的一切陈设也包括在内)——这首先是一个完备教育过程的必不可少的条件;其次,它又是对学生精神世界施加影响的手段,是培养他们观点、信念和习惯的手段。"良好的物质环境不仅能使小学生的心情愉快而有安全感,还能激发学生爱校、建校的热情,爱护学校的公共设施,自觉形成良好的社会公德,并以自己的学校而自豪。心理环境实际上是校风的具体体现,包括人际环境、信息环境、组织环境、情感环境和舆论环境等。学校内部心理环境也是影响小学生心理发展的环境因素之一。

(四)社会环境的作用

社会环境对个体心理发展的作用主要表现为,它制约着个体心理发展的水平和速率,是个体个性差异产生的重要条件。

1. 社会环境制约个体心理发展的水平

遗传和成熟为个体的心理发展提供了可能的发展范围。在良好的社会环境中,个体心理发展可以达到发展范围的上限;而在不良的社会环境中,个体心理发展只能达到发展范围的下限。一个正常健康的个体,心理发展的可能性是十分广阔的,研究表明,丰富的社会环境比贫乏的社会环境更有利于个体的心理发展。我国北方某些地区有"沙袋育儿"的陋习,婴儿出生10天左右,将其放在盛有细沙的布袋上,用沙土代替尿布,每天换一次土,除喂奶以外,既不抱,也不理,更不许别人逗他。这种喂养方式可达一年以上,甚至两年以上。孩子不哭不闹,十分安静。研究结果表明。以"沙袋育儿"方式喂养的儿童的智商明显低于在一般育儿方式下成长的儿童。

2. 社会环境制约着个体心理发展的速率

优越的文化教育条件,可以使个体的心理发展速率维持在一个较高的水平。左梦兰(1985)在一项对云南不同地区、不同民族儿童进行的认知发展的跨文化研究中,发现认知发展水平的差异主要并不存在于不同民族的儿童之间,而是存在于文化和教育条件有差别的各地区儿童之间。国外的一些研究也指出,在对儿童进行的运算测验中,农村儿童的水平普遍落后城市儿童2~3年。

3. 社会环境是个性差异产生的重要条件

个体的个性差异主要表现在价值观体系上。首先,社会环境(尤其是文化和教育)

将一定的价值观外化为一定的行为规范,形成一定社会导向。其次,承载一定价值观的社会群体,如家庭、班集体、同伴群体等,通过舆论和其他社会强制力,使个体接受这种价值观,并内化为个体需要。由于个体之间所处社会环境的不同,其价值观也就出现一定的差异。

由此可见,个体的心理发展既受遗传素质和生理成熟状态的影响,又受环境条件的制约。那种片面强调遗传作用的观点(遗传决定论)、片面强调生理成熟作用的观点(成熟决定论)和片面强调环境作用的观点(环境决定论),都是极端错误的。

四、遗传与环境相互作用

目前,许多研究者都认为,在论述遗传与环境对心理发展的影响时,应以发展的、动态的、联系的观点去分析。某些遗传特性是因进化过程中环境因素的影响而产生的,带有环境影响的痕迹。同样,个体总是基于自己的遗传特质、以自己的特有的方式作用于环境。从这个意义上讲,遗传与环境是相互联系、相互影响的,此外,在不同的个体身上、不同的发展阶段,遗传与环境的作用也各有不同。

(一)环境影响着遗传物质的变化和生理成熟

现代科学研究证明,胎内环境对胎儿的生长、发育及出生后的发展有重大影响。如母亲缺乏营养,不良生活习惯以及药物、辐射等都会影响胎儿的发育,从而影响其后代智力的发展。儿童出生过程中以及出生之后,营养不良或一些意外的因素(如产伤、疾病、事故等)也可能影响儿童的生理,继而影响后来的发育。

(二)遗传素质及生理发展制约着环境对个体心理的影响

环境对遗传起一定的影响作用,但不能从根本上改变遗传因素及儿童的生理成熟过程。反过来,遗传的特征对儿童接受环境的影响起着制约作用,最常见的是儿童的性别、最初的神经活动类型的特征、某些特殊才能的发展等。这些遗传特征使儿童从出生时起,就对外界刺激发生不同倾向的选择性反应,从而影响到外界环境刺激起作用的程度。

总之,对于正常发育的幼儿来说,某些遗传素质为其身心发展提供的可能性,必须在一定的环境影响下才能转化为现实,同时,遗传素质本身也会在环境的影响下而改变。比如,音乐听觉很好的幼儿,如果没有良好的音乐环境和教育,就不能成为音乐家,而在幼儿期并未表现出有特别音乐素质的孩子,在接受了系统的、全面的教育与训练后,将来也可能成为音乐家。

综上所述,儿童的心理发展受多方面因素的影响和制约,遗传只为其发展提供基础和潜在的可能性,环境等多方面的外在因素最终使这种可能性变成了现实。同时,环境和教育对儿童心理发展的决定性作用并非机械的,它的最终效果又取决于儿童自身的需求。这充分体现了辩证法的理念,事物的发展变化归根结底取决于矛盾的内在方面。

第二节　教育与小学生心理发展

在前面的内容中,我们论述了影响小学生心理发展的遗传、成熟和环境因素,并探讨了它们之间的辩证关系。这一节中,我们主要讨论教育在小学生心理发展过程中所起的作用以及教育促进心理发展的内在机制。

一、教育在个体心理发展中起主导作用

教育是社会环境因素中较为独特的因素。它是有计划、有组织地传授知识经验、开发学生潜能的活动。这里指的教育包括学校教育、校外教育、家庭教育和婴幼儿教育。教育是一种有目的、有计划、有系统的影响过程。在我们社会主义国家里,这种教育要求遵循党的教育方针,把儿童逐步培养为有社会主义觉悟、有文化、德、智、体、美、劳全面发展的劳动者。这种教育对儿童心理发展起着主导作用,决定着儿童个体的心理发展方向和水平。教育对儿童心理发展起主导作用主要体现在以下几个方面:(1)通过教育可以弥补儿童遗传素质的不足,教育也可以利用儿童某些遗传素质充分发展儿童的智力和才能。实验证明,婴儿出生后就对他们进行恰当的训练和教育,3个月以后的学习效率可能比同龄未经这种训练和教育的婴儿提高一倍。又如一对孪生姐妹,在其出生后一年就被分开托养,一个仅受两年的学校教育,另一个则读完了专科学校。35年后对二者进行同样的智力测验,结果读完专科学校的比仅受两年教育的成绩高出24分。这种智力上的差异显然是由教育决定的。(2)教育可以左右社会生活环境对儿童心理发展的影响。如果社会生活环境的影响同教育方向一致,则教育就可以利用这种影响加强儿童在这方面的心理发展。反之,教育亦可抵消这种影响。(3)要使儿童心理得到健全地发展,只有通过有目的、有计划、有系统的教育,才能把这种愿望变成现实。从这个意义上说,教育是儿童成才的主要途径。

(一)教育对个体心理发展的作用

1. 教育促进了个体的个性化

个性化是个体独特性的表现。作为社会生活中活生生的个体,不可能具有千篇一律的个性、人格和行为习惯。个性化反映的是在继承前人基础上的发展和革新,其核心就是个体在社会实践活动中自主性、能动性、独特性和创造性的挖掘和提升。

教育的个性化发展功能主要体现在三个方面,即教育能促进人的主体意识、个体特征的发展以及人的个体价值的实现。首先,教育能够促进个体主体意识的形成以及自

我能力的增强。这是教育促进个体个性化的基础。其次,教育能够根据学生的不同心理发展水平和能力的不同表现促进个体差异的充分发展,发展人的独特性。再次,教育有利于开展创造性的活动,培养个体的创造性,实现个体的价值。人越有知识、越有能力、越有道德,其个体生命价值也就越高。

2.教育促进了个体的社会化

社会化是个体学习社会的行为规范、内化社会的价值观、获得适应社会生活的知识和技能,并使这些社会性的价值成为自我的一部分的过程。社会化的过程没有终点,它是一个连续不断的过程,并不断调整着个体的认知和观念以及个体行为。社会化的内容主要包括社会的文化价值规范、社会的需求、个人作为社会成员的技能、社会角色在不同情境下的转化,而教育是社会化的基本途径。

教育的个体社会化的功能主要体现在三个方面:首先,教育根据社会的规范和要求促进个体思想意识的社会化;其次,教育通过引导和规范个体的行为,促进个体行为的社会化;再次,教育通过指导学生根据自己的兴趣和能力确定自己未来的职业意向和角色,培养个体的职业角色意识。

(二)学校教育在人的心理发展中具有主导作用

学校教育对人的身心发展的影响是比较全面、系统的,良好的学校教育对个体的身心发展起着主导作用。但学校教育的主导作用也只有在一定的条件下才能实现,并不能无限地发挥作用。

首先,学校教育具有目的性。学校是专门培养人的场所。由于学校的各种教育活动都是在人为设置的环境中进行的,有意义、有计划的活动也是教师们精心设计的,所以学校教育的目的性、意义性非常强。

其次,学校教育具有专业性和系统性。学校教育不仅有专门的施教场所、专职的教育者,而且有经过精挑细选的系统的学科知识体系、教育方法和教育手段,所以学校教育具有较强的专业性;同时,由于人的培养是一个复杂的系统工程,所以学校教育具有非常强的系统性。

再次,学校教育具有基础性。学校教育的目的就是要教给儿童、青少年最基本的知识和技能、社会生活必备的道德规范与社会人际关系准则。从最根本的意义上来说,各级各类教育都是在教给个体学会做人、学会做事、学会学习的基本生存、生活知识。因此,学校教育具有较强的基础性。

最后,学校教育具有较强的选择性。社会环境的影响是复杂多样的,而学校教育是在有选择的基础上对个体施加影响的。学校教育的选择性主要表现在:教育培养目标上的选择性,教学内容的选择性,教育方式、方法和手段的选择性。从这里可以看出,学校教育不是盲目的、随意的,教育的环境、内容和方式等各方面都是经过选择的,因此能够排除一些不良的影响因素,坚持进行正面教育,从而更好地促进人的身心的健康发展。

二、教育促进心理发展的内在机制

心理发展如何,向哪儿发展?朱智贤认为,这不是由外因机械决定的,也不是由内因孤立决定的,而是由适合于内因的一定的外因决定的,也就是说,心理发展主要是由适合于主体心理内因的那些教育条件决定的。从学习到心理发展,人类心理要经过一系列的量变到质变的过程。他还提出了一种表达方式:

教育 —反复实施→ 领会、掌握知识经验 —不断内化→ 发展

从以上的表达式中可以看出,从教育到心理发展是以领会和掌握知识经验为中介的。

知识经验是人类智慧长期积累的产物。人类的知识经验可以分为三类:知识、技能和行为规范。其中,知识是以思想内容的形式为人所掌握的人类经验,技能是以行为方式的形式为人所掌握的人类经验,行为规范是调节人际关系的人类经验。冯忠良先生认为,知识和技能是形成能力的基础,行为规范则是品德形成的基础。个体的心理发展主要就是表现为能力和品德两个方面的发展。因此,个体心理的发展,必须要以领会知识经验为基础。由教育到领会知识经验是一个由不知到知、由知之甚少到知之甚多的过程。只有通过反复实践,才能让个体领会和掌握知识经验。

知识经验的领会并不能立即引起个体的心理发展,个体只有把知识经验内化以后,才能促进心理的发展。知识经验的内化要经历一定的过程,苏联心理学家加里培林等在 20 世纪 50 年代,提出了智力活动按阶段形成的假说。企图解决在科学上长期以来没有得到解决的智力技能形成问题。在加里培林看来,人的认识活动是由外部物质活动内化为知觉、表象、概念的过程。这个内化过程经历着下面五个基本阶段。

(一)活动的定向阶段

在活动的定向阶段中,要通过讲解使学生了解认知活动的任务和意义,熟悉活动的程序和方法,形成活动的表象,为具体智力活动做好准备。因此,这一阶段又被称之为智力活动的准备阶段。

加里培林关于活动的定向这个名称,曾有不同的提法,开始称为"构成关于课题的表象阶段"(1953 年),后来改称为"活动的定向基础阶段"(1959 年)或"构成动作的定向基础的图式阶段"(1975 年)。在活动的定向阶段,要使学生拟定所从事智力活动的实践模式,建立活动的"原样",并把它划分为各个组成部分,以建立起学生能独立完成的操作程序;在对学生进行活动的示范或讲解时,要把智力活动的操作程序,以物质或物质化的形式完全地展开,并注意变换智力活动的对象,使智力活动得以概括。因为学生

只有从智力活动的展开及其概括的结果(表象)中,才能清楚智力活动的真正内容。

(二)物质或物质化活动阶段

物质活动是指对具体的实物的运用,而物质化活动则是指运用实物的模象、图片、言语、模型、示意图等形式进行活动。通过具体实物或物质化活动以促进学生加深理解学习的内容,掌握智力活动的方式。让学生用石子、火柴棍、手指头等作加法运算,就是通过物质活动进行的一种智力活动。以图表形式列出题目的条件和问题,引导学生解题则是通过物质化活动进行的一种智力活动。无论是物质活动或物质化活动,都是为了形成学生鲜明的记忆表象,发展学生分析、综合、比较、抽象、概括的能力。

物质或物质化活动阶段,又称之为"活动以物质或物质化形式形成的阶段"。不论是物质的还是物质化的活动,都是外现的活动,然而它们的动作的客体不同。物质活动中,动作的客体是实际事物,即活动的对象本身;而物质化活动中,动作的客体是实物的代替物。前者是实物直观,后者是模拟直观。在很多情况下,物质化的形式较为方便。在该阶段,应对学生的每个动作进行客观的检验,通过变式使学生的智力活动方式提高概括水平和简化动作的能力。

(三)有声的外部言语阶段

由物质化活动阶段过渡到有声的外部言语的阶段是智力技能形成中转入认知活动形式的开端。学生能摆脱实物的演示而借助出声的外部言词进行智力活动,对动作的程序作正确的陈述,在表象的基础上实现分析和综合,进行比较,是智力活动形式的一次质的飞跃。

出声的外部言语活动,是没有实物作直接依据的智力活动形式,需要经过专门的教学训练才能形成。在教学中应要求学生学会用正确的口语形式,确切地反映出活动的实在内容。言语中所采用的词与词的联系,要与物质活动的程序相一致,用语要有顺序的逐步简化。

(四)无声的外部言语阶段

由外部的出声言语转化为无声的言语,学生能默不作声地进行智力活动,以默读代替朗读,向内部言语过渡,是以消除嘴唇的不断动作为特征的。在这个阶段,如果要学生突然停止嘴唇动觉,就会引起其不知所措,明显增多回视,下降阅读或计算的速度。

(五)内部言语阶段

内部言语阶段是智力技能形成的最后阶段。这个阶段的显著特点是具有高度的压缩、简化和自动化。学生在阅读中表现为视野的扩大,能根据上下文的意义,不再端详整个句子的结构,就可以迅速而有效地对课文进行正确的理解、识记和评价。在计算中表现为似乎意识不到所需要应用的法则,就能在头脑中自如地运用法则,省略了许多环节而得出正确的结论。

应当指出,教育是心理发展的外因,是个体心理发展的外部条件。教育只有和心理发展的内因(即心理发展的内部矛盾)相结合,才能发挥促进心理发展的作用。

第三节 小学生心理发展的一般特点

小学生心理发展是逐步由低级到高级、由简单到复杂不断完善的过程。在这个过程中,小学生个体的发展有不同的特点,但同时也表现出一些共同特点。

一、个体心理发展的指标

个体心理发展的指标是描述个体心理发展状态的一组特征,即发展参数。其发展过程的进行可以用几个一般特点来描述。美国心理学家克雷奇认为,这些一般特点包括:①发展速度,指随时间而变化的速度;②时间,指某种心理特征从产生到成熟的时间;③顶点,指一个特定功能发展到顶点时的特征;④发展的分化和阶段,指行为的质的变化。根据他的研究,个体心理发展的指标包括:

(一)发展的时间

个体的任何一种心理机能从产生到成熟的发展过程都具有时间特征。个体的心理发展过程既有一定的连续性,又有一定的阶段性。心理发展的阶段性是心理发展时间特征的集中表现。任何一种心理机能,都是在特定的时间或心理发展阶段表现出来的。例如 7~11、12 岁是个体由具体形象思维向抽象逻辑思维过渡的阶段。在这个阶段,抽象逻辑思维的心理机能逐渐成为个体思维的主导形式。

(二)发展的速度

个体任何一种心理机能从产生到成熟的变化都具有速度方面特征。个体心理发展不是呈匀速直线上升的形式进行的,而是呈波浪的形式发展的。在心理发展过程中,既有稳定发展的阶段,也有加速发展的阶段。例如,抽象逻辑思维开始发展于 7 岁左右,并平稳而缓慢地发展着,11~12 岁左右则出现加速发展的状态。

(三)发展的稳定性

一般来说,在一定的社会和教育条件下,个体心理发展均表现出稳定性的特征。但由于社会教育条件在个体身上所起的作用不同,因而心理发展也存在可变性。心理发展的稳定性是相对的,可变性是绝对的。

(四)发展的协调性

个体心理的发展是个体各种心理机能协调发展的结果,表现出协调性特征。各种心理机能之间相互促进、相互制约。例如,非智力因素的发展可以促进和制约智力因素的发展。

(五)发展的量变与质变

个体的心理发展,既具有量变的特征,表现为心理机能不断增强;又具有质变的特征,表现为心理机能的不断成熟。

二、小学生心理发展的一般特点

(一)发展的整体性

心理发展的整体性是指作为整体的心理活动具有独特的质的规定性,心理发展是在各种心理过程相互作用的互动关系中进行的。小学儿童的心理是一个有机系统,其形成与发展是心理各个方面协调统一的过程,这就是发展的整体性。横向方面看,同一时间片断中,发展的各个方面并不是孤立进行的,而是相互渗透、相互作用、相互促进的。

小学生心理发展的整体性首先表现在生理成熟与心理发展的协调统一上。小学生的心理发展是在遗传素质基础上,伴随着生理成熟而逐步发展起来的,生理成熟为小学生心理的发展提供了物质条件,先有生理发育,后有心理发展。在生理成熟中,生理各个系统的成熟水平都会影响到心理发展,尤其是小学生神经系统的发育对心理发展的影响最大(如图2-1)。

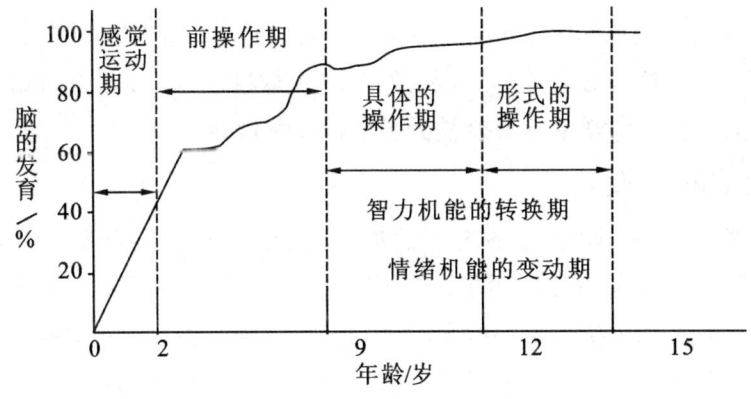

图2-1 脑的机能和智力、情绪机能发展的关系

有一种令家长和教师头疼的儿童行为障碍——儿童多动症,其主要特征是缺乏注意力,所以又叫"注意力缺乏障碍",行为具有冲动性。在小学儿童中发生率为5%~10%。其发生的主要原因就是轻微的脑功能失调,是儿童神经系统功能发育不良所致。同时,儿童心理的发展又会对其生理发育产生影响。偏食是某些儿童的一种不良饮食习惯,由于偏食,儿童不能获取生理发育所必需的营养物质,这样会造成儿童生理发育

不良。因此,在儿童心理发展的过程中,生理发育与心理发展是相互依存、统一协调的。

小学生心理发展的整体性还表现在心理发展是多种心理因素共同发展的结果。个体心理是由心理过程和个性心理两大方面构成的一个有机整体,在小学儿童心理发展过程中,一方面,心理各种因素的发展相互联系与制约,某一因素的变化影响其他因素的变化。如小学儿童感知觉的发展为思维的发展提供了多种感性材料,影响与促进了思维的发展;而思维的发展又使得感知更加概括、深刻和准确。另一方面,小学儿童各种具体的心理形式也具有整体的特点。比如,心理活动具有不随意性,认知活动表现出具体、形象性是儿童心理活动的共同特点,这种心理活动的共同特点概括了儿童各种心理形式的整体状况与特征,并反映与体现在儿童各种心理活动中。如心理活动的不随意性,在注意方面体现为儿童的注意以不随意注意占优势,在记忆方面则表现为儿童的无意记忆是主要方式等。认知活动的具体、形象性,使儿童的思维以具体形象思维为主导,形象记忆优于语词记忆,而且想象力特别丰富等。总之,儿童心理的这些特点反映并表现在其他各方面的心理过程与活动当中,使这些活动都带有整体的特点。

(二)发展的普遍性

发展的普遍性,是指个体心理的发展是一个客观过程,任何个体的心理发展都受遗传和环境因素的影响,在遗传因素、环境因素和个体自身心理因素的相互作用中得到发展。这个客观过程不可按人的主观愿望去肆意解释和任意逆转。个体心理发展的总趋势和各个心理过程的具体发展,都遵循一定的客观规律。儿童心理学的学科任务正是正确地揭示这个规律,从而使人类更好地利用这些规律。当前,有些发展心理学家认为儿童心理的发展是领域特殊的,即认为心理发展是具体的,因内容和对象各异,没有普遍适用的心理结构。这种观点并不能否定发展的规律性。因为,即便如此,领域特殊性本身也是一种规律性。科学的任务就是为了认识普遍规律。

(三)发展的顺序性

小学生心理发展是有顺序的,这是由遗传决定的。每个人从胚胎期、出生到成熟到死亡的发展过程具有较为一致的顺序,这种发展顺序在不同的文化背景下和不同的个体身上也表现出较高的一致性。一般来说,在各种心理机能中,感知觉的发展最早,然后是运动机能、情绪、动机和社会交往能力等的发展,而抽象思维的出现和发展最晚。同时,某一心理机能的发展也是有顺序的,例如,身体及其运动机能的发展一般遵循以下几个发展序列:①首尾方向,即人的头部最先得到迅速发展,然后是躯干,最后是下肢;②近远方向,即身体的发展从中部开始,从中央到四周,头和躯干的发展在前,然后是四肢的发展,手指和脚趾的发展在最后。③大小方向,即大肌肉活动的发展先于小肌肉活动的发展。从心理机能上看,心理发展一般遵循感知—运动—情绪—动机—社会交往—抽象思维这样一个大的顺序。心理学家们指出,个体心理发展是按照一定的次序进行着的,"它具有并伴随着一种已知的程序","一般儿童都是先爬而后能走,先走而后能跑;他们必须经过一定的消极阶段而后能与人自觉而循规蹈矩地进行合作。只有这样,心理学家们才能够正确无误地描写每一个儿童的心理能力、社会关系和情绪表现等等"。

小学生心理发展的这种顺序性反映着个体心理发展都有一个从低级到高级、从简单到复杂、从现象到实质的过程,说明人类心理发展是按一定模式进行的,虽然这种发展的每一模式在发展的速度上可能有个别差异,可以加速或延缓,但发展的顺序或程序一般却不能改变。从发展的总趋势上讲,个体心理发展的阶段是有次序的,是不可逾越或倒退的。每一个心理发展阶段,体现着一种心理平衡。阶段与阶段之间的演变,体现着个体发展中心理由平衡经由不平衡再到达新的平衡的建构过程。

(四)发展的连续性和阶段性

小学生心理发展是一个不断地从量变到质变的发展过程。这种从量变到质变的过程使儿童心理发展既表现出连续性又表现出阶段性。

发展的连续性,是指个体的心理发展是一个开放的系统,在生命延续的过程中,它既没有一个绝对的起点,也没有一个绝对的终点。每一个心理过程的进步,总是在先前的基础上发展起来的,而且这种发展是有机的、必然的,不是外加的、偶然的。例如,动作思维、形象思维和抽象思维是循着一种从动作思维到形象思维再到抽象思维的顺序,整个思维的发展是连续的过程。不同年龄阶段的儿童思维状况既有上一年龄阶段的儿童思维的"影子",又向下一年龄阶段儿童的思维发展特点趋近。具体来说,学前儿童的思维继承着婴儿动作思维的特点,但形象思维也开始发展起来;小学中、低年级儿童的思维以形象思维为主,但又开始发展抽象思维;小学高年级的儿童抽象思维进一步发展,但仍保留着具体形象思维的特点。因此,心理的发展与变化、心理特点的形成与发展不是脱节的,而始终是在某一发展阶段的早期存在着上一阶段的某些特点,而在发展阶段的晚期可以发现下一阶段的某些特点已在萌芽或开始表现出来。个体心理的发展不是一种绝对的、无联系的或突变的过程,它是一种量的积累过程,发展过程中每一质变的转折点,都是儿童长期发展、量的积累的结果。儿童每一个发展阶段有意无意为下一发展阶段作了准备,并且每一发展阶段又是儿童先前成长发育与经验的结晶。发展的连续性体现着个体心理发展的总趋势。在发展心理学范畴中,个体心理的发展,既包括早期由低级到高级、由简单到复杂、由混沌到分化的上升过程,也包括后期由健全到衰减、由灵活到呆板、由清晰到朦胧的下降过程。当然,儿童心理发展的总趋势是上升的。

发展的阶段性,是指个体心理发展的连续过程是由一个个具体的发展阶段组成的。每一阶段都是从前一阶段中孕育和产生出来的,同时,又将加入到后一个阶段中去。不同的发展阶段,表现为不同的心理过程的质的差异,也表现为不同的主导活动和不同的心理能力。在具体行为上,又表现为不同的行为特征。小学儿童心理发展从量的积累形成量的变化,量变达到一定程度产生质变,由于质变,使得小学儿童在不同的时期表现出与其他时期不同的心理特点,于是心理发展过程中表现出明显的阶段性。小学儿童心理发展的阶段性是与人的年龄相联系的。由此,心理学上把个体心理发展各年龄阶段所表现出来的一般的、典型的、本质的特征,称为心理年龄特征。说心理年龄特征是心理的一般特点,乃是由于它是某年龄阶段的儿童普遍具有的;说它是典型特征,是因为它代表了该年龄阶段的儿童心理特色;说它是本质特征,则是它足以作为该年龄阶段的标志,以区别心理发展的不同阶段。心理年龄特征是个体在一定年龄阶段心理水平的标尺,它是从许多同龄人心理发展事实中,通过概括并与不同年龄的人的心理进行比较而被确认的。目前,心理学依据儿童在一定时期内所表现出的共同心理特点和主导活动,将儿童的发展划分为五个阶段:婴儿期(从出生到3岁)、幼儿期(3岁到6、7岁)、童年期(6、7岁到11、12岁)、少年期(11、12岁到14、15岁)、青年初期(14、15岁到20岁)。

为了形象地说明连续性和阶段性,把发展的连续性比做一个儿童在平缓的斜坡上不断地往高处行进。他的步伐平稳而连贯,步步升高。而发展的阶段性就像一个儿童在台阶上攀登,每一步登高都是突发的,每登上一个新高度,就与先前的水平具有质的不同。因此,发展的连续性和阶段性,又涉及另一对范畴:量变和质变。连续性体现量变,而阶段性体现质变。

其实,发展的连续性和阶段性并不是矛盾的。我们完全可以把它们看作对立的统一,即发展是一个有阶段的连续过程。这一模式可以用图2-2来表示。前一阶段是后一阶段的基础和前提,后一阶段是前一阶段的完善和提高。在新阶段中,前一阶段并没有消失,而是被整合在其中(横虚线示之)。新阶段表面上是突发的,但实质上是从先前的阶段中衍生出来的(斜虚线示之)。各个发展阶段并不是简单的叠加,而是逐级包含。新阶段的发展内涵(如认知结构)既是新的构建,又是对原有水平的重新塑造。所以,心

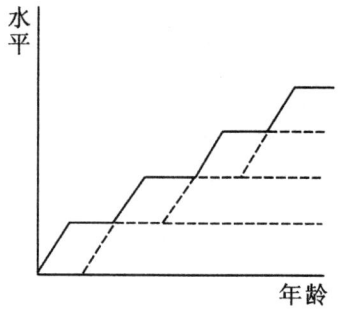

图2-2 有阶段的连续发展模式
(王振宇绘制,1987)

理的发展阶段在内部是连贯的、有联系的,它们共同构成一个既没有绝对起点,又不是间断跳跃的不断建构的发展全过程。

(五)发展的差异性

虽然儿童的心理发展按照自身固有的规律进行,但发展的模式却各不相同。儿童心理发展的程序是统一的,但其发展的速度则有很大的差异。小学儿童心理发展是共性与个性的统一。

发展的差异性,指每一个儿童的心理都有自己的速率、特色、风格等特殊性和复杂

性,构成个体间心理发展的差异性。差异性是遗传因素、环境因素和个体自身心理因素综合作用的结果。通常,我们所说的差异性指的是个体差异或文化差异。有时,心理学也讨论性别差异,即男孩与女孩的心理不同点。但研究发现,无论是认知发展还是言语发展,性别差异并不是主要的特点。男女儿童心理发展的同大于异。需要指出的是,儿童心理学为我们揭示的儿童发展的普遍趋势,只是一种理性的认识框架,并不是儿童心理发展的目标,更不是儿童心理发展的标准。事实上,现实的儿童要比理论描述的更丰富、更具体、更动人。

有人曾对66名儿童阅读能力的发展进行测验,并依据测验结果绘制成发展曲线,曲线表明,没有一个儿童的阅读能力是完全相同的。

美国心理学家洛文格(Loevinger)对个体心理发展的差异状况进行了概括性的研究,并提出了"心理发展的模式"。他认为,不同个体的发展差异可概括为以下四种典型模式(如图2-3)。

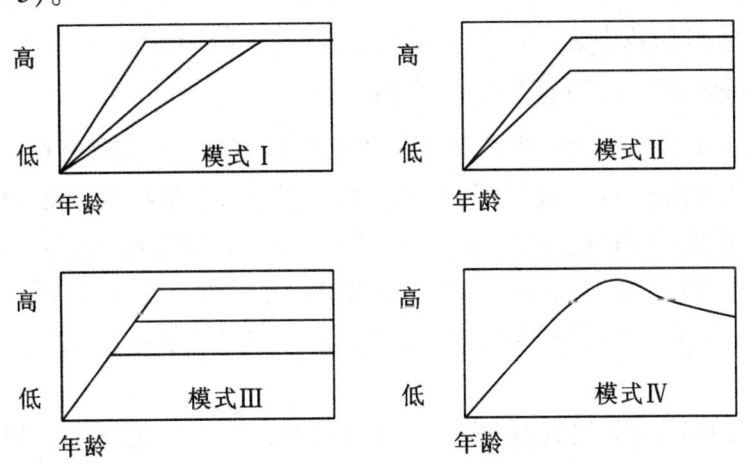

图2-3 儿童心理发展过程的模式差异

模式Ⅰ:不同个体的发展从同一时期开始,最终也达到同一发展水平,但不同个体在其心理发展过程中发展的速度是不同的。

模式Ⅱ:不同个体心理发展速度不同,并且最后的发展水平也不同。

模式Ⅲ:社会生活可能规定个体心理发展早期的速度是相同的,但不同个体心理发展的最终水平不同。

模式Ⅳ:是个体心理发展中的一种特殊情况,即随着个体年龄的增长,其心理发展达到较高水平后会出现下降的状况。

造成个体心理发展差异性的原因很多,主要与个体自身的遗传因素、后天生活环境、学习等因素有关。由于心理发展的差异性,个体之间无论是在心理发展过程中表现出的状况还是心理发展的趋势与水平等都有一定的差异。

第四节 小学生心理发展的年龄特征

一、心理发展年龄特征的实质

从前面的介绍中我们可以看出,虽然小学儿童心理发展是一个连续的过程,但是,小学儿童的心理发展过程是充满了从量变到质变的过程,许多心理机能的发展由连续的量变积累起来,产生了质的变化,这些使我们可以通过儿童心理在不同的年龄阶段所表现出质的差异,将其划分为不同的阶段,小学儿童心理发展的各个阶段所表现出质的特征,就是小学儿童心理发展的年龄特征,它是指在一定社会和教育条件下,在个体发展的各个不同年龄阶段中所形成的一般的、典型的、本质的心理特征。

(一)心理发展年龄特征与年龄阶段

小学儿童心理发展从量的积累形成量的变化,量变达到一定程度产生质变,由于质变,使得小学儿童在不同的时期表现出不同的心理特点,于是心理发展过程中表现出明显的阶段性。由此,心理学上把个体心理发展各年龄阶段所表现出来的一般的、典型的、本质的特征,称为心理年龄特征。心理年龄特征是个体在一定年龄阶段心理水平的标尺,它是从许多同龄人心理发展事实中,通过概括并与不同年龄的人的心理进行比较而被确认的。

心理发展的年龄特征是针对个体心理的年龄阶段而言的,但是,这种年龄特征并不是绝对的。处在某一年龄阶段可能会表现出前一阶段或下一阶段的特征,即使在同一年龄的儿童,他们的特征也不是完全一样的。

儿童的发展速度有着一定的差别,有的儿童发展快一点,有的发展慢一点,但在一定的社会和教育条件下,个体从出生到成熟经历的年龄阶段是相同的,这些年龄阶段出现的顺序是一定的,持续的时间也基本一致。比如从乳儿期、婴儿期、学前期、小学期、少年期、青年初期,上述各时期也就是一些不同的年龄阶段。

心理发展的阶段既是相互连续,又是互相区别的。每个阶段持续的时间长短不同,有些阶段可能只有一年,有些可能持续三四年,有些可能持续四五年。个体可能会因各种外界因素的影响而导致发展阶段出现提前或滞后,但是从总体上说,个体心理发展不会出现倒退。

(二)心理发展年龄特征的质的规定性

心理发展年龄特征是指个体心理在一定年龄阶段中表现出的那些一般的、典型的、本质的特征。个体心理发展的年龄特征是心理学家从许多具体的、个别的心理发展的事实中,概括出一般的、典型的和本质的特征。说心理年龄特征是心理发展的一般特征,乃是由于它是某年龄阶段的儿童普遍具有的;说它是典型特征,是因为它代表了该年龄阶段的儿童心理发展的特色;说它是本质特征,则是它足以作为该年龄阶段的标志,以区别心理发展的其他阶段。例如,学前初期的儿童思维的发展主要是直觉行动思维,即思维只能在活动中进行。离开了活动,儿童的思维就不能进行。学前中晚期儿童,主要是具体形象思维,即思维只能凭借具体形象进行。小学儿童,主要是具体形象思维向抽象逻辑思维过渡。初中学生主要是经验型的抽象逻辑思维。高中学生则主要以理论型的抽象逻辑思维为主。

从个体心理发展的总趋势来看,在某个阶段开始之初,个体心理发展可能保留着大量前一个阶段的年龄特征;而在该阶段之末,个体心理发展又会表现出下一个阶段的年龄特征。例如,小学阶段,儿童思维发展的特点是从具体形象思维向抽象思维过渡。但小学低年级儿童还是以具体形象思维为主要形式,这种思维与学前晚期的儿童思维差不多。而小学高年级儿童的思维尽管还带有具体形象性,但基本上是抽象逻辑思维。

二、心理发展年龄阶段的划分

对个体心理发展年龄阶段的划分,有着不同的划分标准,但必须以个体心理发展的规律为依据。由于每个研究者的研究侧重点不同,所以目前发展心理学界对心理发展年龄阶段的标准没有统一,所划分的心理发展年龄阶段也不尽相同。

(一)国外心理学家对儿童心理发展年龄阶段的划分

1. 瑞士心理学家皮亚杰以个体认知发展为标准,将心理发展分为四个阶段:一是感觉运动阶段(0~2岁),本阶段的儿童思维的形式为直觉行动思维;二是前运算阶段(2~7岁),本阶段的儿童以具体形象思维为主要思维形式;三是具体运算阶段(7~11岁),本阶段儿童处于由具体形象思维为主要形式向以抽象逻辑思维为主要形式过渡的时期;四是形式运算阶段(12~18岁),本阶段的儿童以抽象逻辑思维为主要形式。

2. 苏联心理学家艾里康宁和达维多夫以儿童生活中的主导活动为标准,将心理发展分为六个阶段:一是乳儿期(0~1岁);二是先学前期或婴儿期(1~3岁);三是学前期(3~7岁);四是学龄初期(7~11岁);五是学龄中期或少年期(11~15岁);六是青年初期(15~17岁)。其中,在第一、三、五阶段,儿童的主导活动是以围绕儿童的需要和动机的发展而展开的;在第二、四、六阶段,儿童的主导活动是以围绕儿童的智力或认识的发展而展开的。

3. 美国心理学家埃里克森以心理社会性发展为标准,将儿童心理发展分为五个阶段。一是婴儿期(0~2岁);本阶段发展任务是满足生理需要,获得信任感而克服不信任感,体验着希望的实现;二是儿童早期(2~4岁),本阶段的发展任务是满足探索的需要,获得自主感克服羞怯感和疑虑感,体验着意志的实现;三是学前期或游戏期(4~7岁),本阶段的任务是从语言上和行动上探索环境,环境也向儿童提出要求,发展的任务是获得主动感,克服内疚感,体验着目标的实现;四是学龄期(7~12岁),本阶段的发展任务是获得勤奋感克服自卑感,体验着能力的实现;五是青年期(12~18岁),本阶段的发展任务是建立同一感,防止同一感混乱,体验责任和忠诚的实现。

(二)我国心理学家对儿童心理发展的年龄阶段的划分

朱智贤在1981年提出,划分儿童心理发展阶段时,应该考虑以下两点:第一,儿童心理发展的每一时期的重要的特殊矛盾或质的特点,应该是划分儿童心理年龄阶段的主要根据。第二,在划分儿童心理年龄阶段时,既应看到重点,又要看到全面。在此基础上,他提出划分儿童心理发展年龄阶段的标准是:在一定的社会和教育条件下,儿童心理发展的各个不同时期内的特殊矛盾的特点。这些特殊矛盾主要表现在儿童的主导活动、思维水平、个性特征和生理发展等方面。朱智贤依据上述标准,提出儿童心理发展可划分为六个阶段:阶段1:乳儿期(0~1岁);阶段2:婴儿期(1~3岁);阶段3:学龄前期(3~6、7岁);阶段4:学龄初期(6、7~11、12岁);阶段5:少年期或学龄中期(11、12~14、15岁);阶段6:青年初期或学龄晚期(14、15~17、18岁)。

三、心理发展的敏感期和转折期

在儿童的心理发展过程中,既存在着心理发展的敏感期,又存在着心理发展的转折期。

(一)敏感期

敏感期的问题最初是从动物心理实验研究提出来的。普遍认为,在动物早期发展的过程中,某一反应或某一组反应在某一特定时期或阶段中最易于获得,最易于形成,如果错过这个时期或阶段,就不容易再出现这样好的"时机"。这个关键的"时机",也就是所谓的"关键期",或"关键年龄"。

这种现象最初是由奥地利的洛伦兹(K. Z. Lorenz)发现的。这种无须强化的、在一定时期容易形成的反应,叫作"印刻"(Imprinting)。印刻发生的时期叫作关键期。例如,小鸡或小鸭在出生后不久所遇到的某一对象或刺激,印入它的感觉中,以至产生一种偏好和追随反应。以后再遇到这个或类似的对象或刺激时,就容易引起它的偏好和追随。小鸟辨认它的母亲和同类,就是通过这个过程实现的。这个现象在其他哺乳类动物身上也有所发现。据研究,小鸡的"母亲印刻"的关键期是出生后10~16小时,小狗的关键期约在出生后的3~7周。过去都认为,动物出生后不久就会认识母亲,是由于亲子本能,后来发现,并非如此。因为实验证明,在关键期内,不仅对自己的妈妈可以发生"母亲印刻",如果自己的妈妈在小动物生后就离开了,也可以对其他类似动物发生"母亲印刻"。

另一位动物行为学家哈洛(H. F. Harlow)在研究恒河猴的社交行为时发现:恒河猴出生后的头60天至90天内被完全隔离,其后放回猴群中生活,其社交行为不受严重影响。如果生后被隔离长达6个月,则其社交行为不正常,但所受损失以后可以补偿。如果生后的头两年被完全隔离,则其后社交行为不正常,而且所受损害以后不能补偿。这就是说恒河猴生后的第4个月至2岁前是他们获取正常的社交行为能力的"关键期"。

以后,人们又把这种动物实验研究的结果应用到早期儿童发展的研究上,于是就提出了儿童心理发展上的关键年龄问题。例如,人类的胚胎最容易受到损害的关键期是怀孕后6周以内,这个时期是主要器官发育的时期。有人认为2~3岁是从直觉行动思维向具体形象思维发展的关键期,也是儿童学习口头言语的关键年龄,还是儿童学习社会交往的关键期。4~5岁是开始学习书面语言的关键年龄。5~6岁是从具体形象思维向抽象逻辑思维发展的关键期。13岁左右是儿童思想品德形成的关键期等等。

心理发展的敏感期的研究引起了教育界的普遍关注。首先,它提出了儿童学习的最佳年龄问题。关键期是教育的最佳时期。我们如果抓住关键期内学生心理发展变化快的特点,实施正确的教育,会使教育取得最大的效果。其次,强调了早期教育的问题。这一研究认为,儿童具有巨大的学习潜力,儿童智力发展的关键期比一般设想的早,因而强调早期教育,提前学习计算、识字等,充分发挥儿童的学习潜能,早日成才。

(二)转折期

任何事物都有一个发生发展和消亡的过程。不论是社会现象,还是自然现象,其发生发展和消亡的过程,皆不取直线等速运动,而表现为波浪式的、不等速的螺旋式或曲折运动。运动的速度既然是不均衡的,就必然表现出快慢曲折、暂时的"停顿"、转折等特性,其中"转折"常常是运动变化的重要一环。心理现象也表现出上述运动变化的特性。

儿童心理的发展同一切事物和现象的发展一样,遵循从量变到质变的发展规律。量的变化过程表现为心理发展的阶段特点的稳定性,而质的变化过程则表现为阶段特点的转化和飞跃,形成儿童心理发展上的一些关键的转折时期。我们把这一时期称为转折期。在儿童心理发展的转折期,儿童容易产生各种心理冲突和不良的行为倾向,如抵制成人的要求,容易与别人发生冲突,容易产生消极的情绪体验等。因此,我们也把转折期称为"危险期"和"危机年龄"。处于转折期的儿童往往变得难以教育,消极心理现象较多。例如,3岁左右的孩子往往变得固执、任性、调皮、抗拒等;7岁左右的孩子往往情绪波动很大,容易意志颓丧;13岁的孩子容易否定自我、否定社会,情绪易冲动,抗拒别人的要求。针对这些特点,有人提出了"3岁危机""7岁危机""少年危机"的概念。

儿童心理发展的转折期是客观存在的，是心理发展由一个阶段向另一个阶段过渡的必然现象。但是，转折期儿童所具有的心理特点并不是不可改变的。处于转折期的儿童，如果受到良好的教育，其心理就可能向正面发展，形成积极的心理品质；如果教育不当，则可能向反面发展，形成消极的心理品质。

四、心理发展年龄特征的稳定性与可变性

一般说来，在一定的社会和教育条件下，小学儿童的年龄特征具有一定的普遍性和稳定性，阶段的相对顺序、持续时间都是基本稳定的，但另一方面，即使在同样的社会和教育条件下，小学儿童心理发展的过程和速度也不是完全相同的，具有一定的个体差异。

（一）心理发展年龄特征的稳定性

儿童心理发展年龄特征的稳定性，是指在一定的社会和教育条件下，儿童个体间的年龄特征具有普遍的稳定性。主要表现在以下三个方面：首先，所有正常儿童的心理发展所经历的相同的发展阶段，也就是说，每一个正常的儿童都依次经历乳儿期、婴儿期、学龄前期、学龄初期、少年期或学龄中期和青年初期等年龄阶段。其次，所有正常的儿童在同一年龄阶段中，其心理发展都经历相似的变化阶段。例如，处于学龄初期的儿童，其思维发展都要经历由具体形象思维向抽象逻辑思维过渡的阶段。再次，在一定的社会和教育条件下，处于同一年龄阶段的儿童，其心理发展的速度虽然存在着一定的差异，但从总体上说是彼此接近的。

儿童心理年龄特征之所以是稳定的，主要原因在于：儿童心理发展是儿童在掌握人类知识经验和行为规范的活动中，心理机能不断经过量变质变而实现的改造和提高的过程。

首先，人类知识本身是有一定顺序性的，儿童不能违背这个顺序来掌握它。就像先要学平面几何，才能学解析几何；先要识字，才能阅读；先要阅读，才能写作等等。再好的教育方法，也绝不能使不认字的儿童掌握写作，不懂欧氏的学生掌握解析几何。

其次，同是掌握一门科学知识，掌握的深度和广度也是循序渐进的。小学生可以掌握代数，但就其掌握的水平或深度说来，是和中学生不同的，更不同于大学数学系的学生。同样，幼儿园的孩子或小学儿童也能理解一些道德概念，但和青少年的理解比起来，也是大不相同的。

再次，从儿童掌握知识经验到心理机能得到改造、提高，也是一个要不断经过量变到质变的过程。儿童从直觉行动思维上升到具体形象思维，再上升到抽象逻辑思维，是在掌握知识经验的过程中实现的，但却不是立刻实现的。最初，儿童的智力或思维活动主要是依靠感知运动来调节的（如乳婴儿），以后，可以主要依靠表象来调节（如学前儿童），最后，才逐步学会主要依靠逻辑思维，即逻辑概念和判断推理来调节（学龄儿童）。

最后，掌握知识经验是脑反映客观事物的活动，是学习活动。而儿童的脑是有一定的发展过程的，同时，在学习某一事物时，脑中所建立的联想也是有一定次序的。

一般说来，在一定社会和教育条件下，儿童心理年龄特征具有一定的普遍性和稳定性，如阶段的顺序，每一阶段的变化过程和速度，大体上都是稳定的、共同的。儿童心理年龄特征的稳定性都是相对的，而不是绝对的。随着各种条件的变化，儿童心理年龄特征在一定范围或程度内，可以发生某些变化，而这些变化又是有限度的，而不是毫无限度的。

（二）心理发展年龄特征的可变性

儿童年龄特征的可变性，就是指由于社会教育条件的差异以及社会教育条件对儿童个体的作用不同，儿童个体在心理发展的过程和速度上彼此存在一定的差距。儿童心理特征可变性产生的原因在于：

1. 社会教育条件是影响儿童心理发展的重要因素。由于每个儿童所处生活条件存在着一定的差异，因此，不同儿童之间的年龄特征也不完全相同。研究发现，学龄初期的儿童如果仍放在幼儿园学习生活，则其思维活动便仍具有学前儿童的特点。

2. 生理成熟是心理发展的基本前提。儿童生理发育的状况虽大体一致，但由于他们的遗传素质和营养条件的不同，其生理成熟的早晚存在着差异，这一差异直接导致儿童心理发展的过程和速度产生差异。

3. 在生长过程中，个体获得了生活经验，形成了各种需要和独特的认知方式。这些生活经验、需要和认知方式制约了主体接受环境影响的程度和方式，并进而制约着主体对环境的反应方式。

因此，个体的生活经验、需要和认知方式的不同，也会导致儿童心理发展的过程和速度产生差异。例如，一个与教师有良好情感联系的学生，则较容易接受教师提出的要求；而一个与教师有敌意的情感联系的学生，则较难接受教师提出的要求。由此会产生两者之间心理发展上的差异。

（三）心理发展年龄特征的稳定性与可变性的关系

心理发展年龄特征的稳定性和可变性是相互制约、相互依赖、相互促进的。儿童心理发展年龄特征的稳定性是相对的，而不是绝对的。随着各种条件特别是社会和教育条件的不同，儿童心理年龄特征在一定范围内或程度上，可以发生某些变化，但这些变化又是有限度的，而不是毫无限度。我们只有全面地、辩证地理解儿童心理年龄特征的稳定性和可变性的相互关系，才能揭示儿童心理年龄特征的实质。

第五节　小学生心理发展的主要理论

在心理科学的发展过程中,出现了多种不同的理论。对于个体发展过程中表现出的各种特点和现象,不同的理论有着各自不同的观察和思考视角,因此也有着各自不同的解释,在这一节中,我们将介绍几种对于小学儿童发展过程和规律有着比较大的影响和贡献的理论。通过学习,可以了解这些理论的基本观点和主要内容。

一、华生的行为主义理论

华生是美国著名心理学家、行为主义的创始人。华生对儿童心理的研究主要是在美国的一家医院中进行的。他反对将意识作为心理学的研究对象,认为心理学是研究行为的科学,各种心理现象是行为的组成因素。在研究方法上,华生反对内省法,主张采用实验法,并用"刺激—反应"(S—R)来解释各种心理现象。华生的儿童心理学理论主要反映在《行为主义的心理学》(1919)和《儿童心理教养法》(1928)等著作中。

华生的儿童心理学理论就是"环境决定论"或"教育万能论"。

首先,华生极力否认遗传在儿童心理发展中的作用,基于三个理由:第一,行为是刺激与反应联结的形成过程,由刺激可知反应,有什么样的刺激,就有什么样的反应,而刺激来自于环境,遗传对行为的影响不大;第二,华生认为虽然机体构造来自于遗传,但机体的机能并不是来自于遗传,而是来自于后天环境的影响;第三,华生的"刺激—反应"是以控制行为作为研究的目的,机体的行为是可以通过刺激来控制的,而遗传却是不能控制的,行为主要取决于后天环境刺激。

其次,华生否定遗传在儿童心理发展中作用的同时,夸大了环境和教育的作用。他曾这样宣称:"给我一打健全的婴儿和我可用以培育他们的特殊世界,我就可以保证随机选出任何一个,不问他的才能、倾向、本领和他的父母的职业及种族如何,我都可以把他训练成为我所选定的任何类型的特殊人物如医生、律师、艺术家、大商人或甚至于乞丐、小偷。"

华生的环境决定论否认遗传在儿童心理发展中的物质前提作用,并且用"刺激—反应"来解释心理现象,这就将人的心理与动物相混淆。他重视环境和教育在儿童心理发展中的作用,但将其过分夸大。不过,华生主张研究行为,采用实验法来对儿童心理进行客观研究,推动了儿童心理学研究的客观化进程。

二、弗洛伊德的精神分析理论

弗洛伊德是奥地利精神病医生和心理学家,是精神分析学派的创始人。弗洛伊德根据他的临床经验并结合意识心理学原理,在对病态人格研究的基础上形成了著名的人格及其发展理论,其理论主要反映在他所著的《梦的解析》(1900)、《精神分析引论新编》(1933)和《精神分析纲要》(1941)等著作中。

弗洛伊德认为,人格由本我(id)、自我(ego)和超我(superego)三个相互作用的系统构成。

本我是人格中一团无约束的能量,这种能量是先天具有的。本我遵循快乐原则,其唯一目的是消除或减轻机体的紧张以获得满足和快乐。弗洛伊德认为,本我是人格结构中相对于自我和超我来说最难接近的部分。在个体心理发展中,年龄越小,本我的作用就越大。

自我是来自本我经外部世界影响而形成的知觉系统。自我的主要作用是协调本我和超我之间的关系,遵循现实原则,其思维特点具有客观性和逻辑性。自我尽可能满足本我的要求,又考虑现实的可能和超我的允许,通过调节外部行为和控制活动来适应环境。

超我是个体人格结构中内化了的道德标准,它在儿童时期就伴随自我而出现。超我主要由良心、自我典范以及社会和文化的价值标准等构成。超我的作用主要是竭力压抑本我的盲目冲动,为自我对本我稽查和压抑提供依据和效力。

弗洛伊德认为,本我中的性本能是人的一切心理活动的原动力。在个体发展中,性本能所处的身体部位在不断地发生变化,这种变化就决定着个体心理发展具有阶段性。这些阶段是口唇期(0~1岁)、肛门期(1~3岁)、前生殖期(3~6岁)、潜伏期(6~12岁)、生殖期(12岁至成年)。

弗洛伊德关于心理发展的理论过分强调本能尤其是性本能的作用,是不可取的。但是,其深入了解个体内心世界的方法是值得肯定的。

由于弗洛伊德过分强调本能在心理发展中的作用,在学术界受到了许多心理学家的批判。继弗洛伊德以后,出现了以美国心理学家埃里克森为代表的新精神分析学派。埃里克森强调自我成长在心理发展中的作用,认为个体出生后在与社会环境的互动过程中,个体自我成长的需求希望能在环境中得到满足,但又不得不受到社会的要求与限制,这就使得个体在社会适应方面产生各种各样的心理矛盾,这种心理上的矛盾就是发展危机。发展危机既可能使人遭遇心理上的困扰,也可能使人在危机感压力的推动下,学会自我调节和社会适应,这样推动着个体心理的发展。埃里克森的心理发展理论相对于弗洛伊德的理论来说,重视后天社会文化对儿童心理发展的影响,这是一个进步。

三、埃里克森的心理发展阶段理论

埃里克森(E. H. Erikson,1902~1994)是现代美国著名的精神分析理论家,新精神分析学派的重要代表人物之一。他的学说是弗洛伊德(S. Freud)自我心理学的发展,在接受弗洛伊德人格结构说的基础上,他提出了人的社会心理发展渐成说。

埃里克森认为,发展是一个进化过程。一个人无论何时都作为一个机体、一个自我、一个社会成员。自我就是个人的过去经验与当前认知范围内所面临的任务的综合,是个人的过去经验与现在经验的整合体。在人格发展中,自我起主导作用,它引导心理性欲向着合理的方向发展,把人在进化中的两股巨大力量即个人的内心生活和社会任务结合起来。因此,人的发展依存于三个变量:一是发展的内部规律,其发展过程与生物过程一样是不可逆的;二是文化背景的影响,它决定发展的速度;三是每个人的特异性反应及其对社会任务做出反应时的特殊发展方式。每个人在其成长过程中都普遍体现着生物的、心理的、社会的事件的发生顺序,按一定成熟程度分阶段地向前发展。

埃里克森以自我渐成为中心,把人格发展分为八个阶段,每个阶段都有其特定的发展任务。其中前六个阶段属于人的成长过程,而后两个阶段是成人期和老年期。第一阶段从出生到1岁半,婴儿主要是满足生理上的需要;发展任务是获得信任感和克服不信任感,体验着希望的实现;第二阶段从1岁半到3岁,幼儿在心理成熟的基础上不再满足于停留在狭窄的空间之内,开始探索新的世界;发展任务是获得自主感而克服羞怯和疑虑感,体验着意志的实现;第三阶段从3岁到7岁,儿童能从言语和行动上来探索和扩充他的环境,这时社会也向他提出挑战;发展任务是获得主动感和克服内疚感,体验着目的的实现;第四阶段从7岁到12岁,儿童进入社会,开始意识到社会提出的任务;发展任务是获得勤奋感而克服自卑感,体验着能力的实现;第五阶段从12岁到18岁,青少年要自觉地与成年人处于相同地位;发展任务是建立同一感,即对自己的本质、信仰和一生重要方面的前后一致和较为完满的意识,防止同一性混乱,体验着忠诚的实现;第六阶段从18岁至25岁,青年人注重自己的真实情感,努力设计自己的将来,发展任务是获得成功的情感生活和良好的人际关系,避免孤独感,体验着爱情的实现;第七阶段是成人期,个体进入了繁殖时期。"繁殖"(generation)一词不仅意味着生儿育女,也包含通过创造性劳动使事业成功,发展任务是使本人精力充沛和照料好下一代,防止颓废迟滞,体验着事业与家庭主角的实现;第八阶段是老年期,老年人要适应身体的变化和社会地位的变化,他们的侧重点应着眼于保住自己的潜能,以维持个体生存和进行智慧斗争;发展的任务是进行自我整合,避免失望情绪,体验着角色变化和安享天年的实现。

埃里克森的人格发展渐成说不再过分强调弗洛伊德的本能论和泛性说,而是强调文化和社会因素对人格的影响,主张人在发展过程中形成的是兼具生物的、心理的和社会的三方面因素的统一体。把各个发展阶段看作是在自我与其社会环境相互作用的推动下矛盾不断产生和解决的过程,认为发展有自我治疗、自我教育的作用,重视家庭和社会对儿童的教育作用。但是,埃里克森学说的基本倾向仍然和精神分析学派一样,认为先天因素决定后天因素,生物因素决定社会因素,这实质上还是一种生物学先天预成论的观点。这也是我们在研究人格发展问题上应该注意的。从教育心理学的角度看,埃里克森的社会心理发展渐成说有以下几点值得重视。①人格的发展是社会文化的产物,因而要重视教育对发展的作用。如在七岁以后,儿童开始意识到自己的社会义务,如果得到理想的教育,他就勤奋努力,将来可以成为一个能干和有成就的人;否则,他将自卑自贱。②人格的发展是循序渐进的,上一个时期的发展任务如不能顺利通过,就会阻碍以后的发展,因此,儿童时代的教育环境对以后的发展有重要作用。③发展在不同阶段有不同任务,掌握不同时期的发展特点,就可避免出现心理危机,使发展达到理想的境界。

四、皮亚杰的发生认识论

皮亚杰是瑞士心理学家、日内瓦学派的主要创始人。他毕生从事儿童心理学的研究,特别是在20世纪50年代,他对儿童的思维和智力进行了规模庞大的系统研究。皮亚杰主要以生物学、逻辑学、心理学的理论为基础来研究人类的认识,特别是儿童认识的发展和结构,形成了著名的发生认识论。其理论主要反映在《儿童的语言与思维》(1924)、《儿童的判断与推理》(1924)、《智力心理学》(1950)、《从儿童到青年逻辑思维的发展》(1958)、《儿童的心理意象》(1971)等著作中。

皮亚杰认为,人的认识是机体的一种功能,就像消化、呼吸、血液循环一样是机体功能。人认识功能的实现,是通过外部刺激和主体已有认知结构的相互作用而实现的。在这一过程中,有三种机能,这就是同化、顺化(也叫顺应)和平衡化。

同化是人的一种适应机能,当外部信息作用于人时,大脑通过各种水平的作用与转化,将新信息纳入已有的认知结构中,构成自身的新的知识系统,这就是所谓的"同化于己"。

顺化与同化一样是人的一种适应机能,是人在适应外部环境过程中改变自身认知结构以实现对环境的适应,这就是所谓的"顺化于物"。顺化不是被动的过程,而是主体通过与环境作用,主动改变自身的认知结构,使认知结构不断地向更高水平发展,由此实现主体与外部环境的协调一致。

平衡化不是指静止状态,而是一种运动过程。在皮亚杰看来,个体出生以后,认识发展是一个连续的心理适应过程。人不是被动地复制现实的信息,而是主动地、积极地从环境中选择信息,通过各种水平的作用转化外部事物并重新组织信息,构成自己的知识系统。在个体智慧的发展过程中,通过主体与客体一系列的相互作用,原有平衡被打破,新的发展开始。依次循环,不断从一种认识平衡状态达到另一更高的、更为稳定的认识平衡状态。平衡是相对稳定的状态,平衡化则是认识发展的动态过程,是认识结构不断趋于完善的发展过程,是一个递进的、连续的、有层次的发展过程。

同化、顺化和平衡化推动着个体心理不断地发展。

皮亚杰将儿童心理发展分为四个阶段:感知运动阶段(0~2岁),相当于婴儿期,是儿童思维的萌芽,儿童只能协调感知觉和动作活动,在接触外界事物时能利用或形成某些低级行为图式;前运算阶段(2~7岁),相当于学前期,出现表象思维和直觉思维,但还没有所谓的"守恒"和"可逆性",只能从自我考虑问题;具体运算阶段(7~12岁),相当于小学阶段,出现初步的逻辑思维,儿童开始出现"守恒",开始能独立组织各种方法进行正确的逻辑运算,但还离不开具体事物或形象的帮助;形式运算阶段(12~15岁),相当于初中阶段,出现抽象逻辑思维,这时儿童根据假设对各种命题进行逻辑推理的能力不断发展,并逐步接近成人的水平。

皮亚杰关于儿童心理发展的理论,在世界儿童心理学界产生了巨大影响,后来有一些心理学家根据他的理论进行过重复验证研究,有的证实了皮亚杰研究的结论,有的却得出了不同的结论。正是由于不断的赞同和反对,推动着皮亚杰的发生认识论不断地发展。

五、维果茨基的心理发展理论

维果茨基(1896—1934)是苏联建国初期的著名儿童心理学家,他始终以马克思主义为指导,对种系发展和个体发展都进行了研究,主要研究儿童的思维与言语、教学与发展的关系问题。维果茨基的儿童心理发展理论主要反映在《思想和言语》(1934)和《高级心理机能的发展》(1960)等著作中。

维果茨基认为,人类心理与动物心理的区别主要是那些高级的心理机能(逻辑记忆、思维、有意注意等)。人类在劳动中使用工具,不再像动物那样以身体的直接方式来适应自然。人类在物质生产中使用的工具凝聚着人类的间接经验,即社会文化知识经验,这就使得人类心理的发展主要不再像动物那样受生物进化规律的制约,而是受社会历史发展规律的制约。

当然,劳动所使用的工具本身并不是心理,也不加入人的心理结构,只是由于这种间接的"物质生产的工具"导致人类心理上出现了"精神生产的工具",这便是人类社会所特有的语言和符号。物质生产的工具和语言符号的类似性就在于它们使间接的心理活动得以产生和发展,所不同的是物质生产工具指向于外部,引起环境的变化,语言符号指向内部,引起人的行为变化。控制环境和控制行为是相互联系的。人类在改变环境的同时也改变着人类自身的性质。

由于人类心理是在掌握间接的社会文化经验中产生和发展的,因此在儿童心理发展上,作为传递社会文化经验的教育就起着主导作用。这就是说,人类心理发展不能在社会环境以外进行,同样,儿童心理发展离开了教育也就无法实现。在社会和教育制约下,人类或儿童的心理活动首先是属于外部的、人与人之间的活动,以后就内化为人类或儿童自身的活动。并且,随着外部和内部活动相互关系的发展,就形成了人类所特有的那些不同于动物的高级的心理机能。

在人类心理机能由低级向高级的发展过程中,维果茨基认为主要由三个方面来推动:第一,起源于社会文化——历史的发展,受社会规律的制约;第二,从个体发展来看,儿童在与成人交往的过程中通过掌握高级的心理机能的工具——语言符号这一中介环节,使其在低级心理机能的基础上形成了各种新的心理机能;第三,高级心理机能是不断内化的结果。

维果茨基在研究教学与发展的关系上提出了三个重要问题,这就是"最近发展区""教学应走在发展的前面"和"学习的最佳期限"问题。

维果茨基认为,儿童心理发展有两种水平:第一种水平是现有发展水平,这是指儿童独立活动所达到的解决问题的水平;第二种水平是指在有指导的情况下借助于别人帮助所达到的解决问题的水平,也就是通过教学所获得的潜力。这两种水平的差异就是最近发展区。维果茨基据此提出了"教学应走在发展的前面"的思想,也就是说教学"可以定义为人的发展",教学决定着儿童智力的发展,这种决定作用既表现在智力发展的内容、水平和智力活动的特点上,同时也表现在智力发展的速度上。怎样才能发挥教学在儿童心理发展中的最大作用呢?维果茨基提出了"学习的最佳期限"问题。他认为,如果儿童脱离了学习某一技能的最佳年龄,从心理发展的观点来看是不利的,这会造成儿童智力发展的障碍。因此,进行某一种教学必须以成熟和发展为前提,但更重要的是必须首先建立在正在开始形成的心理机能的基础上,走在心理机能形成的前面。

维果茨基关于儿童心理发展的思想在心理学界产生了巨大影响,他强调心理的起源受社会文化和社会发展规律的制约,以及儿童心理的发展对教学的依赖关系等,至今对我们研究儿童心理仍具有积极的借鉴作用。

六、布朗芬布伦纳的生态系统理论

生态系统理论是美国心理学家布朗芬布伦纳提出的个体发展模型,强调发展个体嵌套于相互影响的一系列环境系统之中,在这些系统中,系统与个体相互作用并影响着个体发展。

布朗芬布伦纳认为,自然环境是人类发展的主要影响源,这一点往往被人为设计的实验室里的研究发展的学者所忽视。他认为,环境(或自然生态)是"一组嵌套结构,每一个嵌套在下一个中,就像俄罗斯套娃一样"。换句话说,发展的个体处在从直接环境(像家庭)到间接环境(像宽泛的文化)的几个环境系统的中间或嵌套于其中。每一系统都与其他系统以及个体交互作用,影响着发展的许多重要方面。

1. 微观系统

环境层次的最里层是微观系统,指个体活动和交往的直接环境以及与环境相互作用的模式。它主要包括家庭、托儿所、幼儿园或学校班级等等,可称之为"生态小环境"。这个环境是不断变化和发展的,是环境系统的最里层。对大多数婴儿来说,微系统仅限于家庭。随着婴儿的不断成长,活动范围不断扩展,幼儿园、学校和同伴关系不断纳入到婴幼儿的微系统中来。对学生来说,学校是除家庭以外对其影响最大的微系统。他强调,每一水平的环境与人的关系都是双向的和交互作用的。

2. 中介系统

第二个环境层次是中介系统,中介系统是指各微系统之间的联系或相互关系。如小学生学习成绩的好坏,不仅取决于学生在课堂上是否用心听讲及课堂教学的质量,也取决于家长介入学校生活的程度。布朗芬布伦纳认为,如果微系统之间有较强的积极的联系,发展可能实现最优化。相反,微系统间的非积极的联系会产生消极的后果。儿童在家庭中与兄弟姐妹的相处模式会影响到他在学校中与同学间的相处模式。如果在家庭中儿童处于被溺爱的地位,在玩具和食物的分配上总是优先,那么一旦在学校中享受不到这种待遇则会产生极大的不平衡,就不易于与同学建立和谐、亲密的友谊关系,还会影响到教师对其指导教育的方式。

3. 外层系统

第三个环境层次是外层系统。是指儿童生活的社会环境。如邻里社区、父母的职业和工作单位等。这些环境并未与学生发生直接的关系,但却与影响他们发展的最接近的环境经验产生作用。例如,父母所在单位的效益如何会影响父母的收入,从而影响父母对孩子的教育投资等等。儿童在家庭的情感关系可能会受到父母是否喜欢其工作的影响。

4. 宏观系统

第四个环境系统是宏观系统,指的是存在于以上3个系统中的文化、亚文化和社会环境。

宏观系统实际上是一个广阔的意识形态,它并不直接满足儿童的需求,但对较内层的各个系统提供支持。它规定如何对待儿童,教给儿童什么以及儿童应该努力的目标。在不同文化中这些观念是不同的,但是这些观念存在于微系统、中系统和外系统中,直接或间接地影响儿童知识经验的获得。例如由于文化背景的差异,美国父母的教育观和中国父母的教育观有很大的差异。

布朗芬布伦纳的生态系统理论主张,环境不是以同一的方式影响人们的静止的力量,相反,他是动态的、不断变化的。儿童在成长的过程中,其生活的生态小环境的范围也在不断地拓宽。这种环境的转变成为个人发展的新起点,如儿童入学、升学,随年龄增长毕业、就业等生活事件都改变了人所生活的环境。随着时间的流逝,人的生态系统也在不断变化。影响人成长的环境生活事件的变化可能是由外部引起的,也可能是儿童本人引起的,因为在某种程度上个人可以做出选择决定,改变或创造自己的新环境,取得成长的新经验。个人做出什么样的选择既取决于他个人的条件,如年龄、体力、智力等等,也取决于在环境中可能获得的机会。因此,在他的生态系统理论中,个体的发展既不是被动的受环境的影响,也不是单独取决于个人的内部力量。相反,人即使环境产物又是环境的创造者,这两者形成了一个交互影响的工作网络系统。

布朗芬布伦纳的生态系统理论是现代发展心理的前沿理论之一,强调发展来自于人与环境的相互作用,相互作用的过程设定了人的发展路线。生态发展观进一步扩大了"环境"的概念。将环境看作一个不断变化发展的动态过程。突破了以往研究中对环境限定的局限性。虽然它有不完善的一面,但对发展心理学的贡献是不可估量的。布朗芬布伦纳的理论对儿童发展的环境影响提供了与众不同的和全面的解释,值得我们进一步研究。

思考与讨论

1. 影响小学生心理发展的主要因素有哪些?如何辩证地看待遗传和环境在小学生心理发展中的作用?

2. 教育在小学生心理发展中的作用有哪些?

3. 小学生心理发展的一般特点有哪些?

4. 划分小学生心理发展年龄特征的依据是什么,如何理解心理发展的敏感期与关键期、年龄特征的稳定性与可变性?

5. 小学生心理发展的主要理论有哪些?

参考文献

[1] 张春兴. 教育心理学[M]. 杭州:浙江教育出版社,1998

[2] 冯忠良. 教育心理学[M]. 北京:人民教育出版社,2004

[3] 章志光. 小学教育心理学[M]. 北京:科学出版社,2003

[4]陈琦.当代教育心理学[M].北京:北京师范大学出版社,2002
[5]陈琦,刘儒德.教育心理学[M].北京:北京师范大学出版社,2007
[6]沈德立.小学儿童发展与教育心理学[M].上海:华东师范大学出版社,2003
[7]潘菽.教育心理学[M].北京:人民教育出版社,1983
[8]伍新春.儿童发展与教育心理学[M].第2版.北京:高等教育出版社,2013
[9]姚本先.儿童发展与教育心理学[M].合肥:安徽大学出版社,2002
[10]刘电芝.儿童发展与教育心理学[M].北京:人民教育出版社,2006
[11]刘金花.儿童发展心理学[M].上海:华东师范大学出版社,2006
[12]方富熹,方格.儿童发展心理学[M].北京:人民教育出版社,2005

第三章　小学生智力因素发展与教育

学习目标

1. 了解小学生智力发展的条件。

2. 了解什么是注意、观察、记忆、思维和想象。理解小学生注意力、观察力、记忆力、思维力和想象力的发展特点。

3. 掌握小学生注意力、观察力、记忆力、思维力和想象力的培养和训练方法，以及智力和认知风格的差异性教育方法。

【案例导入】

长方体的认识

《长方体的认识》是九年义务教育六年制小学数学第十册第二单元的学习内容，它是小学生认识立体图形的开端，但是，根据以往的教学经验，一些小学生掌握这一部分的知识时，对空间的立体图形往往把握不好。

就这一问题，李老师是这样进行教学的。李老师先出示学生日常生活中熟悉的长方体实物，如：火柴盒、粉笔盒、砖头等，这些物体都是长方体。然后让学生自己列举长方体实物，学生能列举出书柜、木箱、厚书、铅笔盒等，通过感知实物，学生对什么样的物体是长方体获得了初步的感性认识。在此基础上，李老师再引导学生边观察模型，边看书本，从不同位置和方向认识长方体的六个面及相对的面的面积相等等知识。李老师这样的教学方式，收到了很好的教学效果。李老师把知识讲"活"了，这样，学生在动口、动脑的学习过程中建立了清晰深刻的表象，为思维的理性化提供了条件。

小学生思维的基本特点是从以具体形象思维为主要形式逐步过渡到以抽象逻辑思维为主要形式。但这种抽象逻辑思维在很大程度上仍然是直接与感性经验相联系的，仍然具有很大成分的具体形象性。因此，在实际教学活动中，教育者要从小学生的心理发展特点出发，以直观化的教学形式进行教学，并逐步向抽象逻辑思维过渡，才能收到很好的教学效果。

（资料来源：娄国杰，小学数学教学如何培养学生的形象思维，《资治文摘（管理版）》，2010年第6期）

小学阶段是一个人心理发展的关键时期。在小学低年级，儿童还具有明显的学前儿童的心理特点,而到小学高年级时,儿童则随着生理年龄的变化,逐渐步入了青春发育期。与此同时,小学生的心理更是发生了重要的变化,主要表现在智力发展和社会性发展两个方面。这些变化是我们开展小学教育的重要依据。本章主要介绍小学生在智力发展上的特点及教育启示,社会性发展的问题将在第四章重点介绍。

因此,关于小学生智力发展问题,本章将围绕以下三个问题展开讨论:第一,小学生智力发展的条件;第二,在智力因素上,小学生发展的特点及教学启示;第三,在智力因素上,小学生存在的个体差异及教学启示。在学习中,学习者需要掌握小学生智力发展的基本含义、智力因素发展的特点,了解并会使用智力因素发展和智力差异的教育策略等。

第一节　智力发展概述

目前,在心理学界,"智力"概念仍无定论,且存在很大的争议。但国内大多数心理学家倾向于认为智力是一般的认知能力,它不是由单一因素构成的,而是由若干个因素构成的集合,它们是注意力、感知和观察能力、记忆能力、思维和想象能力等。在小学阶段,这些智力因素的发展迅速,并影响着教育的内容和方法,而科学有效的教育又能促进小学生这些智力因素的发展。因此,作为未来的小学教育工作者,师范生只有了解小学生智力发展的特点及智力差异,才能有效地促进小学生智力的发展。

一、智力因素发展概述

(一)智力的含义

智力是人的一种极为复杂的心理机能,心理学家对它有各种不同的解释,至今没有统一的定义。归纳起来,对智力的界定大致有以下几种:

(1)智力是一种适应新情境的能力;

(2)智力是一种学习能力;

(3)智力是指抽象的思维能力;

(4)智力是一个人能为着某些目标而行动、能理智地思考和有效地适应环境这三种能力的综合表现;

(5)大多数心理学和教育领域的专家都同意:智力指处理抽象观念、处理新情境和进行学习以适应新环境的能力,即解决某种智力问题的能力。

(二)智力因素及其构成

从前述的智力概念中我们发现,智力概念仍无定论,每个人的智力水平不同且表现在不同的活动之中。例如,人们在某些活动方面比在另一些方面表现得更聪明;擅长数字和计算机工作的人可能相对不善于拼写和写作,而另一些擅长写作的人则可能完全不会做家务,生活中这样的例子不胜枚举。换句话说,我们可能需要从不同活动方面对智力做出若干种不同的定义,而不是把智力看作是一种由单一因素构成的能力。这里就涉及了智力的构成因素,国外很多心理学家对此进行了长期的研究和探讨,提出了很多理论,例如,斯皮尔曼的"双因素理论"、阜南的"层次结构理论"、斯滕伯格的"智力的三元理论"和加德纳的"智力多元理论"等。

关于智力的构成因素的探讨,我国心理学界大多认为智力是一般认识能力的综合,智力因素主要包括注意力、观察力、记忆力、思维力、想象力等五种基本成分,其中抽象思维能力是智力的核心部分,而创造力则是智力的高度表现。

二、小学生智力因素发展的条件

儿童智力的发展是多种因素综合作用的结果,其中遗传、环境与教育、实践活动以及个体的主观努力均发挥着重要的影响作用。

(一)遗传的作用

遗传是智力发展的生物基础。研究表明:遗传因素影响着儿童思维和言语能力的发展。另外,遗传对智力的影响还主要表现在身体素质上,如感官的特征、四肢及运动器官的特征、脑的形态和结构的特征等。我们知道,身体素质是智力发展的自然前提,对智力的发展有重要的影响。同样,智力的发展离不开大脑的发育。因此,遗传只为个体智力发展提供一种可能性,并不决定个体智力的发展。例如,一个音乐天赋很高的人,如果没有适当的训练,也不可能成为歌唱家。

(二)环境与教育的作用

环境和教育在个体智力发展上起决定作用,是智力发展必须依赖的外部条件,其中,教育起主导作用。它们在遗传的基础上决定了个体智力发展的现实性。这里主要包括产前环境(胎儿在母体中生活的环境)、早期经验的影响和学校教育的作用。

1. 产前环境

即胎儿在母体中的生活环境,对个体的身体发育和智力发展有重要影响。许多研究发现,除了母亲营养不良、服药、患病等因素会影响到儿童智力的正常发展外,母亲怀孕的年龄也常常影响到儿童智力的正常发展。例如,唐氏综合症的发病率(见表3-1)。

表 3-1 唐氏综合症的发病率

母亲年龄	发病率
小于 29 岁	1/3000
30~34 岁	1/600
35~39 岁	1/280
40~44 岁	1/70
45~49 岁	1/40

2. 早期经验的影响

从出生到青少年期,是个体智力发展的重要时期,尤其是出生后的头四年,人的神经系统发展最为迅速,这也为智力的发展提供了物质基础。某些实验研究表明,丰富的环境刺激有利于儿童智力的发展。因此,发展智力要重视早期环境的作用。

3. 学校教育的作用

学校教育是对年轻一代施加有目的、有计划、有组织的影响。学生通过系统的学校教育,不仅要发展智力,掌握知识和技能,而且要发展其他心理品质。

因此,环境和教育决定着儿童发展的水平、方向、速度、内容、智力品质,以及改造影响智力发展的一些遗传素质。例如,左梦兰(1985)的认知发展的跨文化研究,证明了文化和教育条件对儿童发展的重要影响。

(三)实践活动

人的各种不同的智力是在社会实践活动中最终形成起来的。例如,长期从事管理工作的人,观察力和思维力都得到了发展,他们善于观察群众的情绪和思想动向,善于在复杂的情况下做出正确的决策。长年累月、坚持不懈地参加某种社会实践活动,相应的智力就能得到高度发展。因此,智力是在实践活动中锻炼和提高的。

(四)个体的主观努力

一个人刻苦努力,积极向上,具有广泛的兴趣爱好和强烈的求知欲,他的智力就可能得到较好的发展。相反,一个人终日懒散,对周围的一切事物都缺少兴趣,他的智力就不可能有较好的发展。

第二节 小学生智力因素发展与教育

小学生的心理发展是迅速的,尤其是智力和思维能力。小学时期是进行智力开发的大好时机。那么,我们可以从哪些方面开发小学生的智力?促进其智力的发展呢?我们知道,智力是由多种因素构成的,我国心理学界大多认为智力是一般认识能力的综合,智力因素主要包括注意力、观察力、记忆力、思维力、想象力等五种基本成分。本章我们开发小学生的智力也主要依据这一观点,下面我们将就智力因素的五种基本成分进行详细论述。

一、小学生注意力的发展与教育

(一)注意概述

1. 注意的含义

注意是心理活动对一定对象的指向和集中,它不仅是一切认识过程的开端,而且伴随着心理过程的始终。

注意有两个特点,分别是指向性和集中性。

注意的指向性是指,心理活动在哪个方向上进行活动,即个体在某一瞬间,心理活动选择了某个对象,而忽略了另一些对象。例如,学生正在上课,他的心理活动选择了讲台上教师的授课内容、动作、表情,而忽略了教室里的同学。相反,当他的心理活动选择了教室外的树上鸟的叫声、羽毛,他就会忽略教室里教师讲课的内容。因此,指向性不同,人们从外界接受的信息也不同。

注意的集中性是指,心理活动在指向某个对象后,在这一方向上活动的强度或紧张度,即全神贯注。

注意的指向性和集中性是密不可分的。当人选择了某个对象,但注意的紧张程度不高时,他对其选择的对象可能看不清,也记不牢,显然注意的水平就不会高。相反,人在高度集中自己的注意力时,他同时所选择的对象就会变少,即注意指向的范围就会缩小,也就会出现我们常说的"视而不见,听而不闻"。

2. 注意的外部表现

注意是一种内部的心理状态,那么,我们如何判断个体在某一时刻的注意水平和状态呢?我们知道,任何内部的心理活动都有其外在的行为表现,即客观指标,注意也是如此。例如,人在看物体或听声音时,他们的感觉器官常常会朝向所注意的对象,以便能看得清听得见。注意力集中时,个体还常常有一些特殊的表情动作出现,如托腮、凝视远方等;另外,呼吸可能出现变化。例如,当我们看一场篮球总决赛时,临近比赛结束时最后的一分钟,由于注意的高度集中,我们呼与吸的时间比例会发生变化,即吸气变短而呼气相对延长等。但是,有些外部行为表现与注意并不总是一一对应的。例如,在课堂上,学生的眼光似乎盯在教师身上,但很可能他全然不知教师讲课的内容。因此,在运用注意的客观指标来说明注意的状态时,要从实际出发,灵活变通。

(二)小学生注意力的发展与教育

1. 小学生注意有意性的发展与教育

(1)从无意注意占优势逐渐发展到有意注意占主导地位。所谓无意注意,是指事先没有目的、也不需要意志努力的注意。无意注意的引起与维持不是依靠意志的努力,而是更多地取决于刺激物本身的性质,如新鲜的、变化的刺激。除此之外,也与人自身的状态、需要、情感等密切相关。因此,无意注意主要是一种消极被动的注意,人的积极性的水平也较低。而有意注意则与之相反,是指有预定目的、需要一定意志努力的注意。例如,阅读一篇重要的学术论文时,不能仅依靠论文的新异性和自己的喜好去浏览,这样的学习效率是不高的,还要依靠对论文重要性和意义的认识,克服其他干扰学习的因素,自觉地、主动地将注意力维持在论文上,并积极地提取论文中的各种信息,这样才能维持较高的学习效率。这时我们所用到的便是有意注意。因此,有意注意是一种积极、主动的注意形式,而且出现得较晚。

小学生由于刚刚入学,还不能完全适应学校的学习生活,他们的认识活动主要依赖无意注意,即容易受外界直观、新鲜、突变的事物吸引,从而容易分散注意力。上课时,学生会不由自主地被教师靓丽的着装、教室外的响声等吸引而离开教师的授课内容,出现注意力分散问题。同时,因为小学阶段的学习任务的增多,学习活动仅靠无意注意是无法完成的,所以就迫使小学生由无意注意向有意注意发展。另外,随着年龄的增长,大脑神经系统活动的兴奋与抑制过程逐步协调起来,加上教学提出的要求和教师的训练,小学生有意注意逐步发展起来,使得他们能更好地适应其学习活动。但就整个小学阶段而言,无意注意仍起着重要的作用。

(2)注意的有意性由被动转为主动。低年级学生的有意注意基本上是被动的,他们在听课、做作业时,往往需要教师或家长的督促。这主要有两方面的表现:一是自己不会主动确立目的,需要教师或其他成人给定或说明目的;二是在注意进程中不会组织自己的注意,需要他人不断提醒和关照。但随着年龄的增长,儿童能用出声的言语活动和内部言语指令来调节、控制自己的心理活动,注意的有意性逐渐提高。四、五年级小学生逐步理解自己的学习目的和责任,逐渐能自行确立目的,并在活动中根据一定的目的组织自己的注意,从而使有意注意由被动状态提高到自觉、主动状态。

小学生注意有意性的发展特点,对小学教育有重要的启示,教师可以通过合理有效的教学促进小学生注意有意性的发展。第一,教师应善于运用无意注意的规律组织教学。教师可以从以下两点着手:一是凡需要学生注意的对象和操作的活动,尽量赋予它们无意注意的特性。如教学内容难易要适当,教学方法要灵活多样,讲解时要重点突出,充分运用直观教具,语言要生动形象,语调要抑扬顿挫。二是要尽量减少与教学无关的对象或活动的干扰。如校园内要保持安静,教室布置要整洁,避免经常变动,教师的服饰和发型不宜过于耀眼,以简单大方为宜。

第二,利用课内外活动发展学生的有意注意能力。一是教师应提出具体的目的、要求、内容及方法,目的越明确、越具体,越易引起和维持有意注意;二是激发学生的学习动机,这是使儿童把注意力集中在学习上的最有效的手段;三是要培养良好的意志品质。有意注意是需要意志努力的注意,意志坚强的人易于使自己的注意服从于当前的目的和任务;四是要训练良好的注意习惯。良好的注意习惯主要包括两个方面:能高度集中注意和能迅速转移注意。教师可以通过教学和活动开展训练。

第三,在教学过程中,教师要善于引导学生将两种注意有节奏地交替使用。

以一节课为例,开始时,教师需要通过组织教学,提出学习目标和任务,来引起学生对上好本节课的有意注意;接着让学生对新的学习内容发生兴趣,产生无意注意。随后,要根据由浅入深、由具体到抽象的原则进行教学,让学生掌握教材的重点和难点,使学生由无意注意再次转向有意注意;在紧张的有意注意之后,又要通过生动直观的教学来引起学生的无意注意。这样,既能使学生保持长时间稳定的注意,又能减少学习时的疲劳,从而提高学习的效率。

2. 小学生注意情绪性的发展与教育

小学生注意有明显的情绪色彩。注意的这一特点主要反映在小学生注意的外部表现上,他们常流露出各种各样的情绪色彩。如听得入神时,面部的表情就会表现出一本正经的样子。听得高兴时,小脸上笑嘻嘻,甚至会高兴得手舞足蹈。听得激动时,又情不自禁地手舞足蹈起来。这是由于小学生大脑和神经系统的内抑制能力没有充分发展,一个兴奋中心的形成往往波及其他相应器官的活动。所以面部表情、手脚乃至全身都会配合活动,从而使得注意表现出明显的情绪色彩。

小学生注意的这种情绪特点启示我们:在教学中,一方面,教师要善于及时发现并掌握学生的表现,这样可以从侧面判断学生是否在认真听讲;另一方面,教师应多呈现能引起学生情绪色彩的材料,如新奇的、变化的图片。另外,教师生动的语言等也较容易稳住学生的注意。

3. 小学生注意品质的发展与教育

小学生的注意品质可以从注意范围、注意稳定性、注意分配和注意转移四个方面进行探讨。小学儿童注意范围是随年龄增长而逐渐扩大的;注意稳定性是随年级的提高而迅速发展,其发展的速度超过幼儿期和中学阶段;注意分配能力在幼儿到小学二年级这一阶段发展较迅速,以后就比较平缓地发展了;随着注意有意性的发展,小学儿童的注意转移能力呈迅速发展的趋势。

(1)小学低年级儿童注意的范围依然有限,随着年级的升高,注意范围在不断发展。注意的范围是指在同一时间内注意到物体的数量。它主要取决于主体的知识经验,由于小学生知识经验少,他们的注意范围往往比成人要小,尤其是小学低年级学生,其注意范围更为狭窄。研究表明,小学低年级学生的注意广度平均只限于3~4个物体,五年级学生的注意广度为5~6个物体,成人约为8~9个物体,例如一年级小学生总是一个字一个字地阅读课文,注意的范围很小,到了高年级,他们知识经验丰富了,阅读技能也逐渐形成了,使得他们能把字和字连成句子阅读,并逐渐注意到句与句之间的联系,注意范围扩大了。

教学中,教师要想扩大小学生注意的范围,可以从以下几个方面进行教育与训练:一是帮助并要求学生充分地理解教材,以便积累丰富的知识经验;二是教师应充分运用直观教具,促进学生对教材的理解;三是将学习材料尽量组织得有序、有规律,离学生近一些,以扩大学生的注意范围。

(2)小学生注意的稳定性随年龄增长而提高。注意的稳定性是指对同一对象或活动注意所能保持的时间。一般来说,7~10岁儿童可连续集中注意力约20分钟,10~12岁儿童约25分钟,12岁以上约30分钟。小学生注意的稳定性,与其年龄、兴趣、情绪、对课业的理解程度及教师的教学组织等有关。

因此,在小学课堂教学中,教师要把教学组织好,如将一些抽象的公式、定义以具体、形象的方式呈现;多使用生动、有趣的语言等,小学生保持注意的时间就会相应延长。这对小学生知识的获得与智力的提升都有很好的促进作用。

(3)小学生注意分配能力随着年龄增长而逐渐提高。注意的分配是指同一时间内把注意指向不同的对象。例如,汽车司机在驾驶汽车时,手握方向盘,脚踩油门,眼睛还要注意路标和行人。

小学生不善于分配自己的注意力,在听课时,眼、耳、手、脑的配合往往不够,尤其低年级的小学生,让他们同时听讲和记笔记,是一项困难的任务。这主要是因为刚入学的小学生对要注意的事物不熟悉,如果写字成了自动化的活动,那他就能把注意力集中到听讲上,他也就能边听边记了。

注意的分配是完成复杂工作任务的重要条件。对于小学生而言,学校的学习任务同样复杂且重要。因此,教师有目的地培养和训练学生的注意分配能力非常重要。在教学中,教师对小学生的要求不可过高过急,应适应其年龄特点。例如,在小学生对某一任务还不够熟练时,尽量不要同时再让其从事其他任务,一方面学生的学习活动效率不高,另一方面容易挫伤学生的积极性。

(4)小学生注意转移能力随年龄增长而迅速发展。所谓注意的转移是指个体根据新的任务,主动地将注意从一个对象过渡到另一个对象上。注意的转移和大脑皮层神经过程的可塑性、灵活性有关。低年级小学生注意转移性较差,往往是一种活动进行了很长时间,注意还停留在先前的那种活动上。随着年龄的增长,小学生注意转移能力也将逐渐发展起来。研究发现,小学生注意转移的综合反应时间随年龄的增长而呈下降趋势。五年级学生综合反映时间比二年级学生平均少了 2.174 4 秒。

在教学中,小学教师应看到刚入学的低年级学生把注意从一节课转移到下一节课还是困难的。因此,为了提升学生的注意转移能力,一方面,教师在讲授新旧内容时,要善于使用过渡语言,通过言语引导小学生关注新的教学内容。另一方面,教师要善于组织新内容,使得新内容成为学生的兴趣点,以吸引他们的注意力,做到成功地转移注意力,提高学习效率。

二、小学生感知与观察力的发展与教育

(一)小学生感觉的发展与教育

1. 感觉概述

人对客观世界的认识常常是从认识事物的一些简单属性开始的。认识事物的简单属性所需要的心理活动便是"感觉"。感觉是人脑对直接作用于感觉器官的客观事物个别属性的反映,是一切心理活动的基础。通过感觉,人能够认识外界物体的颜色、明度、气味、软硬等,进而了解事物的各种属性,并根据自己机体的状态来调节自己的行为。因此,感觉的发展对小学生心理发展非常重要。人们通过感觉从外界获得各种信息,其中90%以上的信息都是通过视觉和听觉获得的。这部分我们探讨小学生感觉的发展也是着重从这两个方面展开的。

2. 小学生视觉的发展与教育

视觉是人类最重要的感觉之一,它主要由光刺激作用于人眼所产生。在人类获得的大量外界信息中,80%来自于视觉。而小学生视觉的发展主要表现在视敏度的发展上。

视敏度是指视觉系统分辨最小物体或物体细节的能力,医学上称之为视力。小学生视敏度的发展表现出以下几方面的特点:

(1)10 岁以前,小学生视敏度随年龄增长不断提高。10 岁以后的变化趋势不稳定。所以,并非年龄越小视力越好。有一项对 4~7 岁儿童做的视力调查显示:10 岁以前儿童的视敏度由低到高发展变化。调查内容是在视力测试图上有许多带有小缺口的圆圈,测量儿童需在什么距离可以看出圆圈的缺口。距离越远,视敏度越好。调查结果见表 3-2。可见,10 岁以前,随着年龄的增长,视敏度呈现不断提高的趋势。

表 3-2 4~7 岁儿童视敏度测试结果

	4~5 岁	5~6 岁	6~7 岁
距离(米)	2.1	2.7	3
视敏度发展水平	0.7	0.9	1

(2)10 岁时,小学生的视觉调节能力的范围最大,即小学生能将远近的物体都看得

清楚。这样,小学生在学校就能很好地适应其学习活动。因为在课堂上,教师经常要求小学生既能看到远处的物体又能及时看到近处的物体,所以,视敏度这样的一个特点,对其学习具有重要的意义。

(3)10岁以后,视敏度随着年龄增长,呈下降趋势,即眼睛看远处物体时出现不清晰的情况,也就是我们常讲的"近视"。如果眼球的前后径过长,或晶状体的曲度大,远处的物体反射来的光线,通过晶状体的折射作用,形成的物像就落在视网膜的前方,看不清远处的物体,就形成了近视眼。导致近视的原因,一方面是与眼睛的生理机能的变化有关,另一方面是与小学生用眼习惯有关(这也是主要原因)。用眼习惯不良会导致视力下降,如不注意用眼卫生,或眼睛距离书本太近等。

近视对小学生的学习会产生不利影响,需要教师加以关注。一是指导学生注意用眼卫生,坚持做眼保健操并经常检查视力。二是教学环境要有利于保护小学生的视力。如教室光线要尽量通透,座位要定期轮换等。

3. 小学生听觉的发展与教育

人的感觉除视觉外,另一种最重要的感觉就是听觉。通过听觉,个体可以与别人进行言语交流,可以欣赏音乐,还可以将一些危险的信号传递给他人。因此,听觉的发展对于人适应环境非常重要。

(1)小学生语音听觉的发展与教育。

小学生要想更好地适应学校的要求,必须具备听、说、读、写的能力,也要掌握一些乐器等,这些都要求以小学生听觉发展良好为前提。当然,在学校教育的影响下,尤其是汉语拼音教学的影响下,小学生语音听觉已经达到了很高的水平。研究表明,一年级末的小学生的辨音能力已达到成年人的水平,他们已经能很好地辨别汉语的四声和相近的字音(如sh和s,zh和z,n和l等)。儿童的辨音能力往往会受到方言的影响,并且农村儿童略低于城市儿童,这主要与儿童的生活环境和教育条件有关。例如四川的方言中是没有"n"这个辅音的,所以儿童基本不会发这个音。而发音方面的类似问题,在正确的教育下是可以逐步纠正的。特别是4岁左右,可以说是培养儿童正确发音的关键期。在这时期,儿童几乎可以学会世界各民族语言的任何发音,儿童3~4岁以后,发音开始稳定,趋于方言化,即开始局限于本族或本地语音,年龄越大越如此。这时,再开始学习其他方言或外语的某些发音就可能感到困难。有的研究材料指出,如果十几岁才开始学习第二种语言,就很难学到纯正的语音。因此,要特别注意3~4岁儿童的正确发音。学习普通话也要从小做起。

(2)小学生听觉敏感度的发展与教育

儿童音乐才能和言语能力的发展与听觉敏感度的高低关系密切,而且存在较大的个体差异。但听觉的问题可以通过家庭和学校的训练得到改善和提高。从学校角度,教师要重视儿童听觉器官的保护和训练。如:要保护耳内的卫生,不要让水和异物进入耳内;平时不要将音响设备的音量开得过大,从而对耳膜造成损伤;还要要求儿童平时不要大声吵闹或喧哗。除了以上这些保护措施外,我们还可以对儿童的听觉器官进行训练,以提高其听觉能力。如:组织学生出声朗读课文、多做外语听力练习、参加合唱团、学习一些乐器等。

(二)小学生知觉的发展与教育

知觉是指人脑对直接作用于感觉器官的客观事物整体属性的反映。它以感觉为基础,但却不是个别感觉信息的简单相加,而是按一定方式来整合个别的感觉信息,形成一定的结构,并根据个体的经验来解释由感觉提供的信息。随着儿童生理的成熟、知识经验的积累,在教育的影响下,学前儿童的简单知觉发展已基本完成,能辨认基本的几何形状,能根据二维图画辨认出三维物体等,这些构成了他们接受学校教育的认知基础。下面我们依据知觉对象的属性,从空间知觉、时间知觉和运动知觉三个方面来探讨小学生知觉的发展特点。

在整个小学阶段,小学生知觉的发展对其智力的发展非常重要。同样,通过学校的教育,如学习算术、地理、自然、图画等课程以及参加各种课外活动,也有利于促进儿童知觉的发展。

1. 空间知觉的发展与教育

空间知觉是人脑对物体空间特性的反映。这一知觉可以处理物体的大小、形状、方位和距离的信息。小学阶段许多学科的学习都需要空间知觉,如语文、数学、科学与社会常识等。因此,教师在教学中要有目的地发展儿童的空间知觉。

(1)形状知觉

刚入学的儿童,形状知觉的发展水平还比较低。主要表现在两个方面,一是他们对几何图形的辨认还容易受到具体事物形状的影响,如常常将圆叫作圈圈等;二是他们在识别几何图形时,会将图形的本质特征与非本质特征相混淆而产生错误的判断。如在识别直角时,会用一些非本质特征去判断,如"摆得端正""直角在下方"等。但随着年龄的增长,小学生形状知觉的能力会逐渐提高。

因此,鉴于以上小学生形状知觉发展的特点,教师在教学中要善于通过直观教学去讲解抽象的图形或概念。同时,要善于利用变式来帮助学生理解图形的抽象的、本质的特征。

(2)方位知觉

方位知觉是指个体对自身或物体所处方向的知觉。著名心理学家朱智贤教授研究发现,儿童左右概念的发展需经历三个阶段:第一阶段(5~7岁),即刚入学的儿童,他们只能比较固定化地辨认自己的左右方位,其中有30%会把左右转向搞混,例如在体育课上,一年级的学生对教师"向左转"和"向右转"口令的反应,往往有1/3的儿童会出现错误;第二阶段(7~9岁),这时小学生已能初步掌握左右方位的相对性,即不仅能以自己的身体为基准辨别左右方位,而且能以他人的身体为基准辨别左右方位,也能辨别两个物体之间的作用方位;第三阶段(9~11岁),小学生已能比较概括地、灵活地掌握左右概念。

在教学中,教师可以对小学生的方位知觉进行有目的的训练,从而促进其方位知觉的发展。如通过体育课的教学训练让小学生逐步掌握左、右、斜前方、斜后方等等。还可以通过组织团体操活动,帮助小学生在活动中训练其方位感。

2. 时间知觉的发展与教育

事物和现象不仅存在于空间中,而且存在于时间中。我们知觉到客观事物和事件的连续性和顺序性,就是时间知觉。与其他知觉发展相比,小学生时间知觉的发展相对较迟,即使是小学五年级学生,对1分钟的估计也极不精确。一般都是估计过短。小学生对时间单位的理解和他们的生活经验有直接的联系。实验结果表明,小学生对时间单位理解最早与最正确的是1小时的时间长度,因为学习和生活主要是以1小时为单位。其次是"星期""一天",这又与学校的学习和生活密切相关。之后可以理解更长或短暂的时间单位,如"月""秒"等。

虽然小学生时间知觉的发展较迟,但教师仍可以在教学中通过一定的方法,帮助小学生及早形成时间观念。如可以有目的地让学生认识一些计时工具,并对一些时间概念进行专门的教学。同时,让学生结合生活经验,去运用这些时间概念。

3. 运动知觉的发展与教育

运动知觉主要包括两个方面:大肌肉运动知觉和小肌肉运动知觉。就发展顺序而言,小学生刚入学时,大肌肉运动觉就有了较好的发展,如走、跑、跳、弯腰、爬行等动作都能自如进行;而小肌肉运动觉的发展较迟,如手指、手腕等还未发展好。所以,实践中我们发现,小学低年级儿童握笔写字时,手指和手腕都很僵硬,且不够灵活协调,这就导致了他们写的字往往歪歪扭扭、结构不当,用力也不均匀。教师可以从耐力、速度、灵活、协调等方面对小学生的运动知觉进行训练,例如,通过体育课和一些课外活动,可以有效地促进小学生大肌肉运动觉的发展。而通过写字、书法、绘画和剪纸等活动的训练,学生的小肌肉运动觉可以得到迅速的发展。因此,到小学高年级时,学生的小肌肉运动觉已有较好的发展,为其进入初中的学习奠定基础。

就整个小学阶段而言,低年级学生知觉的分析与综合水平都不高,对事物只是产生一个笼统的、不精确的、割裂的初步印象。在知觉一个新事物时,往往出现两种倾向:一是知觉事物较强的部分而忽略事物的整体;二是粗略地知觉事物的整体而忽视了组成整体的一些重要细节。例如,小学生在语文学习时常常混淆汉字偏旁中的"礻"和"衤",

书写汉字时常常漏掉或添加笔画等。这就需要教师在教学中,要注意突出差异,并重点提醒,帮助学生精确地知觉所学习的对象。

(三)小学生观察力的发展与教育

观察是有目的、有计划的知觉过程,是人们学习知识、认识世界的重要途径。观察力是智力的一个重要组成部分,是智力发展的基础。研究发现小学生观察力的发展水平随着年级的增长而提高,具体表现在以下几个方面:

1. 观察的目的性有所增强。低年级学生观察的目的性差,排除干扰能力差,他们一般还不会独立地给自己提出观察任务,对于教师提出的任务,也不能很好地集中注意。因为他们的观察仍然会受到刺激物的特点(新异、变化)和个人兴趣爱好的强烈影响,所以低年级学生观察保持的时间较短,错误较多。中、高年级小学生观察的目的性有所改善,不过提高不多。

教学中,要想提高学生观察的目的性,教师可以从以下三个方面进行训练:一是观察前让学生明确观察的目的和任务,只有目的明确,学生才能把注意指向要求观察的对象上;二是教师所提出的任务要具体、明确,切忌笼统、含糊;三是观察前要求学生即做好观察结果记录。这样不仅能巩固观察成果,而且有利于提高学生观察的目的性和积极性。

2. 观察的顺序性有所提高。低年级学生观察事物零乱,缺乏系统性,常是东看一眼西看一眼,哪儿有趣就看哪,看到哪里就算哪里。中、高年级学生观察的顺序性有较大发展,一般能从头到尾,按一定的顺序观察,而且在表述观察前,往往能先思考再说。但就整个小学阶段而言,五年级和三年级差异不显著,这表明五年级学生还不能进行系统化的观察。这就要求教师在教学中,要有意识地去训练学生观察的顺序性和系统性。教师要教会儿童观察的顺序,即引导儿童按一定的顺序进行观察,如先整体后部分,先大致轮廓后细节,由近及远,从上到下,从左到右。经常练习,学生就能逐渐掌握观察的顺序,观察也就会越来越全面。

3. 观察的精确性明显提高。一年级学生观察精确性水平很低,表现为观察时极不细心、不全面,对事物间细微的差别也难以觉察、不能表述。例如,观察近似字"已"和"己"后,写字时常常不是多一笔就是少一画,把形近字混淆。三年级学生观察的精确性明显提高,五年级略优于三年级。在实践中,我们应从小培养儿童耐心细致的观察能力,因此,在观察时,教师要提出详细的观察要求,并要求学生及时发现问题,观察事物间的异同等,逐步培养小学生观察的精确性。

4. 观察的深刻性迅速发展。低年级学生观察事物时,难以做出整体的概括,往往只看到事物表面的明显的特征,而看不到事物之间的关系,更不善于揭露事物本质的特征。例如语文课本第三册《美丽的公鸡》这一课的插图,教师要求学生仔细观察,许多学生只看到公鸡的大红鸡冠、美丽的羽毛和金黄的爪子,却没有看到公鸡站在水边欣赏自己形象时洋洋得意的骄傲神态。三年级学生观察的深刻性有较大的提高,五年级学生观察的深刻性更有显著发展,观察的分辨力、判断力明显提高。

观察的深刻性是在前三个观察品质发展的同时逐步发展起来的。观察的深刻性同样可以通过教育的训练加以提高。在教学中,教师要引导学生尽可能运用多种感官参与活动,以便获得全面的丰富的感性经验,为发现事物的本质特征做好充分的准备。例如观察春天,不仅要让学生去看春天:看吐新芽的柳枝,看解冻的冰河,碧波荡漾,看田野的一片新景象;还要让学生去听春天:听微风、听鸟语、听流水声、听拖拉机声;甚至要嗅春天:嗅泥土、嗅花香……另外,教师应指导儿童细心观察,勤于思考。教师在组织观察时必须要求学生细致,善于发现别人发现不了的问题;要勤于思考,善于运用比较发现事物间的异同和关联,要善于透过个别的表面的现象揭露事物的内在联系,从而逐步提高学生观察的深刻性。

【案例3-1】

(学生观察记录的案例)

一名学生对绿豆种子发芽做出如下记录:

4月13日把绿豆种子用水浸泡放在盘子里。

4月14日一部分种子膨大,外皮裂开。

4月15日种子裂开,顶端向上长出白色的小芽。

4月16日白色的小芽长出1厘米,绿色的外皮脱落。

4月17日白色的小芽长至2厘米。

4月18日在长白色小芽的相反一端向上长出两片小叶子。

4月19日白色小芽的颜色变为褐色,有的变为紫色。

4月20日变色的小芽一端向下生长。

4月21日向下生长的小芽旁边长出两三根须根,同时长两片小叶子的一端越来越高。

4月22日白色的茎顶着两片小叶子长得足有5厘米高。

4月23日茎和叶长得又高又细。

绿豆苗长得很快,白玉般的茎和翠绿的叶子簇拥在一起,活像一片齐刷刷的小竹林。长长的须根互相交错扎入水中,紧紧地钩织在一起,看上去十分讨人喜欢。

(资料来源:http://wenwen.sogou.com/z/q609928718.htm? pos = 5&ch = 2013ww.tw.xgzs)

三、小学生记忆力的发展与教育

记忆是人脑对经历的事物的反映,如感知过的事情,思考过的问题,从事过的活动或体验过的情感,这些都会在人们头脑中留下不同程度的印象,而其中有些经验能保留很长的时间,需要时还能恢复,这就是记忆。记忆对个体的心理发展非常重要。如果没有记忆,就没有经验的积累,也就没有心理的发展。例如人们要发展语言和思维,就必须保存词和概念的经验。同时记忆是人们学习、工作和生活的基本机能。学生凭借记忆,才能获得知识和技能,进而使自己的才干、才能有所增长。可见,没有记忆,也就谈不上学生智力的发展。

(一)从无意记忆占主导地位向有意记忆占主导地位发展

无意记忆是指没有预定目的,也不需要意志努力的记忆,这种记忆往往是在不知不觉中进行的。而有意记忆却与之相反,是指有预定目的,需要意志努力的记忆。低年级学生的记忆仍以无意记忆为主,小学二年级学生表现为无意识记和有意识记的效果相当。有一项研究发现也证明了这一特点,小学二年级学生有意识记组正确回忆的百分比为43.0%,无意识记组正确回忆的百分比为42.8%。这主要是因为,此时学生对学习目的性的认识不足,其有意性还未转化为自身的识记需要,记忆的自觉性差,容易被具有趣味性的材料和自身的兴趣爱好所吸引。

随着心理活动有意性的发展,有意记忆逐年提高。特别在小学二年级到小学四年级间,有意识记的效果提高迅速,表现为有意识记组正确回忆的百分比由43.0%提高到51.5%,而无意识记效果无明显提高,正确回忆的百分比仅从42.8%提高到43.8%(见图3-1)。

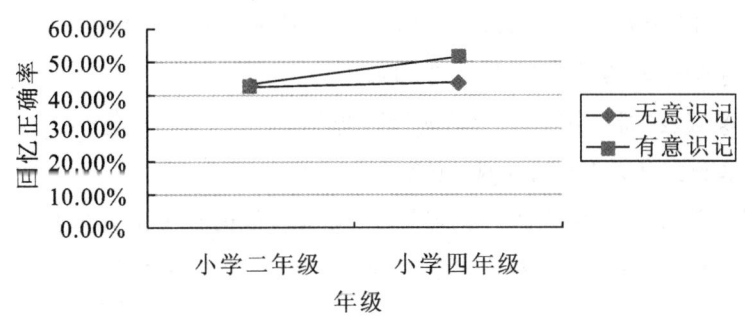

图3-1 无意识记和有意识记随年级增长变化趋势图

小学低、中年级的有意识记发展最为迅速,有意记忆的总成绩的发展也最为迅速。小学高年级以后,儿童的有意记忆趋于成熟,发展速度就减慢了。

鉴于小学生无意记忆和有意记忆的特点,我们在对小学生进行教育时应注意以下几点。一是针对低年级小学生积累知识的特点,教师应充分利用无意记忆,尽量多采用有趣的故事、谚语的方式进行教学,在增进学生学习积极性的同时,提高其记忆效果。二是针对小学低、中年级学生有意记忆发展最为迅速的特点,在小学教育中,特别要把握好这一关键时期。注意培养儿童的有意识记,提高有意记忆的能力,如教师应在学生记忆材料前,明确提出记忆目的和长远的任务,可提出哪些课文要背诵或复述,哪些公式、定理、口诀要熟记,并说明记住这些知识的重要性;对于中、高年级学生,教师应该要求他们自觉地、独立地向自己提出识记的目的任务,由被动转为主动。同时,对要求学生记住的内容必须严格检查,并教会学生独立地、自觉地检查自己的记忆效果。

【案例3-2】

《秋天到了》识字教学片段

新课程标准规定,"低年级(一二年级)认识常用汉字1 600~1 800个,其中800~1 000个会写",占6年识字总量的60%,如此大的识字量,如果不讲方法,势必会增加学生负担,因此,我们把识字教学的重点放在了识字兴趣的激发、识字方法的引导上,让学生具有独立识字的欲望和能力。以下是识字教学的片断。

师:同学们,现在有4个偏旁娃娃急着想与大家交朋友,你们愿意认识他们吗？瞧,他们来了(课件显示偏旁"冫""亻""扌""刂")！谁认识他们呀？你是怎么认识的？

生:老师,我认识"刂"旁,我记得您说过刀字在旁边叫立刀旁,与锋锐刀剑有关。

生:我认识"冫"旁,三点水去掉一滴水,这一滴水可能是因为天气太冷了,结成冰了。应该与水的温度有关。

生:老师,我想给小朋友介绍剩下两个偏旁"扌"和"亻"旁。"亻"旁表示有很多人,"扌"旁表示与手动作有关。

师:偏旁娃娃想与小朋友做捉迷藏游戏,你们能从课文中找到他们藏在哪儿吗？

生:老师,"刂"旁藏在"到"的右边,"秋一来到"的"到"。

生:"到"字读音与右边"刂"旁读音相似。

生:"冫"旁藏在"凉"字左边,"凉快"的"凉"。

生:两点水加京就是"凉",凉风、凉气。

生:"亻"旁藏在"往"字左边,"向往"的"往",我很向往飞上月球拍张照。

生:我听姥姥说,旧社会有很多地主欺负老百姓,"往"字左边表示很多人,右边表示地主。

生:"排"字带"扌"旁,排队需要伸手,与手的动作有关。

生:老师,我还觉得右边像小朋友在排队,两竖是操场,两边三横是三排小朋友。我们海鹰小队可以演示这个"排"字。

生:我有好办法记住"树","木"加"对"就是树,果树、桃树。

生:我还想到敌人"又"进"村"子里就是"树",梨树。

生:丛老师的"丛"去掉横就是"从"。

生:两个小人手牵手也是从。

生:小时候姥姥讲故事开头都是"从前啊……"。

生:"会"字我有好办法记住,上面是人,下面是云,就是开会的"会",开会的人像天上的云那么多。

(资料来源:丛晶,《秋天到了》识字教学片段,《语文天地》,2003)

(二)从机械记忆占主导地位向意义记忆占主导地位发展

机械记忆是指机械重复的记忆,在使用这种记忆时,个体往往没有理解记忆材料,而是依靠材料的外部联系而进行记忆。相反,意义记忆是指根据材料的内在联系及自己的知识经验,对材料理解的情况下所使用的记忆方式。

小学生运用机械记忆和意义记忆的效果有如下几个特点:

1. 小学低年级学生运用机械记忆的方法较多,他们常常逐字逐句地背诵,而对于用自己的话复述材料则感觉困难。这是因为他们的抽象逻辑思维尚未发展,知识经验比较贫乏,不能把新的知识和自己已有的知识很好地联系起来加以理解。但随着年级的升高,知识经验日益丰富,言语和思维水平也逐步提高,儿童逐渐以意义记忆为主,机械记忆则相对减少。

2. 机械记忆和意义记忆效果均随年龄的增长而提高

在小学阶段,不论记忆材料的性质如何,小学生记忆的效果都会随年龄的增长而提高。如,以某研究为例:意义识记正确回忆项目数,小学二年级为2.22,小学五年级为3.22;机械识记正确回忆项目数,小学二年级为1.09,小学四年级为1.99。

3. 意义记忆的保持量高于机械记忆

大量的实验研究证明,在小学各年龄阶段中,学生的意义识记的保持量都比机械识记的保持量高。

这对现实生活中那种认为学生"年龄越小越善于机械识记"的说法是一个修正。因为事实上无论是机械识记之间的比较,或者是机械识记与意义识记的比较,机械识记的效果总是年龄越小越差。因此,教师为学生创设意义识记的条件是必需的。

为了使小学生适应复杂的学习任务,教师应尽量培养其意义记忆的能力。例如,对于有意义的材料,应尽量使学生在理解的基础上进行记忆;而对于无意义的材料,教师应尽量赋予材料以人为的意义,并与小学生已有的知识经验相联系来加以记忆;为了提高小学生意义记忆的效率,在记忆前,教师应帮助学生充分地分析所需记忆的材料,并教会学生使用一些记忆策略。

(三)从具体形象的记忆为主导逐渐发展到对词的抽象记忆

在整个小学阶段,从记忆的内容看,形象记忆占据主导地位,抽象记忆逐步发展。形象记忆是指以感知过的事物在人脑中再现的具体形象为内容的记忆;而抽象记忆是指在人脑中以抽象的概念、判断、推理为内容的记忆。小学低年级学生,第一信号系统活动还占优势,他们善于记忆具体的、形象的材料,表现为以形象记忆为主。随着知识的丰富和智力的发展,中、高年级对词的抽象材料的记忆不断发展,并逐渐占据优势。但小学儿童在识记具体的材料或是抽象的材料时,主要以具体事物为基础,儿童普遍对形象词的记忆优于对抽象词的记忆。相关调查结果见表3-3。

表3-3 三种不同性质材料重现的百分比

年级	即时重现			延缓重现		
	形象词	具体词	抽象词	形象词	具体词	抽象词
一(21人)	51.9	41.7	26.4	45.4	17.0	6.4
三(17人)	72.6	68.2	52.6	67.3	64.6	34.4
五(15人)	82.6	70.0	64.6	81.3	71.0	65.4

小学生擅长于具体形象的记忆。直观、形象的东西,尤其是视觉映像,容易给学生留下深刻的印象。因此,当学生记忆一些抽象的东西时,教师应尽可能与具体、形象的东西结合起来,在形象的基础上,概括出具有普遍性的结论,帮助学生记忆材料。在整个小学阶段,学生通过视觉接受信息的保持量最高,视听同时接受信息的保持量次之,听觉接受信息的保持量最低。这给小学教育的启示是凡需小学生记忆的材料,应尽可能运用视觉通道来传递,即多采用一些直观的教具或多媒体教学。例如,一位小学生说:他很快就记住了他的一个朋友的电话号码:33329916。问他是怎样记住的,他回答说,这组号码表面看毫无意义,但把它们分解成几个部分,并与自己所熟知的字挂起钩来,就容易记住了。比如这组数字,3332是他所居住区域的邮政编码,99又恰恰是他所居住公寓号,他住在16号房间。几组数字加起来正好是33329916。

(四)小学生逐渐学会使用各种记忆策略

小学低年级学生对接受的信息不会采用重复记忆和意义记忆;在回忆时也不会使用系统搜索和用追忆去提取信息,对回忆的结果不清楚也不在乎。到了中、高年级,学生逐渐学会用复述和练习、对记忆材料进行组织加工等方式进行记忆;在提取信息时开始会系统地寻找以往记忆过的材料,对一时想不起的材料会努力地去追忆。

研究发现,7岁左右是儿童由不进行复述向自发地进行复述的过渡期。因此,在教学中,教师可以通过训练小学生的复述技能提高其记忆效果。如大声朗读课文或默读课文。另外,为提高小学生的记忆效果,教师有必要教给学生一些记忆策略:首先,对于一些历史年代、地名等无意义材料,可让学生采用以下方法把它意义化后进行记忆:(1)拼音法;(2)数学特征法;(3)译音法;(4)口诀记忆;(5)直观形象记忆;(6)联想记忆等方法。其次,根据艾宾浩斯的遗忘进程先快后慢的规律,组织复习一定要及时。复习可以强化大脑皮层的神经联系,从而留下深刻的印象,使记忆牢固。再次,要让学生"尝试回忆"。对必须熟记的材料如背诵课文,要让学生反复诵读或默读几遍后,试图回想其中的内容或尝试背诵,检查被遗忘或记错的地方,再重点学习,这种方法识记效果较好。

实验表明:用于尝试回忆的时间越多,记忆的效果越好。第四,记忆时方法要多样化。单调的机械重复,容易使大脑皮层产生抑制和疲劳。从不同的角度来巩固知识,这样可使学生感到新颖,又调动了学生智力活动的积极性,从而提高记忆效果。例如,同一字词的记忆,可以用听写、填空、造句、分析字形的偏旁部首,写出同义词或反义词等方式,让学生加深理解,增强记忆。

【案例3-3】

联想记忆

辽宁黑山北关实验学校和北京景山学校在小学低年级试验一种集中识字的方法,可使学生在两年内认字2 500个,阅读一般书籍报纸。这种识字法就运用了类似联想记忆法的道理,把字形、字音相近,能互相引起联想的字编成一组,像把"扬、肠、场、畅、汤"放在一起记,把"情、清、请、晴、睛"放在一起记。每组汉字的右边都是相同,每组字的汉语拼音也有共性,前一组的汉语拼音后面都是"ang",后一组的汉语拼音后面都是"ing",这样就可以学得快、记得住。

(资料来源:孩教圈,http://www.61learn.com/view_Weikan.aspx? id=2737)

四、小学生思维的发展与教育

人不仅能认识事物和现象的外部联系,而且能认识事物和现象的内在联系和规律。这种认识是通过思维过程来进行的。思维不同于感知觉和记忆,但又是在感知觉的基础上发展起来的。思维是一种更复杂、更高级的认识活动。思维形式中的抽象思维能力是智力的核心部分。在日常生活中,我们每时每刻都离不开思维,我们要用它来学习知识、解决问题、辨别真伪、探索新知识和创造未来等。

思维是人脑对客观事物概括的和间接的反映,它反映事物的本质特征和内在联系,是借助言语实现的理性认识过程,主要表现在概念形成和问题解决的活动中。

(一)小学生思维发展的一般趋势

1.从具体形象思维为主逐步向抽象逻辑思维为主过渡,但仍具有很大的具体形象性。关于这一点,我国心理学家朱智贤早已指出:"小学儿童思维的基本特点是从以具体形象思维为主要形式逐步过渡到以抽象逻辑思维为主要形式,但这种抽象逻辑思维在很大程度上,仍然是直接与感性经验相联系,仍然具有很大成分的具体形象性。"

低年级学生的思维已开始具有抽象概括的水平,但水平是极低的,他们所掌握的概念人多是具体的,可以直接感知的,他们难以指出概念中最主要的本质的东西,他们的思维活动在很大程度上还是与具体事物或生动的表象联系着。只有到了中、高年级,学生才逐步学会区分概念的本质与非本质属性,学会掌握初步的科学定义。但他们仍离不开直接经验和感性知识,思维仍具有较大成分的具体形象性。

因此，在小学阶段，思维的这种"过渡"期是一个发展过程。也就是说，小学低年级学生的思维有明显的具体形象性，但不是说他们不能进行抽象逻辑思维，不能学习理论知识。教师如果过分强调这一方面，就可能低估小学低年级学生的思维水平，教学中只给学生提供一些感性的、支离破碎的知识，这些知识虽然具有具体形象性，但不利于低年级小学生形成系统的结构性强的知识。同样，小学中、高年级学生虽然能够进行抽象逻辑思维，也不是说他们不再需要具体形象思维了。其实，整个小学阶段的儿童，也包括高年级学生，他们的思维仍具有很大的具体性，他们抽象和概括的往往是事物具体的和直接的属性。刘范等人的研究也证明了这一点：即使是只要求儿童对抽象的数进行运算的项目，儿童也往往会借助于直观的图像来解答，当解题遇到困难时，这种现象更为常见。这一特点给小学教育的启示是，对于中、高年级的小学生，我们的教育也不能过于成人化，如果在教学中，教师只讲解一些空洞的概念、定义，而不提供一些形象、生动的教具或案例等，学生就不能很好地理解所学的知识，显然这样的教学效果并不高。就是因为这种教学忽视了高年级学生思维中的具体形象性的特点。事实上，小学生的思维同时具有具体形象的成分和抽象概括的成分，只不过他们之间的相互关系随着年级高低以及不同性质的智力活动而变化，这些思维的特点提示小学教师应尽量将所教授的知识组织得具有系统性和结构性，同时应将复杂的理论性强的知识通过具体、形象的方式呈现给学生。

【案例3-4】

某小学周老师教学生认识"9"，周老师用游戏的方法，请9个拿着1~9数字卡的学生站在讲台前，按次序集队、报数，问全体学生："站出来的有几个同学？第9个同学是谁？'9'在哪个数的后面？有9个同学和第9个同学意思是一样的吗？为什么呢？"这里，渗透了集合、对应、基数、序数知识。在学生认识9以后，让学生想象怎样用"9"来表示各种数量，从写法上，"9"字的形象有什么特点，与"6"字有什么异同等。就这样，学生一边思维一边发现，一边发现一边思维，以各种方式，表达对"9"的认识。

（资料来源：李淑娴、马小莹，促进小学生从形象思维向抽象思维过渡的教学尝试，《教育论丛》，1986年第1期）

2. 小学生的思维由具体形象向抽象逻辑思维过渡，是思维发展过程中的"飞跃"或"质变"，这个转折期也就是小学生思维发展的"关键期"。一般认为，这个关键期出现在四年级（约10~11岁）。强调这个"关键期"，就是要求教育工作者要适应儿童心理发展的飞跃期，施以适当的教育。至于这个"转折点"何时实现，主要取决于教育的效果，即有可能提前也有可能推迟。

3. 思维的基本过程日趋完善。低年级儿童只能在直接感知的条件下进行分析和综合。例如，儿童在学习数学计算时，总是用数手指或数实物来进行，不能在头脑中进行分析和综合。随着知识的积累,中、高年级的儿童已能在表象和概念的基础上进行抽象的分析和综合。

(二)小学生概念、判断和推理的发展与教育

1. 小学生概念的发展与教育

概念是人脑反映客观事物的本质特征的思维形式,是思维活动的基本单位。小学生掌握概念是一个主动的、复杂的心理过程,是小学生联系自己的知识经验去主动理解的过程,同时也是不断充实和改造的过程。

(1)小学生掌握概念的水平逐步深化。小学生最初由于缺乏生活经验以及受智力发展水平的限制,往往不能从本质属性上掌握概念。随着知识经验的积累以及思维的发展,儿童掌握概念的水平逐步深化,即儿童对概念的理解是从直观的、具体的理解过渡到比较抽象的、本质的理解。

(2)小学生的概念逐步丰富,逐步系统化。小学生入学后,在教学的影响下,逐步掌握了大量的概念。如逐步掌握大量的字词概念,表现为识字量扩大,掌握各种词性词类等;随年级增高,数学概念不断丰富,表现为认数能力的发展,掌握了数序、数列、体积、面积等概念。伴随着对概念内涵的不断深化和概念的不断丰富,儿童逐步形成概念系统。任何一个概念总是与其他有关概念有一定的区别,又有一定的联系,儿童已能通过把握有关概念之间的区别与联系,使所掌握的概念初步系统化。

小学生掌握概念的水平虽然逐步深化和系统化,但在小学教育中,小学教师仍然要注意小学生思维发展的具体形象性特点,即在教授概念时,一方面要多使用直观案例教学,以促进小学生对抽象概念的理解。另一方面,运用变式和比较,帮助儿童形成正确的概念。所谓变式,就是将概念的正例(一切符合概念范围的具体实例)加以变化,它有助于排除无关特征,突出本质特征。所谓比较,就是让儿童在正例与正例(如方桌—圆桌、木桌—铁桌等)和正例与反例(如桌子—椅子等)之间做对比,便于发现例证之间的共同的本质特征和非本质特征。

2. 小学生判断的发展与教育

小学生判断的发展是从最初的依据事物的外部属性到能进行逻辑分析,并独立地做判断。具体表现在小学阶段的低、中、高年级。一方面是小学低年级学生,他们的判断大多是根据事物的外部特征,而且判断也不全面,这是由于小学低年级学生对事物的属性认识还不多,判断的依据也就少一些。例如,他们只看到鱼能吃,却不知道鱼也能观赏等。另一方面从中、高年级开始,小学生能够比较独立地、有根据地论证一些比较复杂的判断。他们初步学会了对提出的判断进行逻辑分析,而且能进行间接的论证。

3. 小学生推理的发展与教育

推理是指由一个判断或许多判断推出一个新的判断的思维过程。掌握比较完善的

逻辑推理能力是儿童智力发展的重要环节和主要标志。小学生的推理能力,是在教育的影响下,通过掌握比较复杂的知识经验和语法结构而逐渐发展起来的。推理主要包括三种形式,分别是演绎推理、归纳推理和类比推理。小学生推理的发展也主要表现在这三个方面。

关于小学生归纳推理和演绎推理的发展趋势,林崇德在其研究中发现:①小学儿童的归纳和演绎两种推理能力的发展既存在着年龄差异,又表现出个体差异。②随着年龄的增长,小学儿童推理范围的抽象程度加大,推理的步骤愈加简练,推理的正确性、合理性和推理品质的逻辑性和自觉性也在加强。③在运算能力的发展中,小学儿童掌握归纳与演绎两种推理形式的趋势和水平是相近的。

小学生类比推理的发展存在着年龄阶段性,同时教育条件的好坏也显著影响着类比推理发展的水平。

(三)小学生思维品质的发展与教育

思维品质是思维发生和发展中所表现出来的个性差异,即体现了每个个体的思维的水平和能力的差异,因此,学校教育可以通过培养小学生的思维品质,进而发展其思维与能力。小学生思维品质可以从以下几个方面来加以分析:深刻性、敏捷性、灵活性和独创性等。

1. 小学生思维深刻性的发展与教育

我们探讨思维的深刻性,可以从善于深入地思考问题,抓住事物的本质和规律,预见事物的发展过程等几个方面考虑。就儿童学习数学逻辑思维能力而言,思维的深刻性包括数学概括能力、空间想象能力、数学命题能力、逻辑推理能力和运用法则能力等。小学生思维深刻性的发展主要反映在运算过程中,并主要体现为以下几点:首先,儿童寻找"标准量"的水平逐步提高,推理的间接性不断增强。研究发现,小学儿童在解答应用题时,寻找"标准量"的水平可分为三个等级:(1)不会寻找,或寻找不准;(2)能够找出两步或三步应用题的标准量;(3)能够找出多步应用题的标准量,且能扩大步骤,综合列式。其次,小学儿童不断掌握运算法则,认识事物数量变化的规律性。小学阶段掌握运算法则也有三级水平:(1)在数学习题中运用运算法则;(2)在简单文字习题中运用运算法则;(3)代数式和几何演算中运用运算法则。再次,小学儿童不断提出"假设",独立地自编应用题的抽象逻辑性在逐步发展。最后,三、四年级是小学儿童在运算中思维深刻性发展的一个转折点。在教学中,教师要善于把握小学生思维深刻性发展的关键期,施加教学影响,促进其深刻性的发展。

【案例3-5】

小学各年级应用题比较

一年级:湖边有30只天鹅,飞走20只,还剩多少只?

三年级:王老师带了8 000元钱,买一台电脑用去了6 387元,买一台打印机用去986元,还剩多少元?

五年级:有两根一样长的电线,第一根用去18米,第二根用去25米,余下的电线第一根刚好是第二根的2倍,第二根余下多少米?

2. 小学生思维敏捷性的发展与教育

思维的敏捷性是指思维过程的速度。培养思维的敏捷性,主要是培养学生迅速而又正确的运算能力,即在处理具体问题时,能够迅速进行判断,并做出反应,得出正确结论。小学生的思维敏捷性是不断发展的,表现为运算速度在不断提高,迅速正确得出结论的能力也越来越强。

研究发现,儿童的知识结构、技能技巧及思维结构,以及思维客体的难易程度等都会直接影响到小学生思维的敏捷程度。因此,在小学教育中,教师应注意这些影响因素,合理地组织教学,并对学生提出解决各类问题的要求,这样可以适当地加快思维敏捷性发展的进程。

3. 小学生思维灵活性的发展与教育

思维的灵活性是指思维活动的智力灵活程度。小学生思维的灵活性随着年级的提高而不断发展。主要表现在以下三个方面:①"一题多解"的解题数量在增加,表明小学儿童的智力活动水平在不断提高,分析综合的思路逐步开阔了,逐渐能产生较多的思维起点,促使学生在运算中解题数量越来越多。②灵活解题的精细性在增加:儿童不仅能一题多解,而且能正确解题,在思维过程中,逐步能抓住问题的本质,根据思维对象、材料的特征、类型去加以灵活运算。③儿童的组合分析水平在不断提高。

【案例3-6】

一题多解例题

小学数学第九册中有这样一道题:新河村修一条水渠,4天修了486米,照这样计算,再修6天就可完成任务,这条水渠有多长?

把此题布置给学生,引导学生勇于独立思考,敢于提出自己的见解和看法,于是学生就提出了多种解法。

解法(1):486÷4×6+486;

解法(2):486÷(6÷4)+486;

后来,又在解法(1)和(2)的基础上,学生提出了下面的两种解法:

解法(3):486÷4×(4+6);

解法(4):486×[(6+4)÷4];

有的学生还提出用方程解:$x-486=486÷4×6$;

上述多种解法不仅帮助学生复习了归一法、倍比法、方程等有关知识,更活跃了学生的思维,调动了学生学习的积极性。

(案例来源:成都成华小学网站——数学教研组,2003.1)

4.小学生思维独创性的发展与教育

小学儿童在运算中思维独创性主要表现在独立性、发散性和有价值的新颖性上。其发展趋势表现于两个方面:首先,从对具体形象材料的加工发展到对语词抽象材料的加工。研究发现,四年级是思维独创性发展的一个转折点。其次,先模仿,经过半独立性的过渡,最后发展到独创性。小学生自编应用题,一般是从仿照书本例题开始,从模仿入手,经过补充应用题的问题和条件,有一个半独立性的过渡,逐步地发展为独立地编拟各类应用题。但即使到了小学高年级,学生完成较复杂的编拟应用题的任务还有一定困难。在正常的教学条件下,三年级是从模仿编题向半独立编题的一个转折点,四年级是从半独立编题向独立编题的一个转折点,教师要善于发现并把握这一转折点,并施加积极的影响。例如,在教学中教师应注意引导学生去发现知识而不是只给予知识,同时应多采取小组讨论、合作学习的形式,通过问题解决鼓励学生思考学习,促进其思维的独创性的发展。

【案例3-7】

鸡兔同笼问题

鸡兔共有头18个,足60只,问鸡有多少只?兔子有多少只?

教师:兔有4只脚,为什么鸡只有2只脚?这岂不是太不公平了吗?

经过思考,学生找到了理由:"这不是不公平,鸡还有两只翅膀呢。"

教师:如果翅膀也算脚,总共该有多少只脚呢?

学生:$18 \times 4 = 72$(只)

教师:但是题目中翅膀不算脚,只有60只脚,可见有多少只翅膀呢?

学生:$72 - 60 = 12$(只)

于是学生兴奋地喊出来:"6只鸡!"

该教师能够利用日常生活中的问题,引发学生的认知矛盾,我们的教学就应当为学生提供重新解决问题的机会,鼓励学生在解决问题中学习,成为学习的主动者。

(资料来源:徐斌,"鸡兔同笼"教学实录与反思——二年级数学实践活动课,《小学教育科研论坛》,2004年第4期)

综上所述,小学生思维品质的发展存在着明显的年龄特征。思维品质也是个体思维活动智力特征的表现,因此,教师在开发小学生智力时,要高度重视培养其思维品质,以促进其思维的迅速发展。

五、小学生想象力的发展与教育

想象是对头脑中已有的表象进行加工改造,形成新形象的过程。想象是在感知的基础上,改造旧表象,创造新形象的心理过程,主要处理图形信息,除此之外,想象还可以创造现实中不存在的或不可能有的形象。这也体现了想象的两个特点,即形象性和新颖性。

1. 小学生想象的有意性迅速增大。小学生想象力的有意性,随着年级的增高不断增长。刚入学的儿童仍具有幼儿时期想象的特点,在想象时,常常不由自主地离开想象的目的,而根据自身的经验自由联想。在讲述时也会出现这种情况,他们会根据自身的经验,不由自主地想出许多在原文里或事件里没有的新鲜事件或细节。从小学三四年级开始,有意想象逐渐占主要地位。到了高年级,他们智力活动的控制能力增强了,能围绕主题进行想象了。但是,在整个小学阶段,儿童想象的主题易变性还是比较明显,想象还不能有效地指向某一预定的目的,尤其对于缺乏必要的知识经验或不熟悉的事物,他们的想象往往显得简单而贫乏。

例如,有人曾以"春天"为主题与小学生谈话,结果发现低年级学生对"春天"情景的想象是东拉西扯的,把一些生动清晰的表象,不管是不是春天的都津津有味地说上了;而四年级以上的学生能围绕"春天"这个主题,有系统、有条理地展开想象。

小学生想象力的这一特点启示我们,为了促进小学生想象力的发展,教师应在儿童进行想象活动前,明确想象的目的和任务,以促进小学生想象有意性的发展。另外,还可以通过各种活动扩大儿童的知识面,丰富儿童的表象,进而促进小学生想象力的发展。表象是想象的材料,表象的数量和质量直接影响着想象的水平。提高学生的想象力,就要扩大学生的知识面,丰富他们的表象。例如教师可利用直观教具和形象化的材料,并经常组织学生参观、郊游、调查等,引导学生广泛接触各类事物,以获取丰富的感性材料,保证想象活动的顺利进行。

【案例3-8】

语文课上有的教师为使学生写好《春天》一文,他先组织学生"忆春天",通过回忆,把头脑中关于春天特点的表象提取出来;然后在初春时带学生去"找春天",如看到吐新芽的树和柳枝、开始融化的冰雪等;过了几个星期再带学生去"看春天",如看到田野一片新景象,冰河已解冻,碧波荡漾,鸟语花香;回来后就让学生"写春天",这是积累表象、发展想象的有效途径。

2. 小学生想象逐渐符合客观现实,即想象的现实性增强。想象的现实性是指想象的形象受现实的制约,能真实地反映现实。随着年龄的增长,小学儿童想象的现实性逐渐提高,想象所反映的形象越发接近现实事物。小学低年级儿童的想象往往与现实事物不相符合,或不能确切地反映现实事物。小学中、高年级儿童的想象已能比较真实地表现客观事物;其想象的内容也趋于现实,想象的事物越发完整,结构配置更加合理。有研究者让一年级和三年级学生画同一个对象——具有四个特征的水翼船,结果一年级学生再现特征时在结构安排上不正确,如将两侧翼朝上等;而三年级学生就没有这类情况发生。正因为小学生想象的发展有这些特点,所以在小学语文教材的安排上,低年级多选用如《乌鸦喝水》《小马过河》等以童话故事的形式表达一定思想内容的教材对孩子进行智力教育,而高年级则多选用对社会、自然的现实的记叙和说明的文章对孩子进行智力教育。

小学生的想象从热衷于完全脱离现实的神话虚构逐渐转向对现实生活的幻想。例如,从小学生所喜爱的文学作品方面可以看到,低年级儿童对童话、神话信以为真,爱听童话故事、神话故事,爱看动画片。随着教学活动的发展和思维水平的提高,三年级以后的儿童,就逐渐过渡到以现实为主的文学作品。他们的兴趣逐步从童话故事转移到英雄模范故事、侦探小说等题材上。小学生的幻想正处在由远离现实的幻想到现实的幻想过渡阶段。因此,教师要引导学生把幻想与现实紧密结合起来。结合的方式很多,可以通过组织各种主题队会、班会,把个人的幻想与祖国现代化建设的实际需要结合起来,可以向学生宣传现实生活中先进人物的事迹,或鼓励学生阅读英雄人物故事、观看优秀影片等,让学生从中受到感染,从而激起向他们学习的愿望,走英雄成长的道路。

3. 小学生想象的概括性逐渐提高。小学生想象概括性的发展是指想象从有很大的具体性、直观性向有一定的概括性、逻辑性发展,主要表现为想象所凭借的依托物由实物向语词转变。小学低年级儿童的想象,不论是再造想象还是创造想象,都带有很大的具体性,直观性想象时常凭借一定的实物作为依托。到了中、高年级,儿童想象的概括性、逻辑性逐步发展起来,可以凭借语词来进行想象。例如,低年级学生在阅读时要依靠图画等具体形象的帮助,否则就不能再造出相应的情境。高年级学生就可以根据语词的描述进行想象。如一个五年级的学生,在一篇《秋收》作文中描写道:"过了人定湖,一眼看到的是一派丰收景象。肥壮的玉米上挂着红缨缨,像千百杆红缨枪挺立在青纱帐里。有的玉米地已经收获完了。黑油油的田地里散发着泥土香味。我们到了场院,只见那里堆了一大片玉米,他们像胖娃娃似的一个挨着一个在场院上甜睡。风一吹,玉米衣飞扬起来,像是朝我们招手表示欢迎。"说明高年级学生已经可以在语词的思维水平上进行想象。

根据以上小学生想象力的特点,小学教师可以通过实际的操作活动和训练,培养学生的想象能力。教师应有目的、有计划地让学生参加一些实践活动,有利于培养他们的创造想象能力。例如,儿童自编故事、表演戏剧、创造性游戏、练习绘画创作、作文等活动,有助于发展学生的创造想象。另外,教师还可以通过形式训练来提高学生的想象力。

【案例3-9】

人教版第十二册《将相和》

师:学了这篇课文,你们能以不同的身份来评价一下将、相二人吗?

生1:假如我是赵王,我肯定会这样说:"我赵王真的是三生有幸,遇着这样两位百里挑一的贤才,更可贵的是他们能处处为赵国的社稷安危着想,赵国有望了!"

生2:赵国的百姓听说了"将相和"的故事后,纷纷夸奖道:"我们赵国有一文一武两位国之栋梁,我们老百姓今后能过太平日子喽!"

(全班大笑)

生3:我猜想此时秦王一定很羡慕赵王,他一定在暗暗地思索:"要是我手下也能有这样两位以大局为重的左膀右臂,那我秦王不也是如虎添翼了吗?"

生4:其他5国的老百姓听说了此事,都觉得很振奋人心:"我们得向赵国的蔺相如和廉颇学习,齐心协力保家卫国,不能向秦国示弱!"

生5:最后,我想以读者的身份用一副对联来总结一下课文,上联是:"蔺丞相机智勇敢——巧斗强秦",下联是:"廉将军知错就改——负荆请罪",横批是:"齐心护国佳话永传"!

评析:

在课文讲授的结尾,教师启发,引导学生通过多角度延伸,进行创造性的想象说话训练,使学生既巩固了所学知识,又通过评价人物这一环节加深了对人物及课文的理解,把握了课文的深层内涵。这种充满个性解读的做法,源于课本又超越了课本,使学生获得了思想的飞翔和个性的舒张!

(资料来源:孙惠芳,多角度辐射 巧评价人物,《中国教师报》,2003年)

第三节 个体差异与因材施教

小学生的个体差异,一般而言,分为三类:智力差异;成就动机及相应的个性特征差异;认知风格差异。智力的差异主要包括智力的群体差异和个体差异,而智力的个体差异又包括智力水平差异、智力类型差异和智力发展早晚差异三个方面;认知风格差异主要是生理、心理、社会三要素间的差异。智力对学生的学习活动和教学活动有根本性的影响;而作为个体典型的学习方式的认知风格,主要作用是参加并调节学习活动的进行。本章主要探讨的是小学生智力因素的发展与教育,因此,论述个体差异时,也主要探讨与之相关的智力差异和认知风格差异及其对小学教育的启示。

【案例3-10】

"天长没有差生,只有有差异的学生",这个刊登在《人民日报》上的醒目标题立即引起了人们的关注。原来,天长不再评选"三好学生",近几天正在开展评选"进步生""特长生""全能生"活动。

在一学期中,凡在品德、学习、纪律、劳动、爱集体等方面,有进步的学生,经过班级讨论,多数通过,由班主任上报年级组长,经年级组同意,就可以获得"进步生"称号;其中进步突出的由年级组上报校长室,经校长批准,可获"显著进步生"称号。这次,全校表彰"进步生"或"显著进步生"共416名。这416名学生中,有中队委员,有课代表,有班级里的调皮大王……有一些从不曾获得过奖的同学,见自己和中队长一起上台领奖,激动得眼泪直在眼眶里转。

凡爱祖国,爱学校,爱集体的又在"五自"(自律、自学、自强、自立、自护)方面做得较好,各科优秀成绩在60%以上的同学,经过自己申报,班级讨论,多数通过,由班主任上报年级组长,经年级组同意,就可以获得"全能生"称号。这大大调动了学生的积极性,许多同学踊跃申报。获得"全能生"称号的人数,远远超过了以前评选"三好学生"的人数。

最令人惊叹的是全校进行"特长生"的评选和展示活动,极大地激励了全校学生。学校规定:凡在学校或社会上举办的各种竞赛和比赛中获奖、或在报刊上发表作品的学生,都可以申报"特长生"。学生非常活跃,申报内容的范围涉及面很广,有"小作家""小书法家""小歌唱家""小演奏家""小运动员""小收藏家""小旅行家""小画家""小科学家""小工艺家""小电脑迷""小数学家""小舞蹈家""小演说家""小棋手"等等。去年(1998年6月),全校有205人申报20多个项目的称号,占全校总人数的15.8%;今年(1999年1月),全校有558人申报了"特长生",是1998年6月的272.2%。申报项目由原来的20多个增加到60多个。说明学生主动参与的积极性越来越高,学生都喜欢成为有个性的人。申报学生都精心制作了一块"特长生展板"(由学校发的四开的云彩纸作底版),学生进行自我介绍,把获得的荣誉证书、奖状,进行精心设计,配以照片和说明,表述自己获得的成果。我们把这些展板在学校里展出,成了学校的一大景观。这引起了上级行政部门和新闻界的高度重视,报纸、电视台都作了报道。

评选"进步生""特长生""全能生",使全校各类学生都有机会得到表扬和鼓励。我们从着眼于过程优化的思想出发,对不同类型的学生特别是学有困难的学生,我们采取评选。评选"进步生""特长生"的办法,肯定学生的进步和个性。这样,可以使一大批"被遗忘在角落"的学生抬起头来走路。

学生的差异随处可见,我们的差异教育也就随时可行,最明显的就是在课堂学习上:一道题有好几种解题方法;对一句话、一段文字有不同的感受和理解;在探索发现一个自然现象时有不同的过程。在我们的课堂学习上,教师要随时对学生的各种差异做出反应。我们没有绝对的唯一的标准答案,没有唯一的学习方法,只要学生说得出道理,符合逻辑,都是正确的,就连批改试卷的时候也一样,我们允许有差异。有一位伟人说得好,"你有一个苹果,我有一人苹果,我们交换后,各自仍只有一个苹果。你有一种思想,我有一种思想,交换后,我们都有两种思想。"如果能让学生没有顾及地展现出自己,那么他们将获得的更多。

学生的差异无处不在,只有当我们真正在自己心中形成差异教育理念的时候,才能真正做到"以人为本",一切从学生出发,促进学生的发展。

(资料来源:人民教育出版社课程教材研究所,http://www.pep.com.cn/kcs/alyj/xx/201008/t20100825_737066.htm)

小学生的智力发展有着共同的年龄特征的同时,也有着个体间的差异,因此,小学教师要关注学生们的相同点,也要重视学生间的不同点,进行差异性教学,以促进学生智力的最优发展,即小学教育工作者要在教学中做到承认差异、发现差异并发展差异。

一、小学生的智力差异与教育

(一)智力含义

智力是人的一种极为复杂的心理机能,心理学家对它有各种不同的解释,至今没有统一的定义。但大多数心理学和教育领域的专家都认可:智力指处理抽象观念、处理新情境和进行学习以适应新环境的能力,即解决某种智力问题的能力。

(二)智力差异的表现形式

1. 智力的群体差异

智力的群体差异是指不同群体之间的智力差异,包括智力的性别差异、年龄差异、种族差异等等,目前研究比较多的是智力的性别差异问题。虽然智力群体差异研究的结论不尽相同,但在以下两方面则基本一致。首先,从总体水平上看,男女智力的平均水平大致相当,但男性智力分布的离散程度比女性大。也就是说,很聪明和很笨的男性都比女性多;智力中等的,则女性比男性要多得多。其次,从智力结构上看,也存在性别差异,男性女性各有优势与劣势。男性的视知觉能力,尤其是空间知觉能力,明显优于女性;女性的听觉能力,特别是对声音的辨别和定位,明显优于男性。男性的抽象思维优于女性,对数学、物理和化学等理科学科比较擅长;女性的形象思维优于男性,在语言、历史等人文学科上比较擅长。女性的口语发展比男性早,在言语流畅性及读、写、拼等方面均占优势;而男性在言语理解、言语推理等方面又比女性强。

2. 智力的个体差异

智力的个体差异有多种表现形式,它主要表现在以下三个方面:智力发展水平高低的不同;智力类型的不同;智力发展与成熟早晚的不同。

(1)智力水平差异

智力水平差异是指个体之间智力发展水平高低不同的程度,智力发展水平差异是智力差异中研究最多的一个方面。心理学的研究表明,人的智力发展水平是呈正态分布的(见图3-2)。即,有些人智力发展水平很高,有些人智力发展水平较低,这两类人占总体人数的很少部分,而大部分人的智力都是属于中等水平的。

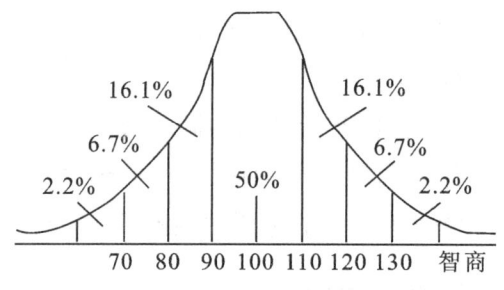

图3-2 智力发展水平

另外,个体在智力发展水平上的差异常用智商(IQ)表示,根据智商高低不同,可将智力发展水平分为超常、正常和低常三个等级。智商在130以上的人,属于智力超常;智商在70～129之间的人,属于智力正常;智商在70以下的人,属于智力低常(详见表3-4)。

表3-4 智力等级分布

IQ	智力等级	百分比
130以上	超常	2.2
120～129	优秀	6.7
110～119	中上	16.1
90～109	中等	50.0
80～89	中下	61.1
70～79	偏低	6.7
69以下	智力落后	2.2

(2)智力类型差异

根据智力活动的不同特点,可将其分为几种不同的类型。

①分析型、综合型与分析—综合型

根据人们在知觉过程的不同特点,可将智力类型分为分析型、综合型与分析—综合型类型。分析型的人,在知觉过程中对细节感知清晰,但概括性和整体性不够;属综合型的人,富于概括性和整体性,但对细节不大注意,缺乏分析性;分析—综合型的人则集合了以上两种类型的优点,既具有较强的分析性,又具有较强的综合性,是一种较理想的知觉类型。

②视觉型、听觉型、运动觉型与混合型

根据人们在记忆进程中哪种感觉系统记忆效果最好,可将智力类型划分为视觉型、听觉型、运动觉型与混合型。视觉型的人,对视觉材料的记忆效果最好;听觉型的人,对听觉材料的记忆效果最佳;运动觉型的人在有运动觉参与记忆时,效果最理想;混合型的人则需要运用多种感觉通道,才能达到最好的记忆效果。

③艺术型、思维型与中间型

根据人的高级神经活动中两种信号系统谁占优势来划分,可将智力活动分为艺术型、思维型与中间型。艺术型的人在感知方面具有印象鲜明的特点:善于记忆图形、颜色、声音等直观材料;思维方面富于形象性;想象丰富,而且具有高度的情绪易感性。具有上述特点的人,比较容易发展艺术活动的能力。思维型的人在感知方面注重对事物的分析、概括,善于记忆词义、数字和概念等材料,思维倾向于抽象、分析、系统化、逻辑构思和推理论证等。具有这一智力特点的人,有利于发展数学、哲学、物理、语言学等学科的学习和研究的能力。中间型的人两种信号系统比较均衡。

(3)智力发展的早晚差异

智力发展与成熟的早晚差异主要表现在智力早熟、中年成才和智力晚熟等方面。智力早熟是指人在童年时期就表现出非凡的智力。例如,我国唐朝王勃6岁就善于文辞,少年时就写出了著名的《滕王阁序》;美国的诺伯特·维纳(Norbert Wiener),3岁会阅读,14岁毕业于哈佛大学,成为控制论的创始人。也有一些人的优异才能表现较晚,被称为"大器晚成"。例如,我国著名画家齐白石,40岁后才表现出他的绘画才能;古希腊学者亚里士多德也是40多岁后才显示出超人的才华。

智力早熟和晚熟的人都是极少数的,大部分人都是智力正常发展,即中年成才。有研究表明,30~45岁是人的智力最佳年龄段,是创造发明和对社会做贡献的高峰时期。

【案例3-11】

埃里克五年级时留级了,现在他是班上最高最大的男生。他的前任老师们都说他"懒",因为他从来不做任何一科的作业,有些老师还提到他"态度恶劣"。埃里克从不读老师布置的内容,甚至从不打开他的作业本,还大肆宣称:"我憎恨阅读——阅读根本是哑巴的玩意儿!"这么多年来,他总到校长办公室挨罚。

埃里克的新任老师注意到,埃里克经常在课桌里私藏小车或卡车的杂志,而且这些杂志都是给成人读的。他很喜欢拿最新款车子的发动机性能以及速度来向其他同学提问,而且他似乎很了解这些信息,几乎能脱口而出,娓娓道来。从这些现象,老师发现他确实阅读并理解了杂志里的文章,但是,他的各科成绩还是很糟糕,包括阅读。

参加过天才学生教学研讨会的新任老师意识到,埃里克表现出了很多天才儿童的行为特征。回校后,她和其他老师以及校长碰了一次头,老师们决定让埃里克参加预考,预考内容包括阅读技能和词汇,还有其他的一些学科。而后,老师给埃里克提供了密集式课程教学,借此来验证自己的想法是否正确。刚开始的时候,埃里克似乎不相信老师会允许他少做以前总要求他做的作业,然后,当他得知他可以在课堂阅读时间里读他自己的杂志,还可以读其他关于赛车和赛车手的书时,他的眼泪都要掉下来了。

结果简直不可思议,短短几天,埃里克就进入了学习正轨,他总是非常快就完成了密集式课程作业,表现出了前所未有的学习热情。他妈妈也发现自己的儿子有了明显的转变。两个星期之后,校长到教室视察时,还特意看埃里克是不是因为得了什么重病没来上学,因为校长最近都没看见他被送进办公室挨罚。当然,事实的真相让校长更为吃惊了。

埃里克的故事生动地说明,作为一名教师,在面对不同智力发展水平的学生时,要主动找其症结所在,然后对症下药,调整课堂教学,才能收到意想不到的结果。

(资料来源:苏珊·维布纳,《班有天才——普通班级中培养天才儿童策略与技能》,中国轻工业出版社,2003)

3. 小学生智力差异与教学

针对小学生智力差异的教学,国内教育工作者做了一系列探索。

(1)折中教学,即适应中间型学生,兼顾两端学生,以中等难度与速度进行教学。针对学生智力发展水平的差异,教师可以中等智商学生的水平为基准线,选择相应的教材内容,采取相应的教学方法。

(2)分层教学,即针对智力水平或文化水平(学习成绩)处于不同层次的学生实施不同内容、形式与要求的教学。分层的主要依据有学生智力水平的高低以及学业成绩等;分层的方式有两种,即年级分班与班内分组。教学内容与要求的组合方式也有两种,一是同内容异要求,全年级学生的学习内容一样,但对处于不同层次的班或组的学生的要求不同;二是异内容同要求,处于不同层次的班或组的学生学习内容不同,但对全年级学生的学习要求几乎一样。

(3)个别教学,即对智力水平高低不同的学生个人实施个别辅导。个别教学要求教师针对学生的个体特点,选择不同的内容,采取不同的方式,提出不同的要求。

【案例3-12】

我刚参加工作时,担任小学二年级的班主任,并教该班的数学。我刚接这个班时,曾经有老师对我说,这个班的学生普遍不按时完成作业,有几个学生从来不完成作业,看你有什么高招啊!我当时心想,学校正在组织老师继续教育的学习,昨天才学习了因材施教的教育策略,"试试吧!"我爽快地回答。

第一次布置作业时,我做了精心准备。离下课约20分钟时,我在黑板上写了10道题,学生说这么多呀!有的还说:"我们从来没有一次做这么多题!"我微笑着说:"别害怕,前5道题是基本题,人人都得做,做对了就给100分,后5道题是提高题,只要做对一题就加10分,做错了也不扣分。"我这么一说,学生都想试一试,错了也不扣分,没有心理负担。学生交作业也很积极,都渴望早点知道自己的得分。下课了,只有几个从来不交作业的同学还没交上来。放学后我把他们留下来,对他们说:"我知道你们完成作业有困难,所以不要求你们做10道题,5道也不用全做,只要做两道题就给100分。"这几个同学听了很高兴,异口同声地说:"老师,您说话算话,两道题也给100分?""那当然。"他们高高兴兴地跑回教室开始认真完成作业。结果,他们都顺利完成,有两个同学还分别完成了4道题和5道题。

在后面的学习中,同学们都能做到按时交作业。后来我曾问过他们以前不完成作业的原因时,他们的回答基本相同:"以前做了也不及格,反正不及格,不如不做。"

俗话说:"十个手指扯不齐。"学生的接受能力、智力发育的程度有快有慢,有早有迟,所以全班几十名学生不可能达到均衡。为了让所有的学生都有所收获、有所进步,对学习充满信心,要求教师必须做到根据学生差异进行教学。

(资料来源:胡琼瑶,恩施州教育信息网 http://www.es.e21.cn,2009)

二、小学生的学习风格差异与教育

(一)学习风格概述

1. 学习风格的含义

学习风格到目前为止还没有公认的定义,我们在国内外学者的定义基础上,做出如下界定:学习风格是学习者持续一贯的带有个性特征的学习方式,是学习策略和学习倾向的总和。这里的学习策略指学习方法,学习倾向指学习者的学习态度、情绪、动机、坚持性及对学习环境、学习内容等方面的偏好。有些学习策略和学习倾向会随学习任务、学习环境的不同而有所变化,有些则表现出一贯性,成为一种相对稳定的个性特征。那些稳定持续表现出来的学习策略和学习倾向就构成了学习者具有的学习风格。

2. 学习风格的构成要素

关于学习风格的构成,不同研究者提出了不同的标准。根据人的特性,本书将从生理、心理、社会三个层面进行分析。

(1)学习风格的生理要素。生理要素主要是指个体对外界环境中的生理刺激(如声、光、温度等),对一天内的时间节律以及在接受外界信息时对不同感觉通道的偏爱。例如,在生理刺激方面,有的学生喜欢在安静的环境中学习,有些则喜欢在背景音乐中学习;在时间节律方面,有些人喜欢在清晨学习,有些则喜欢在深夜学习。

(2)学习风格的心理要素。心理要素包括认知、情感和意动三个方面。认知要素表现为认知过程中归类的宽窄、信息的继时性加工与同时性加工、场依存性与场独立性、分析与综合、沉思与冲动等方面。情感要素表现为理性水平的高低、学习兴趣或好奇心差异等方面。意动要素则表现为学习坚持性的高低、言语表达力的差异、冒险与谨慎等等。学习风格的心理层面对学习的影响比较大,因此,本章将主要论述学习风格的心理要素。

(3)学习风格的社会要素。社会要素包括个体在独立学习与结伴学习、竞争与合作方面表现出来的特征。如有些人喜欢独立学习,有些人则喜欢和其他人一起学习。

(二)学习风格差异与教学

1.学习的认知要素

学习风格的认知要素实质就是认知风格。所谓认知风格,也称认知方式,是指学生在加工信息时(包括接受、储存、转化、提取和使用信息)所习惯采用的不同方式。

认知方式具有以下特征:(1)持久性,即在时间上是一个相对稳定的过程;(2)一致性,即在完成类似的任务时始终表现出这种稳定性。由于有这两个特征,因而学习风格必然是与学生的个性相关的,而且是与学生的情感和动机特征等联系在一起的。它和智力或能力概念的不同之处在于,智力或能力主要是指学生在智力或学习测验的成绩中表现出来的差异,可以有高与低、好与差之分,只有一个维度;而认知方式一般是根据两极来描述的,例如,有些学生倾向于采用发散式思维方式,有些学生则趋向于使用聚合式思维方式,但我们并不能说,发散式思维方式就比聚合式思维方式好些。而且,我们每个人并不就是处于这两极的某一端上。事实是在不同的情况下,大多数人会利用多种认知方式。

学生在完成各种学习任务是会采用不同的思维方式,了解学生所采取的典型的思维方式,有助于教师据此引导学生,采取与学习任务相吻合的认知方式。对认知方式的研究,目前研究较多的是场独立性与场依存性认知方式、冲动型与沉思型认知方式、整体性与系列性认知方式。

(1)场独立性与场依存性

①场独立性与场依存性的含义

场独立性与场依存性是两种普遍存在的认如方式,它来源于美国心理学家威特金(H. Witkin)对知觉的研究。他根据一个人从一个复杂的背景图形中找到一个简单的目标图形的能力差异,将其分为场独立性与场依存性两种类别。场独立性(Field independent)是指很容易地将一个知觉目标从它的背最中分离出来的能力;相反,场依存性(Fielddependent)是指将一个知觉目标从它的背景中分离出来时感到困难的知觉特点。场独立性的人倾向于利用自身内部的参照,来对客观事物做出判断,不易受外来因素的影响和干扰;在认知上倾向于在更抽象的水平上进行加工和分析,能独立对事物做出判断。场依存性的人倾向于把外部参照作为信息加工的依据,在知觉事物时难以摆脱环境因素的影响。他们的态度和自我知觉更易受周围的人,特别是容易受权威人士的影响和干扰。另外,他们善于察言观色,擅长注意并记忆言语信息中的社会内容。

②场独立性和场依存性与学生的学习

场独立性、场依存性的认知方式与学生的学习有密切的关系。教育心理学家研究了学生的各种学习情境,如学习环境、教材内容、教学方法等对学生学习行为的影响。场依存性的学生更易受环境的影响,比如,在做功课时,客厅的电视机里正在播放的内容可能对他的学习会造成很大的干扰,使他注意力不能集中,无法安心学习;场依存性的学生更易接受与人有关的社会性信息,对人文社会科学有较大兴趣,他们的学习更多地依赖外在反馈,他们对人比对物更感兴趣;场依存性者偏爱非分析的、笼统的或整体的知觉方式,他们难以从复杂的情境中区分事物的若干要素或组成部分。场独立性的学生不会因外在刺激而分心,有些人甚至在嘈杂的环境下都可以安心读书或学习;许多研究发现,场独立性的学生的学习动机往往以内在动机为主,他们喜欢独立思考,偏爱自然科学、数学,且成绩较好,场独立性者善于运用分析的知觉方式。

场独立性和场依存性的学生,他们对教学方法的偏好也有所不同。场独立性学生易于给无结构的材料提供结构,比较易于适应结构不严密的教学方法。而场依存性的学生则喜欢有严密结构的教学,因为他们需要教师提供外来结构,需要教师的明确指导与讲解。

(2) 冲动型和沉思型

①冲动型和沉思型与学生的学习

冲动与沉思的认知方式反映了个体信息加工、形成假设和解决问题过程的速度和准确性。杰罗姆·卡根(Jerome Kagan)经过一系列实验后发现,有些学生知觉与思维的方式是以冲动为特征的,有些学生则是以反思为特征的。所谓冲动型(impulsive style)是指问题解答速度较快但错误较多的一种类型;所谓沉思型(reflective style)是指对问题的解答速度较慢但错误较少的类型。

在解决认知任务时,冲动型的学生总是急于给出问题的答案,他们倾向于很快地检验假设,不习惯对解决问题的各种可能性进行全面思考,有时甚至还未搞清楚题目就开始解答。这种类型的学生认知问题的速度虽然很快,但错误率高;而沉思型学生则不同,他们总是谨慎、全面地检查各种假设,权衡各种问题解决的方法,然后在确认没有问题的情况下选择一个满足多种条件的最佳方案。这种类型的学生,认知问题的速度虽然慢,但错误率很低。研究表明,约30%的学前儿童和小学生属于冲动型。但值得注意的是,并非所有反应快的学生都属于冲动型,有的学生反应快可能是由于任务简单或对任务很熟悉,或者是因为学生思维敏捷的原因。

在选择解决问题的策略上,沉思型学生与冲动型学生相比,表现出具有更成熟、能提出更多不同假设的特点。据麦金尼(Mckjnney)发现,在9岁的沉思型和冲动型儿童的作业中结果没有什么差别,但是在11岁儿童中沉思型的儿童在加工信息方面比起冲动型的孩子更有效,并且采用更为系统和从发展上看更为成熟的策略。

在学习上,冲动型和沉思型认知方式也存在明显不同。一般而言,冲动型学生往往阅读困难,较多地表现出学习能力缺失,学习成绩常常不及格。而沉思型学生恰好相反,他们阅读成绩好,再认和推理测验成绩也比冲动型学生好。有人研究发现,沉思型学生在完成需要对细节作分析的学习任务时,学习成绩较好些;冲动型学生在完成需要作整体型解释的学习任务时,成绩要好些。他们的结论是,冲动型学生在解决问题的能力方面,并不一定比沉思型学生更差。冲动型学生学业成绩差,主要是因为学校里的测验往往注重对细节的分析,而他们擅长的则是从整体上分析问题。

另外,沉思型学生和冲动型学生的差别还在于,沉思型学生更容易自发地或在外界要求下对自己的解答做出解释;冲动型学生则很难做到,即使在外界要求下必须做出解释时,他们的活动也往往不周全、不合逻辑。而且,沉思型学生能够较好地约束自己的动作行为,忍受延迟性满足,比冲动型的学生更能抗拒诱惑。

②冲动型与沉思型学生的教学

由于阅读、推理等任务需要仔细分析概念,因而冲动型学生往往处于不利地位。为了帮助冲动型学生克服他们的缺点,心理学家创造了一些训练方法,对他们的不良认知方式进行纠正。研究表明,单纯提醒儿童,要他们慢一些做出反应,对他们并无帮助。但通过指导他们具体分析、比较材料的构成成分,注意并分析视觉刺激,对克服他们的冲动型认知行为较为有效。

有人采取的措施是,让冲动型学生大声说出自己解决问题的过程,进行自我指导,当获得连续成功以后,由大声自我指导变成轻声低语,而后变成默默自语。目的是训练冲动而又粗心的学生有条不紊地、细心地进行学习和解决问题。这种具体训练收到了较好效果。

【案例3-13】

不同认知风格学生的学习

师:"正方形的四个角都是直角",你是如何验证的?

生1:(激动地)我是这样比的(边说边演示,用三角板上的直角与正方形的四个角一一比较)。

师:都是这样比的吗?

学生显然没有完全明白老师的意思,异口同声地回答:是的。

教师注意到只有两个学生(生2、生3)没有随声附和。就追问了一句:绝大部分同学认为要比四次,你们认为呢?

生2:只要比两次就行了。

师:怎么比?

生2:(边演示边讲解)先把正方形对折,然后再用三角板上的直角与正方形的两个角比较。

生3:我只要比一次就行了。

教师装着不太相信的样子,反问道:比一次,可以吗?

少数学生经他这么一说,如醍醐灌顶,茅塞顿开,也纷纷附和:"行!""行!"这时,教师有意让另一名学生操作给大家看。

生4:把正方形先横着对折一次,再竖着对折一次。原来四个角就全部重在一起了,所以只要比一次就行了。

以上案例中有些学生上课反应敏捷、发言积极,但发言的质量不是很高;而有些学生恰恰相反,他们虽然反应不快、不够活跃,但发言的质量有时却令人刮目相看。这种表现上的差异是因为学生的认知风格有差异,前者是冲动型的认知风格,后者是沉思型的认知风格。如果在课堂信息交流的过程中,创设宽松、民主、自由的学习氛围,注意发挥不同认知风格学生的作用,适时地关注、引导、激发,那么,各种类型的学生的潜能必将得到释放、才华得到显露,课堂因此将变得更加有效、智慧。

(资料来源:http://www.ycsyxx.net/jyky/ShowArticle.asp ArticleID = 1069)

(3)整体性和系列性

①整体性和系列性学生的学习

英国心理学家戈登·帕斯克(Gordon Pask)对学生怎样学习作了大量的调查研究,试图发现学生在学习策略方面的重要差异。

他把一些想象出来的火星上的动物图片呈现给学生,要学生对图片进行分类,并形成自己分类的原则。在学生完成分类任务后,要求学生报告他们是怎样进行这项学习任务的。结果发现,学生在使用假设类型以及建立分类系统的方式上,都表现出了一些差异。有些学生采取一步一步地策略,他们提出的假设一般来说都比较简单,每个假设只包括一个属性,这种策略被称之为"系列性策略"。就是说,从一个假设到下一个假设是呈直线的方式进展。采取系列性策略的学生,一般把重点放在解决一系列子问题上。他们在把这些子问题联系在一起时,十分注重其逻辑顺序。由于他们按顺序一步一步地前进,所以,只在学习过程快结束时,才对所学的内容形成一种比较完整的看法。如果他们要使用类比或图解等方法,也是比较谨慎的。

另一些学生则倾向于使用比较复杂的假设,每个假设同时涉及若干属性,这种策略被称为"整体性策略"。就是指,从全盘考虑如何解决问题。采取整体性策略的学生在完成学习任务时,往往倾向于对整个问题将涉及的各个子问题的层次结构以及自己将采取的方式进行预测。而且,他们的视野比较宽,能把一系列子问题组合起来,而不是一碰到问题就立即着手一步一步地解决。帕斯克发现,这两组学生在学习任务结束时,都能达到同样的理解水平,尽管他们达到这种理解水平时所采取的方式是完全不同的。

②整体性和系列性学生的教学

帕斯克认为,整体性和系列性策略是学生在思维方式与问题解决方式上表现出来的最基本、最重要的差异。实验表明,有些学生在任何情况下都倾向于采取整体性策略;有些学生则趋于采用系列性策略。因此,教学要想取得成效,提供给学生的学习材料必须与学生习惯采取的策略相匹配。这就要求教师需要为学生提供学生偏爱的学习方式进行学习的机会,如果教师采取某种比较极端的教学方法(也许,这种方法本身就是教师自己习惯采取的策略的反映),那么必然会有一些学生感到这种教学方法与自己学习方式相距甚远,从而影响这些学生的学习,不能满足他们的学习要求。但这并不是说教师没有一种途径可以促进所有学生的学习。在帕斯克看来,在教学前先要为学生提供一定的信息,使这些信息与学生已有的认知结构相互作用,以激发学生对学习意义的理解。

2. 学习风格的情感、意动要素

学习风格的情感、意动要素涉及很多方面,这里仅仅论述与学习动机有关的内控性与外控性、正常焦虑与过敏性焦虑以及学习的坚持性。

(1)内控性与外控性

根据学习者在控制源上的差异,一般分为内部控制和外部控制两类。所谓控制源,是指人们对影响自己生命与命运的那种力量的看法。因此,具有内部控制特征的学习者相信自己从事的活动(包括学习活动)及其结构是由自己的内部因素决定的,自己的能力和所做的努力能控制事态发展。他们相信,奖励是因个人的行为而定的。而具有外部控制特征的学习者则认为自己受命运、运气、机遇和他人等外部因素的摆布,这些复杂且难以预料的外部力量主宰自己的行为。他们相信,奖励不由自己的活动决定。在全体人群中,极端的外控者和内控者只是少数,大多数人是处于这两个极端之间的。

学习者所持有的不同控制源主要通过影响学生的成就动机、学生投入任务的精力、学生对待任务的态度和行为方式、学生对奖励的敏感性以及惩罚或分数对他们的意义、学生的责任心和对待教师的态度等一系列变量,影响学生的学习。

(2)正常焦虑与过敏性焦虑

焦虑是指对当前或预计对自尊心有潜在威胁的任何情境具有一种担忧的反应倾向。按焦虑的性质,可以把焦虑分为正常焦虑和过敏性焦虑。

正常焦虑是指客观情境对个体自尊心可能构成威胁而引起的正常的焦虑。如,学生面临重要的考试而又把握不大的时候会产生焦虑。特别要注意的是,正常焦虑并不是指适当水平的焦虑,它也可能会是过高或过低的不同水平,这取决于自尊心受到威胁的程度。过敏性焦虑是由遭到严重伤害的自尊心本身引起的,和对自尊心构成威胁的客观情境无关。自尊心受伤害程度越高,过敏性焦虑水平就越高。有些学生因为在成长的过程中没有得到外界的内在认可和评价,从而导致其缺乏内在自尊心和价值感,因此在遭受到挫折和失败时,很容易引起他们的过敏性焦虑。

无论是正常焦虑还是过敏性焦虑,与学习之间的关系是十分复杂的,对学习起到何种作用是由多方面因素决定的,包括原有焦虑水平的差异、学习资料的难易程度以及学习者本身的能力水平。研究发现,对于机械学习或不太难的接受学习和发现学习,焦虑具有促进作用。但当个体面临一个新的学习环境,尤其是遇到已有的认知结构中没有现成答案的问题时,不同的焦虑水平会对学习产生不同的影响。这种情况下,焦虑水平与学习效率之间呈倒 U 形关系(见图 3-3),即过高或过低的焦虑水平都对学习不利,而中等水平的焦虑有利于学习效率的提高。从学习难度看,难度大的学习,焦虑水平低比较好;难度小的学习,焦虑水平高比较好。但过敏性焦虑者则不同,在面临新问题时,往往会产生过分恐慌或焦虑的反应。如果不能从现有的解决问题的经验中找到一个现成的、合适的答案,他们就会抑制学习活动,并丧失学习信心。

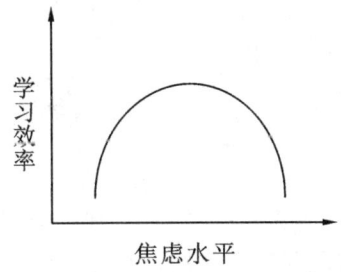

图 3-3 焦虑水平与学习效率的关系

实际上,焦虑对学习究竟产生何种影响,主要还是取决于学生已有能力水平的高低。一般来说,随着学生能力水平的逐步提高,焦虑对学习的影响会日益失去其消极作用。此外,就学习情境压力与焦虑的关系来看,一般是低焦虑者在压力大的学习情境下学习效果较好,而高焦虑者则适合压力较小的学习情境。

(3)学习的高坚持性与低坚持性

学习的坚持性作为学习风格的意动要素,是指个体为完成学习任务而持续克服困难的能力,通常以学习者每次学习活动持续的时间长短为标志。

在学习过程中,个体坚持性的表现有较大差异。高坚持性的学生在完成一项较困难的任务时,能够坚持不懈,面对挫折不气馁、不放弃,不断克服困难,直至完成任务;学习坚持性较差的学生则松松垮垮,一遇到挫折就灰心退缩,以至于不能完成规定的任务。在需要学习者克服困难、战胜挫折、运用意志努力的任务中,两种学习者的成绩有显著差异,高坚持性者明显优于低坚持性者。对于低坚持性的学生来说,增强他的学习坚持性是提高学业成绩的一个重要途径。

学习者坚持性的高低与学习情境、学习任务的吸引程度、学习者的态度、动机水平以及成人榜样等多种因素有关。此外,还可以通过提供积极的反馈来改善学习者的坚持性,尤其是根据学习者的个人目标进行反馈,效果更佳。

思考与讨论

1. 为了帮助小学生掌握"等底等高的圆柱体积是圆锥体积的3倍"这一知识,你可以采用什么教学方法,理论依据是什么?
2. 你认为"成功教育"对小学生的心理发展有何影响?为什么?
3. 你认为小学阶段小学生所形成的自卑感对其人格发展有何影响?为什么?
4. 针对不同学习风格的小学生的特点,教师应怎样做到因材施教?

参考文献

[1]苏珊·维布纳.班有天才——普通班级中培养天才儿童的策略与技能[M].北京:中国轻工业出版社,2003

[2]朱智贤.儿童心理学[M].北京:人民教育出版社,1979

[3]沈德立.小学儿童发展与教育心理学[M]上海:华东师范大学出版社,2003

[4]姚本先.儿童发展与教育心理学[M].合肥:安徽大学出版社,2002

[5]彭聃龄.普通心理学(修订版)[M].北京:北京师范大学出版社,2001

[6]张道祥.当代普通心理学[M].长春:吉林大学出版社,2006

[7]丛晶.秋天到了——识字教学片段[J].语文天地,2003

[8]林崇德.遗传与环境在儿童智力发展上的作用——双生子的心理研究[J].北京师范大学学报,1981

[9]李淑娴,马小莹.促进小学生从形象思维向抽象思维过渡的教学尝试[J].现代教育论丛,1986

[10]娄国杰.小学数学教学如何培养学生的形象思维[J].资治文摘(管理版),2010

[11]徐斌."鸡兔同笼"教学实录与反思——二年级数学实践活动课[J].小学教育科研论坛,2004

[12]孙惠芳.多角度辐射 巧评价人物[N].中国教师报,2004

第四章 小学生社会性因素发展与教育

学习目标

1. 了解人格和社会性发展的基本知识。

2. 了解什么是情绪情感、意志、自我意识和人际关系。理解小学生情绪情感、意志、自我意识和人际关系发展的特点。

3. 掌握小学生情绪情感、意志、自我意识和人际关系的培养和训练方法,以及气质和性格的差异性教育方法。

【案例导入】

尊重每个学生的独特人格

月亮掉下来了,我们怎么办?——《一个中国孩子的呼声》教学片段评析

教例:人教版第八册《一个中国孩子的呼声》

今天,我们中国孩子虽然生活在和平环境中,但是世界并不太平,不少地区还弥漫着战争的硝烟,罪恶的子弹还威胁着娇嫩的"和平之花"。

师:"威胁"的"胁"是个生字,你想怎么记住它的?

生:我这样记,把"协助"的"协"的"十"字旁换成"月"宁旁就行了。

师:嗯,你用的是换偏旁法。谁有不同的想法?

生:也可以在头脑中想象着八根"肋骨"的样子来记住它。(众笑)

师:哈哈!这个办法有创意。我们来给它取个名称吧。

生:我想叫"想象记忆法"。

生:叫"画面记形法"。

生:叫"望形生景法"。

师:同学们说得真好。你们喜欢哪个名称就叫哪个名称。还有不同的方法吗?

生:我准备编一个故事来记住它——在漆黑的小巷里,有八个歹徒拿着八把刀抵住一个过路人的肋骨说:"把钱拿出来,不然就杀了你!"(学生紧张地睁大眼睛)

师:(追问)那后来呢?

生:后来……嗯,正在这时,有八个警察闪电般地出现了。手里还拿着枪呢。那些歹

徒一看形势不妙,只好把刀子扔了,乖乖地举起了双手。(学生都舒了一口气,笑了)

师:好险啊!大家发现没有,他很聪明,不但记住了字形,而且还把"威胁"的意思形象地表现出来了。你能给这种办法取一个名字吗?

生:就叫"故事联想法"吧。

生:我还能用一句话来记住它——月亮掉下来了,我们怎么办?

师:(惊奇)有意思!不过,你能说说你是怎么想的吗?

生:我想,"月亮"的"月"和"怎么办"的"办"合起来就是"胁"字,而且月亮如果掉下来,就会给人类的生存带来严重的威胁。(众鼓掌)

师:好!了不起的想法。老师帮你取个名称吧,就叫"赵明识字法"(该生叫赵明)。(众大笑,继而热烈鼓掌。该生得意地坐下)

师:接下来,我们也像赵明同学这样,用自己的方法来记住其他的生字,好吗?(课堂气氛非常活跃,学生跃跃欲试)

在这一教学片段中,学生是知识的发现者。教师重视的是让学生主动探究记住字形的方法和规律。在寻求字形特点的互动过程中,经过了一系列的判断、比较、选择,多种观点不断碰撞,学生的求异思维和创造思维被充分激发出来了,从而获得了富有个性化的理解和表达。另外,教师尊重"儿童文化",发掘"童心""童趣",使教学过程充满情趣和活力。当学生发现除了拆字法,还可以想象成八根肋骨来记住它时,教师善于捕捉学生的这一创新火花,及时给予表扬,并引导学生深入思考总结成记忆方法。学生受到鼓励,学习兴趣和热情空前高涨,从而产生了"月亮掉下来,我们怎么办"这一令人称绝的奇思妙想。

因此,我想只有彻底转变学习方式,将尊重每一个学生的独特个性和具体生活,引导和帮助学生进行主动的富有个性的学习作为课改的支点,才能真正焕发出课程的生命力和创造力。

(资料来源:王培辉,泉州市惠安县黄塘中心小学,中国教育曙光网,2003)

第一节 社会性因素概述

本章内容是小学生社会性因素发展与教育,这与第三章的智力因素发展与教育的内容相对应的,但本章并没有采用非智力因素发展与教育为标题,主要从以下几个方面考虑:首先,非智力因素范围非常广泛,指那些不直接参与认知过程,但对认知过程起着启发、定向、引导、维持、强化作用的所有心理因素。它主要包括需要、动机、兴趣、情感、意志、气质和性格等。对这些一一做出论述显然是不现实的。其次,从本书的整体知识结构上看,动机和兴趣将在小学生学习的相关章节加以论述,在此将不再赘述。最后,在众多非智力因素中,情绪情感和人格(气质和性格)以及个体对自我的认识等都有鲜明的个体差异。而这几个因素对小学生的人格和社会性发展都有着非常重要的影响。因此,在本章的内容里,将重点论述非智力因素中的人格发展和社会性发展因素的特点及其对教育的影响。

在教学中,小学教育工作者不仅要帮助小学生开发其智力,还要培养小学生良好的情绪品质和个性品质以及解决其在交往中遇到的人生问题等。

一、人格发展概述

当我们阅读《红楼梦》《水浒传》《三国演义》和《西游记》四大古典名著时,会被小说中各具风采、光彩照人的人物形象所吸引。宝玉的多情与反叛,黛玉的抑郁与聪慧,曹操的雄心与奸诈,关公的勇猛与忠诚……一个个栩栩如生的人物为大众所熟知。当然,在现实生活中,我们也能发现性格迥异的人,例如,有人性情温柔,有人泼辣开朗;有人冲动莽撞,有人退缩畏惧;有人大公无私,有人自私自利,等等。人格是一种心理特性,它使每个人在心理活动过程中表现出各自独特的风格。

(一)人格的含义

人格是构成一个人的思想、情感及行为的特有模式,这个独特模式包含了一个人区别于他人的稳定而统一的心理品质。而人格发展是指个体获得一系列特质而使自己不同于其他人的发展过程。

由概念可见,人格具有以下几个特征:一是独特性。一个人的人格是在遗传、成熟和环境、教育等先后天因素的交互作用下形成的。这些因素不同,形成了各自独特的心理特点。人与人没有完全一样的人格特点。所谓"人心不同,各如其面",正说明了这一点。二是稳定性。有一句俗话说"江山易改,本性难移",这里的"秉性"指的就是人格,意思是人格具有相对的稳定性,但并不是一成不变的。三是功能性。人格在一定程度上会影响到一个人的生活方式,有时甚至会决定某些人的命运。四是统一性。人格是由多种成分构成的一个有机整体,具有内在的一致性。

(二)人格的构成

人格是一个复杂的结构系统,主要包括气质、性格、自我调控系统等成分。

1.气质。气质是指一个人典型和稳定的心理活动的动力特征,它不以人的活动目的和内容为转移。心理活动的动力特征表现为心理活动发生的强度(如情绪的强弱、意志努力的程度等)、心理活动的速度和稳定性(如知觉的速度、思维的灵活程度、注意集中时间的长短等)以及心理活动的指向性(如心理活动指向于外部还是指向于内部)等方面的特征。气质特点对智力活动、思维活动的影响,主要表现在它能够影响活动的性质和效率。与此影响有关的气质因素,主要包括心理活动的速度、灵活程度与强度等。

2. 性格。性格是指个体对现实的稳定态度和与之相适应的习惯化了的行为方式的个性心理特征。性格是一种与社会相关最密切的人格特征。在人的智力与能力发展中,要形成稳定的智力品质,性格是一项重要的非智力因素。在性格的各个成分中,与智力活动和思维活动相关的主要因素是性格的态度特征、意志特征和理智特征。

3. 自我调控系统。自我调控系统是人格中的内控系统或自控系统,具有自我认知、自我体验、自我控制三个子系统,其作用是对人格的各种成分进行调控,保证人格的完整、统一和和谐。

二、社会性发展概述

个体的发展不仅表现为智力因素的发展,也表现为社会行为的发展。个体形成适应社会的人格并掌握社会认可的行为方式的过程叫作社会化,又称社会性发展。

社会性发展是指关于人类个体在社会生活中如何学习交往、与他人建立关系、交朋友方面的发展,它也包括知道如何照料自己,获得自理的技能。关于社会性发展的论述,必须要涉及的是埃里克森的心理社会性发展理论。

(一)埃里克森的心理社会性发展理论

埃里克森(E. H. Erikson)是美国著名精神病医师,新精神分析派的代表人物。他认为,人的自我意识发展持续一生,他把自我意识的形成和发展过程划分为八个阶段,这八个阶段的顺序是由遗传决定的,但是每一阶段能否顺利度过却是由环境决定的,所以这个理论可称为"心理社会"阶段理论。每一个阶段都是不可忽视的。埃里克森的社会性发展理论较全面地阐释了个体一生的社会性发展状况,并且埃里克森认为,个体的心理发展要经历从出生到晚年的一系列阶段,而每个阶段都会面临一些需要解决的问题,即面临一种心理社会问题。心理发展的任务就是解决面临的问题,避免这些"问题"的发生(如表4-1)。

表4-1 埃里克森心理社会性发展阶段理论

危 机	年龄范围	基本任务	特 征	积极解决后所形成的品质
信任感对不信任感	婴儿期(出生~1岁)	形成信任感	通过持续不断的爱,形成对环境的信任	希望
自主感对羞耻感与怀疑感	幼儿期(1~3岁)	形成自主性	在父母支持下,不断体验成功,形成自主	意志

(续表)

危机	年龄范围	基本任务	特 征	积极解决后所形成的品质
主动感对内疚感	儿童早期（3~7岁）	发展主动性	由交流和挑战所导致的探究和探索态度	目的
勤奋感对自卑感	儿童晚期（7~12岁）	发展学习中的勤奋	通过成功和取得各类成就，体验对任务熟练掌握的胜任感	能力
自我同一感对同一感混乱	青少年期（12~18岁）	发展或建立自我同一感	在学校和社会实践中，通过扮演不同角色，形成人格、社会性别和职业等方面的自我同一感	忠诚
亲密感对孤独感	青年期	形成亲密感	通过与他人交往，对他人开放并形成亲密联系	爱
繁殖感对停滞感	成人期		通过职业的成功和社会责任感的增强，对社会做出大量富有创造意义的贡献，关心下一代的发展	关心
自我融合感对绝望感	老年期		通过理解个人在整个生命周期中的位置，接受并理解自己的生活	明智

（来源：林崇德，《发展心理学》，北京：人民教育出版社，2009）

1. 基本信任对基本不信任（婴儿期）。 个体刚出生时，婴儿状态完全由生物需要和内驱力所决定。他们与养育者的关系影响着他们对他人或整个世界信任或不信任的程度。这个阶段的儿童对成人依赖性最大。如果护理人能以慈爱和惯常的方式来满足儿童的需要，他们就会形成基本信任感；否则儿童就会形成不信任感。在这个阶段中，如果儿童具有的基本信任超过基本不信任，就会形成"希望"的美德。得到信任的儿童会对未来怀有希望。

2. 自主性对羞怯和疑虑（幼儿期）。 由于社会要求幼儿学会自我控制，因此儿童迅速形成许许多多的技能。他们学会了走、爬、交谈、抓握和放松。这些活动使儿童增强了自我欣赏感，减少了自我怀疑感。同时，意志出现了，儿童可以按意志"随心所欲"地决定做某事或不做某事。这时自我意愿便与父母相互冲突了。如果父母肯用理智的忍耐精神，保证儿童发展其社会许可的行为，则儿童就会形成自主性；如果父母过分溺爱或不公正地使用体罚，儿童就会感到疑虑而体验到羞怯。在这个阶段中，如果儿童形成的自主性超过羞怯与疑虑，便可形成意志的美德。

3. 主动性对内疚（童年期）。 这时，儿童开始积极地探究和涉猎周围世界。他们能更多地进行各种具体的运动神经活动,更频繁地运用语言,更生动地运用想象。这些技能使儿童萌发出各种思想和行为,以及规划未来的前景。如果父母不鼓励儿童的独创性行为和想象力,儿童就会因缺乏自信而形成内疚。在这一阶段,如果儿童形成的主动性超过内疚,便会形成目的的美德。

4. 勤奋与自卑(学龄儿童)。儿童最初要解决的上述三个危机,其社会背景主要是家庭或最亲近的人。然而,从这时开始,正规教育开始了,儿童最关心的是教师与社会所要求掌握的知识和技能,学习各种必要的谋生手段。这就需要儿童以稳定的注意和孜孜不倦的勤奋来完成工作。否则的话,他们就会形成一种对其能力缺乏信心的自卑感。勤奋取决于儿童所处的环境是充满关注和鼓励的环境,而自卑则是由儿童生活中十分重要的人物对其的嘲笑和漠不关心造成的。在这一阶段,如果儿童形成的勤奋感超过自卑感,便会形成能力的美德。

5. 自我同一性和角色混乱的冲突(青春期,12～18岁)。一方面青少年本能冲动的高涨会带来问题,另一方面更重要的是青少年对面临新的社会要求和社会的冲突而感到困扰和混乱。所以,青少年时期的主要任务是建立一个新的同一感或自己在别人眼中的形象,以及他在社会集体中所占的情感位置。这一阶段的危机是角色混乱。随着自我同一性的建立,形成了"忠诚"的品质。

6. 亲密对孤独的冲突(成年早期,18～25岁)。只有具有牢固的自我同一性的青年人,才敢于冒与他人发生亲密关系的风险。因为与他人发生爱的关系,就是把自己的同一性与他人的同一性融合为一体。这里有自我牺牲或损失,只有这样才能在恋爱中建立真正亲密无间的关系,从而获得亲密感,否则将产生孤独感。

7. 生育对自我专注的冲突(成年期,25～65岁)。当一个人顺利地度过了自我同一性时期,以后的岁月中将过上幸福充实的生活,他将生儿育女,关心后代的繁殖和养育。在这一时期,人们不仅要生育孩子,同时要承担社会工作,这是一个人对下一代的关心和创造力最旺盛的时期,人们将获得关心和创造力的品质。

8. 自我调整与绝望期的冲突(成熟期,65岁以上)。由于衰老过程,老人的体力、心态和健康每况愈下,对此他们必须做出相应的调整和适应,所以被称为自我调整对绝望感的心理冲突。当老人们回顾过去时,可能怀着充实的感情与世告别,也可能怀着绝望走向死亡。自我调整是一种接受自我、承认现实的感受,一种超脱的智慧之感。如果一个人的自我调整大于绝望,他将获得智慧的品质。老年人对死亡的态度直接影响下一代儿童时期信任感的形成。因此,第八阶段和第一阶段首尾相连,构成一个循环式生命的周期。

(二)埃里克森的心理社会性发展理论对小学教育的启示

根据埃里克森的心理社会性发展阶段论,小学生所面临的主要危机是"勤奋与自卑"之间的冲突。这一阶段的儿童在学校接受教育,并掌握今后生活所必需的知识和技能,如果他们能顺利地完成学习课程,他们就会获得勤奋感,这使他们在今后的独立生活和承担工作任务中充满信心。反之,就会产生自卑。另外,如果儿童养成了过分看重自己工作的态度,而对其他方面置之不理,对其一生的发展也是不利的。因此,为使小学生顺利度过"勤奋与自卑"这一阶段的危机,教育者应从以下几个方面着手,促进小学生社会性的良好发展。

1. 多给小学生表扬和鼓励

该阶段儿童已经进入学校,第一次接受社会赋予他并期望他完成的社会任务。为了完成这些任务,不落后于众多的同伴,他必须勤奋地学习,但同时又渗透着害怕失败的情绪。这种勤奋感和自卑感的矛盾就构成了本阶段的危机。如果小学生在学习上不断取得成就,在其他活动中也经常受到成人的奖励,他们的学习会变得越来越勤奋,反之则容易形成自卑感。所以,教育者应该懂得承认学生的努力,善于发现小学生身上的闪光点,肯定其身上的闪光点,让小学生在学习生活中获得学习的快乐和成功的自豪。

【案例4-1】

教育中能否多些表扬和鼓励?

《上海文学》常务副主编周介人谈到自己之所以喜欢文学,是因为两次作文受到老师表扬的缘故。他在小学六年级时写的作文《新年》没有像其他同学一样表达盼过年和过年时的快乐心情,而是写了对远在上海的母亲的思念,说母亲把"年"带走了,她藏着我的"年","什么时候母亲回来了,我可以天天过年"。老师的评价是"道人所未道"。从此他有了写好作文的自信。第二次是高中时,老师布置将《诗经》中的《氓》改写成白话文。他改写时,"脑海里突然浮现出我那因婚姻不幸而自尽的姑母的形象",使得改写不太忠实于原著。但老师的评价却说:"这已经不是作文,而是一篇很好的小说,对于这样的作业,打100分也是不够的呀!"这两次评价对他后来的人生选择发生了重要影响。可以说,当初周主编的语文老师简单地把不合乎要求的作文判为低分是轻而易举的,那样就使得学生毫无自信心,很可能文学界少了一位评论家,少了一位主编。

(资料来源:吴斌,中小学生个性培养略谈,《教育探索》,1999年第6期)

2. 激发小学生的学习兴趣和内在学习动机,培养其勤奋刻苦的学习态度

在小学教育中,教育者要激发小学生在学习生活中的兴趣,培养其求知欲,促进思维记忆等因素发展。同时要培养小学生勤奋刻苦的学习态度,引导他们切身体验通过艰辛努力而获得成功后的成就感和幸福感。

因此,教育工作者应当注重培养小学生在学习过程中的积极主动性,尽可能使学生成为自发的、主动的,并且对学习有信心的人;应当充分发掘学生的潜能,形成学生主动学习的意识。在这种内驱力的带动和指导下,有利于培养小学生良好的心态,并形成他

们乐观的学习态度以及保持愉快的学习状态。只有这样,小学生的学习才能达到最佳的效果。

3.平等而公正地对待学生

教育者要帮助小学生树立初步的积极的人生观、价值观,要特别注意自己的一言一行,要平等而公正地对待学生,不要让任何一个学生因为教师对待自己的态度而感到自卑。

因此,首先,教育工作者应当树立正确的教育理念,要各因其材,各成其才。教育者要善于发现学生的优势,并发展其优势,使学生成为各具特色的人。其次,教育者要真实、真诚地对待学生,并尊重和接纳每一个学生,使学生深切体会到自己是被关注的,有价值的个体。只有这样,才能促进学生良好个性和社会性的发展。

三、个性和社会性发展的功能

个性和社会性因素在学生的学习活动、社会交往活动、品德教育中都起着非常重要的作用,主要表现在以下几个方面:

1.动力功能。即个性和社会性因素可以转化为活动的动机,成为人们进行各种活动的内在动力。

2.定向功能。定向功能是指个性和社会性因素可以帮助人们确立活动目标。个体兴趣的对象性和情感的倾向性等因素对活动的引导作用,即通过排除内外因素的干扰,使活动始终指向已确定的目标。

3.维持和调节功能。维持功能,是指它支持、激励个体的行为,使之能够始终坚持目标,如遇到障碍,则表现为克服困难、坚持不懈。当个体的智力活动偏离既定的目标时,当主客观条件发生变化时,个性和社会性因素能够促使个体合理调整自己。

4.补偿功能。个性和社会性因素的积极特征对于智力因素某方面的缺陷或不足具有补偿的功能。即所谓"勤能补拙"。但是,这些因素的消极特征也会对智力发展起阻碍作用。

5.定型功能。所谓定型功能,是指把某种认识或行为的组织情况越来越固定化。在智力或能力的发展中,良好的智力或能力的固定化,往往取决于学生的个性和社会性因素及各种技能的重复练习程度,如情感的倾向性、深刻性、多样性与固定性等品质,情绪、情感的两极性特征直接影响学习和智力活动的强度与速度。再如,意志直接影响学习和智力活动的目的性、自觉性和坚持性,从而影响认识活动的质和量。可见,个性和社会性因素有利于智力或能力的发展,并保证智力或能力在一定时期内处于相对稳定的状态,起着一种定型的作用。

第二节 小学生社会性因素发展与教育

一、小学生情绪情感的发展与教育

小学生伴随着非智力因素的发展,情感品质也在不断地发展变化。这个变化同其他心理活动一样,也有其自身的特点和规律。教育者在课堂教学中要想有效地实施情感教育,促进学生的情感发展,首先就应了解、掌握小学生情感发展及其变化的特点。

(一)情绪情感概述

1. 情绪情感的含义

我们的生活充满着情绪,有时欣喜若狂,有时焦虑不安,有时孤独恐惧,有时舒适愉快等。对于情绪情感的含义,当前相对认可的看法是:情绪与情感是指人对客观事物是否符合自己需要的态度的体验。对于上述定义,可以从以下三个方面来理解。

(1)情绪情感是人对客观现实的一种反映形式。情感和情绪是通过态度的体验来反映客观现实与需要之间关系的。客观现实中的对象和现象与人们之间的关系是情绪情感的源泉。因为人同各种事物的关系不完全一样,人对这些事物的态度也不一样,所以人对这些事物的情绪和情感的体验也就不同。

(2)客观现实与人的需要之间形成不同的关系是态度产生的原因。人之所以对客观现实是否符合需要的态度能有所体验,是因为人在认识和改造世界的过程中,客观现实与人的需要之间形成不同的关系。如可口的食物、清新的空气、悦耳的歌声、健壮的体魄、高尚的品德等,一般都符合满足于人的需要,就产生趋向这些事物的态度,从而产生满意、愉快、喜爱、赞叹等体验;相反,另一些现象和对象,如卑鄙、自私、饥饿、寒冷等不符合、不能满足于人的需要,就使人产生不满意、烦恼、气愤等情感。还有些事物能满足人的某一方面的需要,但不能满足另一方面的需要,甚至与其他方面的需要相抵触,进而引起人的复杂而又矛盾的情感,如啼笑皆非、悲喜交加、百感交集等。

2. 情绪情感的功能

情绪情感是人类心理结构中非常活跃的因素,对个体身心状态和社会生活都有着重要影响,其功能主要表现在以下几个方面。

(1)适应功能。情绪情感是有机体适应生存和发展的一种重要方式。如动物遇到危险时产生"怕"的呼救,便是动物求生的一种手段。情绪是人类早期赖以生存的手段。成人与刚出生的婴儿交流,往往是通过婴儿的情绪反应实现的,进而为了解婴儿的需求,以便及时为婴儿提供各种生活条件。因此,人们通过各种情绪情感,了解自身或他人的情况,适应社会的需要,以求得更好的生存和发展。

(2)信号功能。情绪情感是客观事物与主体需要和态度的关系在人脑中的主观反应,任何形式的情绪情感总是表达着一定的主观内容。如我们用"点头微笑"表达赞赏,用"悲哀"来表达对事物的惋惜,用"愤怒"表达不满等。这一特点表明情绪情感具备信号的功能。当人们以一定的情绪情感参与社会生活时,情绪情感利用其符号特性,来表达主体对周围事物的认知,并对他人施加一定影响的功能,可以使人对事物的认识和态度更加鲜明、更加有力,因而,更易于他人的感知和理解。不过,有时这种信号也需要我们辨别,如笑里藏刀。

(3)调节功能。这一功能包括两方面:一是对主体行动的调节;二是情绪与情感内部的自我调节。主体活动的调节,如某些行为若能引起愉快的情绪情感体验,就会使人产生积极的模仿或反复进行的趋势,而不愉快的情绪与情感,则会使人改变行为的趋向。另外情绪情感对机体活动也具有调节作用,良好的情绪情感状态,可以改善机体活动机能,如"笑一笑,十年少"等。

(二)小学生的情绪发展特点

1. 情感的稳定性在逐步增强

儿童进入学校以后,在集体生活和独立学习活动的锻炼和影响下,控制、调节自己情感行为的自觉意识和能力开始发展起来,其情感的稳定性和平衡性日益增长,冲动性和易变性也逐步克服和消除。但总的来说,小学低年级学生的情感还不是很稳定,控制自己情感行为的能力也不太强。

但是,随着年级的升高,学生认知水平和思维水平进一步提高,其情感的稳定性品质会逐步增强。到了中、高年级,同伴之间不会因为一点点小事情就使情感破裂;也不会因学习上的成败而表现出强烈而持久的情绪反应,这就是他们情感稳定性在增强的明显表现。

2. 情感的丰富性在不断扩展

儿童入学以后,学习成为他们的主导活动。较好地完成各项学习任务成为小学生最主要的需要。学习获得了成功,就会迅速产生愉快的情感体验。

而且,小学生是在集体中完成学习任务的,他们在集体中所处的地位和关系,集体对个人的要求和评价,都能引起各种复杂的情感体验。特别是他们参与班级活动、少先队活动、社会公益劳动、良好的社会交往等,能使学生感受到人与人、个人与集体的关系,养成团结、友爱、互助、爱劳动、进取心,以及集体荣誉感、责任感等良好的个性品质。

3. 情感的深刻性在不断增加

小学生的情感与学前儿童相比,不但在内容上扩大了、丰富了,出现以前没有过的情感,而且在质量上也更加深刻。例如同是愉快的情感,学前儿童可能是由于得到一块巧克力或得到一个很好的玩具而高兴不已,小学生则主要是由于出色完成学习任务后得到老师的表扬,为集体做好事后得到集体的赞扬,得到自己满意的书籍和学习用具而感到愉悦。

小学生的各种社会性情感也在不断提高质量和水平。例如在评价人物时,已不再是把人仅仅分成"好人"和"坏人",而是能够开始运用一定的道德标准来做评价;在独立学习和集体生活的锻炼下,他们在一定程度上已能克制自己的一些欲望,努力克服困难去完成自己没完成的任务。这些都表明,小学生的情感从质量已逐渐步入深刻性。

4. 情绪理解能力的发展在不断深入

小学生已经能够较好地认识自己的情绪并对自己的情绪做出反应。例如,他们能够认识到与自我评价有关的一些情绪体验,如骄傲、自豪和内疚等。到小学高年级时,小学生对自己的情绪有了一定的理解,他们不再为一些偶然的过失而自责,只有真正做错了事,如不负责任、骗人或撒谎时,才会使他们感到内疚。

(三)小学生情感活动的特点

小学生日常生活中的情感活动有其自身的特殊性。研究和了解小学生情感活动的特殊性,不仅有利于改进教育工作,而且有利于对学生良好情感的培养。

1. 情感活动的认知性

个体的情感是在认识的基础上产生的。从根本上说,只有对客观事物有一定的认识后,才能引起人的情感。情感是随着主体对客观事物认识的不断深入而发展起来的,深刻的认识必然引起丰富的情感。同时,认识也决定情感的内容,为情感的外化指明方向,也即认识决定着情感的指向和缘由。所以,在课堂教学中培养学生的道德情感,必须在提高其道德认识的基础上进行,才能收到积极的效果。

2. 情感活动的情境性

人的任何心理活动都与情境密切相关。人的情感也总是在一定的情境中产生的。情境中的各种因素对人的情感的产生往往具有综合作用。在具有欢乐气氛的情境中,人就会产生欢乐的情感;在具有悲伤气氛的情境中,人就会产生悲伤的情感。

暗示心理学研究证明:人有可暗示性,在儿童身上天然存在着接受暗示的能力,这是人的一种本能。而小学生接受暗示教育应在一定的情境中进行。在课堂教学中,借用情境教学法培养学生的道德情感是行之有效的方法之一。

【案例4-2】

一项研究对某小学一年级两个班做过这样的统计:一个班,老师对"早晨起床后应该做哪些自己能做的事情"的问题,采取详细讲述法,讲述中老师还反复强调要记住这些内容。但问卷结果是:能一一说出老师讲述内容的只有23人,占全班人数的41%。

另一个班,老师以文中插图作为引导环节,并借助音响和幻灯片的最佳配合,模拟了一个小学生清早从起床到一一办妥自己要办的事后,轻松愉快地上学去的情境。由于表演者动作准确,井然有序,加之有轻快的音乐伴奏,引起了学生极大的模仿欲。老师并不强调要记住什么,但问卷结果90%以上的学生不仅知道早晨起床后要做什么,而且知道应该怎样做。这进一步说明,小学生模仿性强,可塑性大,易于被情境中的道德榜样人物激起丰富的情感和想象,引起模仿兴趣。

(资料来源:张光富,小学生情感特点研究,《中国教育学刊》,1998年第2期)

3. 情感活动是由需要和期望共同决定的

人类的一切情感都是在需要的基础上产生和发展起来的。一般来说,需要得到满足时会产生不同程度的快感,如愉快、满意、喜爱等;需要得不到满足时就会产生苦恼,产生否定的、消极的情感,如痛苦、厌恶等。在这里,需要是人的情感产生的内部诱因。由于个体需要的多层次性,人的情感也具有多样性。

但是,在情感的产生和发展上,需要只能说明情感的性质是积极的还是消极的,是肯定的还是否定的。即需要只能决定情感活动的性质,而期望可以解释情感积极或消极、肯定或否定的程度。人的情感积极或消极、肯定或否定的程度与期望的程度成正比,即期望决定情感活动的数量。这里的期望是人的一种心理准备状态,是对行为活动结果的一种心理欲求或预测性估计。比如,一个学生产生取得好的学业成绩的需要时,当他对满足这一需要的可能性估计过高,即期望值过大,结果未取得好成绩时,他就会感到无比的烦恼和不满意;如果他的期望值适当,结果如愿以偿,他就会感到满意和高兴;但如果期望过低,满足于现状,其需要自然是满足了,但对情感也不会有多大的触动。这一特点对于我们课堂教学中的情感教育有重要的意义。

(四)小学生情绪情感特点对小学教育的启示

心理学家皮亚杰对儿童心理结构发展的研究表明,一个人年龄越小,其生命体验的方式就越具有感性的特征,用感性教育就越有好的效果。小学教育应该是情感优先的。学生的年龄越小,教材的情感内容应当越多,教师的教学方法就越要情感化,教师对学生的情感态度就越重要。而且,情绪、情感的状态与人的心理健康也是密切相关的,因此,培养小学生积极的情绪、情感就成了学校教育的一项重要任务。

1. 教育应扩大小学生的知识面,提高其认识水平

个体的情感是在认识的基础上产生的,它是伴随着认识过程而产生和发展的。小学生知识贫乏,经验少,辨别是非能力差,容易感情用事。因此,教育工作者要注意提高他们的认识,丰富他们的知识,让他们树立是非观,培养他们辨别好坏、美丑、善恶的能力和爱憎、好恶的情感。一般而言,对低年级学生,在讲故事、做游戏的过程中容易获得知识,体验到积极的情感。对中、高年级学生而言,以介绍优秀少儿读物为宜,让他们在读

物中受到健康、向上的启迪。这样,学生不但学到了新知识,更培养了他们良好的情感品质。

2. 教育应创造情境,加强小学生的情感体验

小学生的心理有别于成人,接受新事物往往需要几种心理因素共同作用,因此,教师在培养小学生情感时必须注意情境的创造,把讲授的概念与具体的范例结合起来。教育工作者可利用班集体荣誉感和身边凡人凡事,创设情境进行教育,尽可能让学生在教师的引导下置身于事件之中,在实践中受到教育,培养积极的情感。

【案例4-5】

卢沟桥与鸡蛋——一节语文课案例

卢沟桥与鸡蛋风马牛不相及?错!你不信?听我道来。在小学三年级的语文课中,有一篇美文,叫作《卢沟桥》,通过介绍卢沟桥美观的造型和科学的设计来歌颂我国古代劳动人民的智慧。然而,对于一个三年级的学生来说,怎样通过课文的学习来体验这卢沟桥的造型美观和设计科学呢?经验告诉我们,在学习中,这些三年级的孩子一般都能在课文中找到诸如"它全长265米,由11个半圆形的石拱组成""石拱之间有石桥墩,把11个桥拱连成一个整体"等这样描述性的句子。但是,他们能真正地理解和体验吗?如果孩子们不能获得真正的理解和体验,又如何能通过课文的学习产生情感上的共鸣呢?忻老师陷入了沉思。

好个忻老师,从电视台播放的一个杂技节目上获得了启发:一个大人能站在仅用几个鸡蛋垫着的木板上而使鸡蛋保持不碎,这不就是科学吗?

于是,在课堂上,忻老师与学生们"玩"起了游戏。她让学生们将一根长竹片两头架在用砝码做的桥墩上,然后往桥上(中央部位)依次放砝码,直到桥面塌陷为止,并记录下最后的重量。好了,忻老师的问题也就来了:"如果要使桥面承受更多的重量,你会怎么办?"对学生们来说,最简单的办法就是在桥面下面多增加几个桥墩。一试,果然行!但是再仔细观察一下,总感觉到有些什么样的缺陷。对,不仅桥不美观,而且还有可能会影响船只的通行。

忻老师又请学生们将这根长竹片弯成拱形,两头卡住"桥墩",再往桥上(同样是中央部位)依次放砝码,直到桥面塌陷为止,并记录下最后的重量。怎么样?同样的竹片,结果承受的重量比刚才多了许多!时机到了,忻老师又拿出几个鸡蛋和一块薄板,让学生们去尝试和体验,在薄板下面分别放置一个、两个、三个和四个鸡蛋,看看薄板上面分别能承受多少重量。学生们更来劲了。一个在平时的语文课上常常要"开小差"的学生,竟然一直全神贯注地投入学习。只见他将四个鸡蛋放在了薄板的四个角下,然后往薄板上面放一盒一盒勾码(每盒十个勾码,每个重50克),居然能放到12盒!

学生们感受到了鸡蛋的神奇,而神奇的正是鸡蛋的形状!学生们利用那些长竹片,

先是将它们弯成一个个拱形,两头分别卡住一个个"桥墩",再将一些长竹片接起来,铺在这些拱形上面。怎么样?一座"卢沟桥"呈现在了我们的面前。它的对称美,它的长跨度,它的高承受力,都被学生们体验得淋漓尽致,他们能感受不到我国古代劳动人民的勤劳、智慧和伟大吗?

当然,不是所有的语文课都能这样来组织,但是,当我们真正理解了语文学习的价值追求的时候,我们可能会更多地去注意儿童是如何在课文的学习过程中获得最大的情感体验的。因此,我们也就会采用更多的方法,让学习者去身临其境,去进行尝试实践,去进行发散遐想,去进行角色扮演,去进行观察体验,如此等等。

(资料来源:杨庆余,卢沟桥与鸡蛋——一节语文课案例,《文汇报》,2003年)

3. 教育应当培养小学生的交往能力

人有归属、爱和尊重的需要,而这些需要要在人的社会交往中获得满足,因此,情感教育要从"交往"着手。站在学生的角度来看,"交往"分为师生的交往、学生与学生之间的交往、学生与家长的交往等。小学生交往对象的重点已经从家长转移到了学校中的老师和同学。学生与老师、学生与学生在交往中能满足爱和归属、尊重的社会性需要,从而产生积极的情感。

4. 教育应当保护、培养小学生的兴趣

根据人有探求的本能和需要,情感教育还可从保护培养学生的兴趣着手。这种探求的需要是内在的动机,也可称为兴趣,即对学习过程本身产生一种探求的欲望、积极的态度和愉悦的体验。而外在的动机则是指期望学习的结果能够带来回报。研究表明,内在的兴趣更能促进人长期的发展,使学习的效果更好,进而使学习成为一件愉快的事情。同时,外在的动力也可以起到提高学习效果的作用。因此,教育工作者应当把学生的兴趣和教育的目标结合起来,来培养学生的积极情感。

5. 教育应当让小学生体验到成功感

人有自我实现的需要,自我实现的需要包括了自我能力感、有用感、成就感和获得他人赞美的需要。情感教育要创造条件保证每一位学生在学习过程中都有成功的体验,从而能够建立起积极的自我评价,产生积极的"自我接纳"。

因此,教育工作者必须要淡化最后的奖赏,注重平时的鼓励。在评价的内容上,从单纯的分数扩展到学习的方法、态度、创造性以及日常集体生活的各个方面。在培养小学生的积极情感中,要使学生多获得成功的体验,以便有信心去战胜失败。

小学阶段的学生是情感波动起伏比较大的时期。也是情感品质和能力形成的时期,特别是社会性情感,并非是自然形成的,教育起着至关重要的作用。教育者要从小学生的情绪情感的特点入手,保护、培养和发展他们的积极情感,促进小学生身心的健康发展。

二、小学生意志的发展与教育

(一)意志概述

1. 意志的含义

意志是有意识地支配、调节行为,通过克服困难,以实现预定目的的心理过程。意志具有引发行为的动机作用,比一般动机更具有选择性和坚持性。意志可以看成是人类特有的高层次动机。

(二)小学生意志的发展与教育

人的意志力的强弱是不同的,主要体现在意志品质上,如自觉性、果断性、坚持性和自制力等。小学教育工作者了解小学生的意志品质的发展特点,对培养其优良的意志品质非常重要。

1. 意志的自觉性不断提高。自觉性是指对行动的目的有深刻的认识,能自觉地支配自己的行动,使之服从于活动的目的。小学生的自觉性较差,易受暗示的影响,模仿性也强,但随着年龄增长,自觉性不断提高。研究发现,小学生的自觉性主要表现在四个方面:一是他们的愿望很不稳定;二是他们容易冲动,很不善于克制自己;三是他们易受暗示,很容易模仿别人;四是他们还会表现出与易受暗示性相反的特征,即"抗拒性"。这些都说明了小学生意志的自觉程度低。

为了提高小学生意志的自觉性水平,小学教育工作者可以从以下几个方面进行培养:首先,应启发儿童认识到意志锻炼的意义,使儿童产生进行自我意志锻炼的愿望;其次,要帮助小学生学会制定切实可行的自我意志锻炼的计划,做到有始有终;第三,应教育小学生学会预见自己行动的后果,善于用意识调节、语言调节、活动调节等自我控制的方法,控制和制止自己冲动的情绪和行为。只有这样,才能使儿童学会支配自己、驾驭自己,成为意志顽强的人。

2. 果断性品质逐渐提高。果断性是指迅速地、不失时机地采取决定。具有果断性品质的人,善于审时度势,善于对问题情境做出正确的分析和判断、洞察问题的是非真伪。刚入学的小学生的果断性开始有了发展,但是若要求其按照一定的观点、原则,经过深思熟虑去果断地决定行动,还有一定的困难,他们在采取决定时,患得患失,优柔寡断,在具体行动时,又不断地重新审查修改决定,对实现目的缺乏信心和勇气。随着个体知识经验的不断积累,活动范围的扩大,独立评价事物的能力增强,意志果断性品质将逐步提高。

培养小学生意志的果断性品质非常重要,它可以使小学生的行动取得成功,相反,草率、鲁莽往往会导致失败。针对不同儿童的个性特点进行因材施教,可以有效地锻炼儿童的意志,使其形成其良好的品质。例如,对于胆小、怯懦的儿童,就应着重培养勇敢、大胆、果断的意志品质;对于任性、倔强的儿童,则应着重培养其冷静、克制、约束自己的意志能力。另外,培养小学生意志的果断性还要注重在实践中锻炼其意志品质。

3. 意志的坚持性逐渐发展。意志的坚持性是指一个人具有坚持不懈地克服各种困难,把决定贯彻始终的意志品质。在意志的坚持性方面,小学儿童很多时候表现出动摇性的特点。当他们在遭到困难或挫折时,极易动摇、退却,以致放弃对目标的追求。在各种教育的影响下,小学生逐渐从依靠外部的影响发展为依靠内心的影响来坚持行动。教师应有意识地在实践活动中磨炼小学生顽强的意志,使其取得意志锻炼的直接经验,培养意志力。教师可以通过课内学习、课外学习、文体活动、团队活动、义务劳动等活动培养儿童意志力。另外,也可以创设一些特定的实践情境,引起儿童内心的矛盾和意志行动中的动机冲突,在此过程中给予适当的帮助和支持,如鼓励、期望、暗示后果、方法指导等,使小学生通过亲身的体验和努力,排除干扰,克服困难,获得成功。

4. 意志的自制力逐渐发展。自制力是指一个人控制自我的意志品质。小学生易兴奋、冲动性强,还需要外力来监督、管理和约束其行为。针对儿童自制力的不同表现,教师应注重因材施教。因此,对于任性、倔强的儿童,则应着重培养其冷静、克制、约束自己的意志能力;对于自卑、易受别人暗示和影响的儿童,就应着重培养其自信、自尊、自立的意志品质。另外,参加各种实践活动是锻炼和培养儿童意志品质的基本途径,教师应予以重视。教师还应向小学生提供一些榜样。研究表明,提供良好的示范、榜样,也可以激发儿童锻炼意志的愿望。教师在教学中应该充分利用教材内容,并经常向儿童推荐一些有意义的书籍,介绍英雄模范事迹、革命前辈的斗争史、科学家的传记等,或邀请英雄模范、科学工作者等给儿童做报告,或通过表扬学生中的优秀分子,使儿童受到生动的道德意志教育。同时,教师也应注意自己的言行,给小学生做出良好的示范。

三、小学生自我意识的发展与教育

(一)自我意识概述

自我意识的发展过程是个体不断社会化的过程,也是个性特征形成的过程。因此,自我意识是儿童个性和社会性的一个重要组成部分,是指对自己存在的觉察,即自己认识自己的一切,包括认识自己的生理状况、心理特征以及自己与他人的关系。

自我意识包括三个结构,分别是自我认知、自我体验和自我调节。自我认知是自我意识的认知成分,它包括个人的自我感觉、自我观察、自我分析和自我评价等;自我体验是自我意识的情感成分,它是对自己情绪情感状态的体验;自我调节是自我意识的能动性成分,是指个体根据自身状态和客观环境的变化而自觉改变自己的观念与行动的过程。

(二)小学生自我意识的发展与教育

1. 小学生自我意识的发展趋势

有的心理学家认为,儿童自我意识的发展经过三个时期:①自我中心期(8个月~3岁),是自我意识的最原始状态,称为生理自我;②客观化时期(3岁至青春期),是获得社会自我的时期,在这一阶段,个体显著地受社会文化影响,是学习角色的最重要时期。角色意识的建立,标志着社会自我观念趋于形成;③主观自我时期(青春期至成人期),自我意识趋于成熟,进入心理自我时期。

另外,韩进之等人通过问卷调查认为,小学生自我意识的发展趋势是随年龄增长从低水平向高水平发展的,但发展不是直线的、匀速的,而是既有上升的时期,又有平衡发展的时期。研究结果如下:

(1)小学一年级到小学三年级处于上升时期,其中小学一年级到二年级的上升幅度最大,是上升期中的主要发展时期。这时小学生对自己的认识加强了,一方面是由于儿童已能够利用语言符号调节和指导自己的行动,另一方面,儿童要经常按照社会要求来对照检查自己的行为,加上成人和同伴也经常用这些要求来评定儿童的行为,因此,小学儿童的自我意识发展水平日趋提高。另外,学习活动对小学生自我监督、自我调节等能力提出了更高的要求,也促使其自我意识有了很大发展。

(2)小学三年级到小学五年级处于平稳阶段,其年级间无显著差异。

(3)小学五年级到六年级又处于第二个上升期。随着小学生抽象逻辑思维和辩证思维的初步发展,其自我意识更加深入了。表现为开始从对自己的表面行为的认识、评价转向对自己内部品质的更深入的评价等。

2. 小学生自我意识的发展与教育

儿童的自我意识是在其与周围环境长期的作用中形成和发展起来的。我们将以自我意识的结构为依据,即从自我认识、自我体验和自我调节三个方面来探讨自我意识的特点。

(1)小学生自我评价的发展与教育

自我认识是主观自我对客观自我的认识与评价,自我认识是自己对自己身心特征的认识,自我评价是在这个基础上对自己做出的某种判断。正确的自我评价,对个人的心理生活及其行为表现有较大影响。由于自我评价是自我认识中的核心成分,它直接制约着自我体验和自我调节,因此,这里重点探讨的是小学生自我评价的发展特点。

小学生的自我评价能力逐步提高,其发展特点主要表现在以下几个方面。

第一,从顺从别人的评价发展到有一定独立见解的评价,自我评价的独立性随年级而增高。小学生特别是低年级学生的自我评价往往依赖于教师和父母的评价,是用他人的眼光来看待自己的。但是,当小学生受到教师和父母的不公正评价时,他们会表示

"抗议"。小学生自我评价的自觉性和独立性到了小学三、四年级有了明显的发展,他们逐步学会对自己的行为进行独立的评价,但是,小学生这种独立性的自我评价只是初步的。因此,就整个小学阶段而言,小学生自我评价仍较多地受他人评价的影响,尤其是教师和父母的评价。

第二,从比较笼统的评价发展到对自己个别方面或多方面行为的优缺点进行评价,并表现出对内心品质进行评价的初步倾向。韩进之的研究中对学生提出两个问题:"你认为怎样才算是一个好学生?你认为怎样才算是一个坏学生?"根据学生的回答评定其自我评价的具体性与抽象性和对外部行为与内心世界的评价,结果如表4－2。

表4－2 小学生自我评价的特点

年级	具体	中间	抽象	外部	中间	内部
小一(N=100)	91	8	1	97	3	0
小三(N=100)	62	35	3	70	27	3
小五(N=100)	30	54	16	46	39	15

(资料来源:韩进之等,《中国儿童青少年自我意识发展与教育》,1983年)

由此可见,小学低年级儿童的自我评价还具有很大的具体性,如"我认为上课认真听讲,不讲话,不骂人、不打架才能算是一个好孩子"。此外,他们更多的是针对其外显行为进行评价(如不打人、不骂人、完成作业等)。整个小学阶段处于由具体性向抽象性,由外显行为向内心世界的发展过程之中,这表明小学生的抽象概括性评价和对内心世界的评价能力都在迅速发展。但是,直到小学高年级,能进行抽象性评价(如我认为一个好学生应该有爱国主义和集体主义精神,有远大理想和抱负等)和内心世界的评价(如表里如一、谦虚、热情、诚实等)的学生仍然不多。

第三,小学生自我评价的稳定性逐渐加强。自我评价的稳定性是指个体自我评价保持时间的长短,即前后两次自我评价的一致性程度,与易变性相对。有一项研究让被试间隔一周后对相同的5个问题作前后两次选择,并计算答案的一致性。结果表明,小学低年级学生自我评价的稳定性很低(相关系数0.37),随着年级的增高,稳定性增强(相关系数0.61)。

总的来说,小学生自我评价能力会随着年龄的增长、活动领域的不同和经验的积累而发生变化。对于7岁以前的儿童来说,他们对自己几乎总是满意的、高兴的;到8岁至10岁时已经可以明显地阐述在不同领域中对自己的价值和能力的评价;到10岁以后,成功或失败的经验直接地影响到儿童的评价,并逐渐表现出趋于稳定和独立。小学生的自我意识也是影响其个性和社会性发展的重要因素,是小学生实现社会化目标,完成自己人格特征发展的重要保证。

小学生自我评价的上述特点,对小学教育工作者有很大的启示。教师可以通过对小学生进行自我意识训练,来提高其自我评价水平。如,帮助学生认识到自己的身体特征和生理状况;帮助学生认识到其在集体和社会中的地位及作用;并帮助学生认识到自己内心的心理活动及其特征。此外,还可以通过组织一些游戏活动,来训练小学生自我评价的能力。

(2)小学生自我体验的发展与教育

自我体验是主体对自身的认识而引起的内心情感体验,是主观的我对客观的我所持有的一种态度。如自信、自卑、自尊、自满等都是自我体验。自我体验主要是自我意识中的情感问题,发生于学前期约四岁左右,在小学阶段有了较大的发展。自我体验的发展与自我意识的发展总趋势比较一致。小学生自我体验与自我评价的发展具有很高的一致性,自我体验的发展与自我认识、自我评价的发展密切相关。随着小学生理性认识的增加和提高,他们的自我体验也逐步深刻。

自我体验的一个重要表现形式是自尊。自尊也称自尊心或自尊感,是社会评价与个人自尊需要关系的反映,是个体对自己有价值感、重要感的一种自我体验。它包括自尊心和尊重感。小学生所达到的自尊心的水平,首先是与活动的成败相联系的。如果他们在活动中不断获得优异的成绩、得到集体的好评,并产生胜任感和成就感,自尊心就会相应地得到提高。反之,若在活动中常常不能成功或落后于别人,在集体生活中经常受到责备,自尊心就会降低。其次,自尊心也是与自信心相联系的。学生在学校的各项活动中,不断取得成功,就会增强活动的信心,于是也会使自己的自尊心得到提高和加强。但如果学生在自尊心发展过程中,特别是由于过高估计自己和妄自尊大所表现出来的自尊心,在出现挫折的情况下很容易转向自卑感。随着小学生自尊心的形成,他们也就形成了对自己稳定的看法、认识和态度。

自尊在个体自我意识中占有重要地位,在个体的生命历程中起着重要的作用,特别是对个体的心理生活有着重要影响。提高小学生的自尊心不仅能够改变儿童对自我的评价,形成对自己良好的自我印象,而且能增强他们交往的能力,使其保持良好的心境,促进身心的健康发展。因此,作为教育者,应当清楚并理解儿童对自尊的需求,培养其自尊心,这样才能促进他们健康成长。

因此,在培养小学生自尊心方面应做到以下几点:第一,要尊重每一个学生。无论是优秀生还是后进生,教师都应该一视同仁,平等对待,尊重每个学生的人格,以保护每个学生的自尊心。第二,培养小学生的自我评价能力。自尊心依赖于自我评价能力,只有适当的自我评价,才会有利于自尊心的形成。第三,帮助小学生养成正确对待他人的评价。养成正确对待他人的评价对小学生来说尤为重要,如他人对自己的评价过高,就不要沾沾自喜,甚至忘乎所以,或趾高气扬;相反评价过低,也不要忧心忡忡,或自轻自贱。总之,要帮助他们树立正确的自我评价标准。第四,创造良好的环境气氛。比如,一个人际关系协调的班集体,对其成员的自尊心的培养非常重要。正如苏联著名教育家马卡连柯所说的:"在良好的集体里,自尊心是很容易培养起来的。"

(3)小学生自我调节的发展与教育

自我调节是指个体根据自身状态和客观环境的变化而自觉改变自己的观念与行动的过程。小学生自我调节的发展与自我认识和自我体验的发展的趋势并不一致,表现为低年级学生的自我控制分数比高年级的高。导致这一现象出现的原因是低年级学生容易受教师和家长的影响和控制,他们较依赖权威人物的言行,因而自我控制的分数相对较高,这是由外部因素造成的,即"外部控制"的结果;随着年级的增长,小学高年级学生独立性增强,逐渐开始摆脱外部因素的控制,内在的自控能力相对提升了。但这种自我调控的能力发展较为缓慢,因而表现出自控能力"下降"的特点。

四、小学生人际关系的发展与教育

自有人类社会以来,人都不能离开自己的同类而独立生活,每个人都有与他人交往的需要。人际交往是人得以生存、人类社会得以存在和发展的基础和保证。人际交往将个人与个人、个人与群体、群体与群体联结成了相互作用、相互影响、共同发展的网络系统,建立了人与人之间的关系。人际关系是个体社会化的重要媒介,也是个体重要的社会支持系统。良好的人际关系是小学生心理发展的基本条件。

儿童进入学校学习,他们的社会交往范围变得更为广阔。由于知识的增长和经验的日益丰富,小学生越来越有意识地与周围的人进行交往。良好的人际关系是小学生心理发展的基本条件。对他们而言,与父母的交往仍然是其社会关系中的重要内容,另一方面,与同伴及教师的交往对其生活、发展也有极其重要的影响。下面分别从同伴关系、亲子关系、师生关系来讨论小学生人际关系的发展。

(一)同伴关系

同伴交往是小学生形成和发展个性特点,形成社会行为、价值观和态度的一个独特而主要的方式。小学生通过与同伴交往,建立自由、平等的同伴关系。与幼儿相比,小学生与同伴交往的形式和特点都发生了新的变化。对小学生同伴关系的研究,主要集中于友谊和同伴群体两个研究领域,而同伴群体对儿童心理发展所产生的各种影响中,为广大研究者所关注的是关于同伴接纳性的研究。

1. 小学生的友谊

(1)小学生友谊发展的阶段

小学生的友谊是和亲近的同伴、同学等建立起来的特殊亲密关系,对儿童的发展有着重要影响。它为小学生提供相互学习社会技能、交往、合作和自我控制,以及体验情绪和进行认识活动的机会,为以后的人际关系奠定了基础。小学生已经很重视与同伴建立友谊的关系。当朋友在场时,其学习和活动会更加快乐。

个体从童年到少年再过渡到青年,其友谊的亲密性、稳定性和选择性都在不断发生着变化。塞尔曼研究并提出儿童友谊发展有五个阶段。

第一阶段(3~7岁),友谊关系还很不稳定,这时形成的是短暂的游戏同伴关系。在这个时期,儿童还没有形成友谊的概念,朋友只是一个玩伴,儿童间的关系也还不能称之为友谊。儿童能成为朋友,往往与功利的物质属性及其邻近性相关。例如,如果询问他们什么样的人可以成为朋友,他们的回答通常是"一起玩""住在隔壁"等。

第二阶段(4~9岁),单向帮助阶段。这个时期的儿童要求朋友能够服从自己的愿望和要求。如果顺从自己就是朋友,否则就不是朋友,例如"他不再是我的朋友,因为他不肯跟我走"。

第三阶段(6~12岁),双向帮助但不能共患难的合作阶段。儿童对友谊的交互性有了一定的了解,但仍具有明显的功利性特点。

第四阶段(9~15岁),亲密的共享阶段。这一时期,儿童发展了朋友的概念,认为朋友之间可以相互分享,友谊是随时间推移而逐渐形成和发展起来的,朋友相互之间保持信任和忠诚,甘苦与共。他们开始从品质方面来描述朋友,例如"他理解人,他很忠诚",并认为自己与朋友的共同兴趣也是友谊的基础。儿童的友谊关系开始具有一定的稳定性。儿童出于共享利益而与他人建立友谊,在这种友谊关系中。朋友之间可以倾诉秘密,讨论制定计划,互相帮助,解决问题。但这一时期的友谊有着强烈的排他性和独占性。

第五阶段(12岁开始),友谊发展的最高阶段。随着年龄的增长,儿童对朋友的选择性逐渐增强,选择朋友更加严格,建立起来的朋友关系可持续较长时间。

小学生通过同伴交往与朋友建立亲密的友谊关系,同时也增强了儿童间的相互影响。这种相互影响主要是通过同伴的强化和同伴的榜样作用实现的。班杜拉认为至少有三种不同的原因使得榜样能够影响人的行为:一是通过观察他人的行为方式从而学会这种行为方式;二是通过榜样了解采取某种行为方式可能产生的后果;三是榜样可为儿童提示在陌生环境中所能采取的行为方式。小学教育工作者在教育教学中应利用好学生间榜样的影响作用,形成良好的班风并鼓励儿童间的交往行为,促进其个性和社会性的发展。

(2)小学生择友的特点

如前所述,小学儿童对友谊的认识是逐渐发展起来的。他们选择朋友的理由也不断变化着,如朋友的积极人格特点(勇敢、善良等),儿童往往是先认识同伴和自己的相似性,之后才能认识到差异性。这也体现了小学生择友的特点。研究发现,小学生选择朋友具有同质性和趋上性两大特点。

择友的同质性是指儿童倾向于选择与自己的兴趣、习惯、性格和生活经历相似,即志趣相投的人做朋友。这一时期,小学生认为与自己相似的朋友建立友谊更稳定。择友的趋上性是指儿童倾向于选择品行得到社会赞赏的人做朋友,如与勇敢善良的人、学习成绩好的人、身体比自己高大的同伴做朋友等。

与其他年龄阶段的个体相比,小学生择友更容易受到学习因素的影响。学习活动是小学生的主导活动,学习成败在一定程度上可以反映出小学生的学习动机和态度、学习能力、学习方法和技巧。学习好的学生容易得到教师和家长的表扬和认可,也容易得到集体的承认,因此,小学生很容易羡慕这样的同伴,进而愿意与这样的同伴做朋友。以学习的好坏为标准来选择朋友这一特点,在整个小学阶段都比较突出,到了中学阶段才有所下降。

2. 小学生的同伴群体

小学时期是开始建立同伴群体的时期。所谓同伴群体,是指一些在年龄、身体、社会地位等方面极为接近的儿童所组成的群体。儿童通过同伴群体实现与他人更广泛的交往。社会心理学家认为,同伴群体有以下几个特点:①在一定规则基础上进行相互交往;②限制其成员的归属感;③具有明确或暗含的行为标准;④发展了使成员朝向完成共同目标而一起工作的组织。儿童同伴群体的形式是多样的,一般可分为两大类,即有组织的集体和自发的团体。

下面我们分别来阐述这两类群体在小学阶段发展的特点及对教育教学的启示。

(1)小学生的班集体

对小学生而言,有组织的集体主要指的是班集体,班集体是集体的一种形式,符合集体的特点:一是具有明确的共同目标以及由此而产生的共同行为,并相互关心,相互督促;二是具有统一的领导;三是有共同的纪律,每个成员都要使自己的意志服从集体的意志,使自己的利益服从集体的利益;四是具有共同的舆论。刚进入小学,儿童并没有形成集体意识,也没有形成真正的集体关系,而是处于松散阶段,之后经过学校教育才逐渐发展到自律阶段,而这一过程又可具体分为四个阶段:

第一阶段是松散阶段。班级群体刚开始组建时,成员间不了解,也缺乏感情联系,因此,这一阶段的班集体成员间彼此生疏,缺乏吸引力。为推动这一阶段的顺利过渡,教师应通过组织班会、集体活动等,增进学生间的相互了解,帮助学生打破彼此间的陌生感。

第二阶段是凝聚阶段。经过一年级上学期学校生活的锻炼,到一年级下学期,班级成员逐渐形成集体意识,开始愿意归属到集体当中,彼此间的交往也增加了,感情上的联系建立起来了。在这一阶段,教师应组建班委会,引导学生认识到班集体的重要性,并帮助他们确立集体的目标。另外,还可以开展一些集体讨论,帮助学生形成正确的价值取向。

第三阶段是形成阶段。这时的班级群体已具备了班集体的基本特征。如通过班集体成员的努力,实现了集体的目标,进而满足了成员的心理需要,同时正确舆论的形成有利于增进成员间的凝聚力,使班级群体处于健康发展状态。这一阶段发展良好,对班级成员的身心发展会起到促进作用。但是,这一时期也容易出现一些问题,如有些群体成员的心理需要没有得到满足;有些成员没有与他人达成一致意见等,他们经常游离于群体之外,很可能发展成消极的社会团体,因此,这些成员应引起教育者的重视,具体措施在谈到非正式群体时再详细论述。

第四阶段是优化阶段。这时班级成员能把学校的教育要求内化为个体的需要,并表现为无人监督下的自律行为。尽管班集体发展到这一阶段已较为成熟和健康,但教育者仍要细心观察群体中不同成员的思想动态和行为变化,抓好班风建设,为学生身心发展营造良好的班级氛围。

【案例4-4】

从小学一年级起就教育孩子们"关心集体""互相团结",我为学生喊"加油"

一年一度的春季运动会又要召开了,这不能不让我头痛。前两年的运动会上我们班的总分是年级里"垫底"的,今年非要打个翻身仗不可。

古人云:"知己知彼,百战不殆。"赛场获胜的关键一是技术,二是气势。我们班孩子的体育水平不佳,这就首先在气势上输了。经过一番思考,我与孩子们推心置腹地谈了一次。

"同学们,春季运动会马上要召开了!"一听这消息,孩子们个个眉飞色舞,摩拳擦掌,他们已经盼望很久了,"大家想不想获胜?"

"想!"回答是干脆响亮的。

"你们说说看,怎么才能获胜?"

"只要运动员多跑出几个好名次,我们就能获胜!"这个道理自然大家都知晓。

"运动员怎么才能跑出好名次呢?"我仍抓住问题穷追不舍。

"他们平时要训练。""他们比赛前要休息好。""鞋子要穿轻便的运动鞋。"……我让他们畅所欲言。

"同学们,你们说得都对,现在唐老师请大家想一想,如果你是运动员,在赛场上什么最能鼓舞你?"孩子们开始进行"角色互换",以另一个角度来思考,最终统一认识:加油声。

光有认识还只是第一步,至关重要的是要转化为行动。

"不知道你们想过没有,全校那么多的班级,运动员怎么知道我们在为他助威?"

"我们可以举小旗子,像电视里的啦啦队一样,边喊加油边挥旗子,这样运动员一眼就能看到。"

"我们可以做一面横幅。"

"我们可以做……"

虽然仅是三年级的孩子,可是当他们的主动性被调动起来时,所表现的聪明才智还真令人赞叹。

"同学们,老师和你们一起努力,共同奋斗!我们永远在一起!"

我们做老师的,从小学一年级起就教育孩子们"关心集体""互相团结",那么我们自己是不是所教班级中的一员呢?该不该关心它?要不要与它的成员——自己的学生们团结友爱?我们的职业特点是永远与孩子们在一起,那么,我们就应该也必须融入集体中,与他们同呼吸、共命运,只有这样才可能急学生之所急,想学生之所想,成为他们的朋友,我们的教育才能深入浅出,事半功倍。

这次春季运动会,我们班获年级总分第二名的好成绩!比赛那天,我早已挥舞着小旗与孩子们并肩站在跑道边上了。

(资料来源:唐隽菁,南京市北京东路小学,2003)

(2)小学生的非正式群体

除了班集体外,对小学生心理发展影响较大的还有小学生自发形成的非正式群体。非正式群体形成的原因除亲缘关系外,还包括邻里关系、兴趣爱好一致、利益一致或互补以及心理需要在班集体中未获得满足等。与班集体相比,非正式群体有如下几个特点:一是自发性,在特定的条件下,出于个人某种物质或精神需要而自愿结合;二是相似性,以相似的心理特征和心理需求为基础,自然组合而成;三是相容性,彼此以感情为纽带,心理相容,具有很强的凝聚力;四是畅通性,成员间信息传递灵敏,彼此思想交流畅通,成员间无话不谈;五是权威性,非正式群体有自己一套不成文的规定,有自己的核心人物,两者对其成员心理和行为影响极大。

不同的非正式群体对小学生心理发展的作用性质是不同的,有的起积极作用,有的起消极作用。这里按社会倾向性不同,将非正式群体分为:①亲社会团体,社会予以肯定的,如学习兴趣小组、社会公益服务小组等,有利于培养儿童良好的道德品质;②非社会团体,置身于基本的社会问题之中,建立在共同的娱乐活动基础上,如各种兴趣小组。③反社会团体,社会予以否定的,虽然也和娱乐交往联系在一起,但是以危害社会为目的,如偷窃集团、流氓团伙等。

由于班集体中出现并存在非正式群体是必然的,因此,小学教育工作者要正确认识各种非正式群体,并积极引导发挥其积极作用,避免其消极作用。教师应鼓励学生建立亲社会团体,如书法兴趣小组、学习兴趣小组、志愿服务小组等,这些亲社会团体有利于小学生学习社会交往技能,锻炼实践活动能力,获得同伴的情感支持,也有利于培养小学生的社会责任感等。

对于与班集体的利益和纪律相抵触的非正式群体,教师应注意引导和教育,因为这些群体可能会阻碍班集体活动的开展,影响他们的学习和生活,如与不法分子结成非正式群体,还可能出现违纪违法行为。这些都应引起教育者的高度重视,并采取有效措施进行干预。首先,教师要了解这一非正式群体的基本情况、过去的活动情况、核心人物的态度、其他成员对这一非正式群体的态度等;其次,做好非正式群体中核心人物的工作,排除品行欠佳的核心人物,教师要认识到一些核心人物的优点,发挥他们的优点,委托他们负责班集体的某项工作,以此引导非正式群体中的其他成员参与到班集体的活动中来;再次,要注意改变非正式群体的规范;最后,组织好班集体的活动,教师应通过开展各种活动,满足不同兴趣爱好的学生的需求,使他们愿意归属到班集体中,这样就可以有效地减少一些消极的非正式群体的形成。

3. 小学生的同伴接纳性

一个班级建立以后,随着集体活动的开展,同学之间相互了解的加深和关系的日益深化,每个同学在班集体交往中地位、作用和影响力也慢慢分化。有些儿童受大家欢迎,其他儿童都喜欢和他在一起;有的儿童则不被大家喜欢,没有人愿意和他一起玩。在一个班级中,根据儿童被同伴接纳的程度,可以把小学生分为人缘型、嫌弃型和孤独型(中间型)。

(1)人缘型

人缘型的儿童在群体当中最受欢迎,大家都喜欢和他们交往,朋友也相对较多。但在一个班级中,一般只有3、4个人。这样的学生一般具有以下一些心理因素:一是有能力,责任心强,他的存在有利于集体及其成员,经常得到老师的表扬,从而易被集体成员所追随和拥护;二是知识、技能掌握得好,并乐于助人,从而使集体成员产生佩服或求助的心理;三是有良好的品德,并能影响别人,从而易被集体成员信赖和尊重;四是善于交往,并能了解人、团结人。此外,个人的仪表因素、身体因素,家庭的社会地位、经济状况也发挥着一定的作用。

人缘型的儿童在班集体中虽然处于较为有利的地位,但是有学者研究发现,这样的儿童有些有高度发展的智力,也有良好的道德品质,如善良、公正等;另外有一些儿童智力虽然发达,但却自私自利等等。因此,教师在教育教学中对人缘型的学生要善于引导,在表扬的同时,也要给这样的学生经历挫折的机会,让他们学会和他人交往,学会包容他人等良好的道德品质。

(2)嫌弃型

嫌弃型的儿童在群体中经常受到排斥,大家不愿意和他们交往,朋友较少,一个班级中一般只有3、4人。嫌弃型的儿童受排斥的因素较多:一是品德不良,往往给集体及其成员带来麻烦,集体成员往往对其回避和嫌弃;二是学习漫不经心,成绩低下,从而造成集体成员对其产生鄙视、讨厌的心理;三是不乐于或不善于交往,与同学不够团结,由于心理不相容而造成集体成员对之冷淡和疏远。

嫌弃型的儿童在班集体中处于相对不利的地位,有些儿童尝试与他人建立良好关系,如果失败了,他们可能会采用虚假的英雄行为或违纪行为来吸引他人的注意。另一些儿童则表现出叛逆,经常与其他同学发生冲突,对集体也漠不关心。这样的学生应引起教师的高度重视。教师首先应善于发现此类学生的优点,帮助他们通过正常的途径获得他人的认可;其次,引导这样的学生积极参与集体活动,在与他人交往的过程中,与他人相互了解、沟通情感、增进友谊;最后,教师应教会学生一些交往技巧,提升其交往成功度。

(3)孤独型(中间型)

孤独型的儿童在班级中处于孤独和游离状态。这类学生的情况比较复杂,可能是由于性格孤僻,对交往不感兴趣;也可能是由于羞怯不敢与别人交往;还可能是由于不善交际,不知怎样接近别人。但这并不意味着这些学生在集体中总不受欢迎,因为很可能他在另一班级、另一学校或邻里中有自己的小圈子,只是和同班同学没有交往的需要而已。一般地,这些学生在班级内也能使自己的行为与集体保持一致性。

对于孤独型的儿童,教师应教给他们一些交往技能,鼓励他们积极参与班集体的活动,并在活动中使用并践行这些技能,进而让孤独型儿童认识到交往的重要性。

(二)亲子关系

儿童早期的社会关系主要是亲子关系,进入小学后,小学生的人际交往逐渐丰富起来,与同伴的交往也明显增多,但与其父母仍保持着亲密的关系,因此,亲子关系对其个性和社会性的发展仍起着重要的作用。但同时也发生了一些变化,应引起教育者的重视。

1. 亲子关系的变化特点

(1)交往时间的变化:进入小学后,儿童与父母待在一起的时间明显减少了;同时,父母对儿童关注的时间也减少了。研究发现,5~12岁儿童的父母比学前儿童的父母在教导儿童,为儿童阅读,与儿童谈话,与儿童做游戏的交往时间少了一半。

(2)进入小学后,父母需要处理儿童的日常问题的类型发生了变化。在幼儿期,父母主要处理儿童的哭闹、发脾气和打架等问题。在小学阶段,父母除了要处理幼儿期遗留的问题外,还需要处理诸如儿童是否要负责一些家务,儿童与谁交往,如何处理与儿童的亲子关系等问题。

(3)父母对儿童的控制力的变化。随着儿童年龄的增长,儿童越来越多地自己做出决策,父母对儿童的控制力减弱了。研究也证实了这一点:6岁以前,父母替儿童做出决定,6~12岁在父母的监督、引导下做出决定,12岁以后儿童更多的是自己做出决定。

2. 父母的教养方式对亲子关系的影响

父母对儿童的教养方式使得儿童获得对自己最初的认识，并据此与外部世界不断接触。因此，教养方式是亲子关系非常重要的一个方面。父母的教养方式是由情感和控制两个不同维度组合而成的。情感是指父母对儿童做出反应的性质和数量，控制是指父母对儿童管理和监督的程度。将这两个维度进行不同的组合便形成了四种教养方式，分别为权威型、专制型、忽视型和放纵型。父母对儿童的态度不同，教育方式不同，对儿童的个性和社会性发展也会有不同的影响。

（1）权威型父母。这样的父母对儿童的态度是积极肯定和接纳的，他们对儿童有明确的清晰的要求。他们是温暖慈祥的，支持儿童的，诚恳的，与儿童交流良好，同时对儿童有一定的控制，要求儿童有成熟的行为。经过父母的控制、引导性的训练与积极鼓励，儿童往往表现出自主和独立的个性，与同伴也相处融洽。

（2）专制型父母。这样的父母对儿童严厉、粗暴，也缺少温情。他们主要靠权力和强制性的训练，给孩子的温暖、培养、慈祥和同情较少，不鼓励儿童对父母的决定和规则有异议。这种教养方式下的儿童，在与他人交往时，往往表现出敌意，也不善于和他人交往，如退缩、不自信等。

（3）忽视型父母。这样的父母对儿童缺少关注与爱，也很少提出要求和控制。当儿童提出要求时，父母要么忽视要么冷落，使得儿童的情感需求不能得到满足。这种教养方式对儿童的心理发展影响很大，这样的儿童在学业和人际交往方面常会表现出冷漠、满不在乎，有的还会出现叛逆等行为问题，应引起教育者的重视。

（4）放纵型父母。这样的父母对儿童高度接纳和肯定，他们对儿童不加控制，没有要求，同时还给予温暖。由于父母的溺爱和对成熟的行为要求极少，使得这种教养方式下的儿童不会处理与他人交往中产生的问题，往往表现出任性、幼稚、自私，同时责任心和独立性都较差。这就要求教师在教育教学中予以关注，并施加教育影响，如鼓励他们参与集体活动，学会合作与分享。另外，还应教给他们一些交往技巧，尽量减少他们在交往中出现挫败感，避免与他人发生冲突，从而促进其身心的健康发展。

（三）师生关系

师生关系是学校中最基本的人际关系，它包含十分丰富的社会、伦理、教育和心理内容。师生之间关系如何，直接影响教育教学工作的顺利进行和效果，有的教师虽然知识渊博，功底深厚，但不善于和学生建立融洽的师生关系，甚至产生对立情绪，学生往往因为这位教师的原因而不愿意学他所授的那门课程。相反，有的教师不仅注意提高自身的业务素质和专业水平，更善于和学生建立亲密的人际关系，学生往往因为对这位教师的喜欢而特别爱学他所教的课程。小学生具有"向师性"的特点，有些学生为博取他所喜爱和尊敬的教师的好感和关注，为获取与教师交往的机会而努力学习，这便是"亲其师,信其道"的道理。反之,教师也会因为学生对他的尊敬和爱戴而更加热爱教育教学工作。因此,小学教育工作者要重视良好师生关系的建立,在促进学生成长的同时,提升个人的工作水平。要想建立良好的师生关系,教师有必要了解小学生对教师的态度,以便采取行之有效的方法促进这一关系的建立。

1. 小学生对教师态度的变化特点

对于刚入学的小学生而言,教师在他们的心目中是绝对的权威。他们对自己的老师既信赖又敬畏,教师要求他们做到的一切,他们几乎都无条件地服从。并且,常以教师的是非标准为自己的是非标准,这种绝对服从有助于他们很快学习并掌握学校生活的基本要求。在这个时期,教师的权威地位没有受到学生的挑战,师生关系比较平稳。这种情况在生活中非常常见,当小学生与家长的意见不一致时,他们为自己找的最有力的说辞便是"我们老师这样说的!"

随着年龄的增长,小学生对教师的态度发生了变化,他们"不一定都听老师的话",这种变化的发生主要是由于他们独立性和评价能力的增长。从三年级开始,他们对不同的老师表现出不同的喜好。调查研究发现,小学生最喜欢讲课生动有趣、爱运动、公正、耐心、严格、知识丰富、能为学生着想的教师。这时中、高年级的小学生对教师的评价较注重人品,评价也较以往更为全面。

从小学生对教师态度的发展变化看,教师在与小学生交往时,要注意自身的言行,为学生做好榜样,给他们提供模仿的对象,尤其是对低年级的小学生而言。随着年级的增长,教师更应逐步提升自身的综合素质,尽可能符合小学生所期望的教师形象,做到公正、耐心和严格等,这样才能确保教师与学生保持最密切的交往,形成紧密的人际关系。如果缺乏这一必要的前提,教师的影响力就会严重下降,甚至会影响教育教学活动的开展。

2. 教师的期望对小学师生关系的影响

1968年,在心理学家罗森塔尔的一个著名实验中,他对小学1~6年级学生进行智力测验,从中随机选取20%的学生,告诉这些学生的教师,他们是非常有发展潜力的,将来可能表现出不同寻常的智力水平。8个月后,再次施测智力测验,结果发现,那些随机抽取的所谓有发展前途的学生都表现出了出人意料的进步,尤其是一、二年级更为明显。这主要是因为:低年级学生关于学业的自我表象较为肤浅,对教师的不同对待方式更为敏感;另外,低年级学生没有累积的背景信息,因而教师更容易相信测验的结果。人们将这一实验的研究结果以实验者命名,称之为罗森塔尔效应,即教师的期望对学生的行为产生了显著的影响。

有研究(韩进之,1985;林崇德,1986,1993;纪秋尚等,1987)表明,教师是根据学生的性别、身体特征、社会经济地位、家庭成员、兴趣爱好等信息形成对某个学生的期望的。

那么教师表现出什么样的期望时,有利于学生行为的改变呢?研究发现,当教师对学生有高期望时,他们就表现出更和蔼,更愉快;教师会更经常发出微笑,表现友好的行动,点头,注视学生,谈话更多,提问更多,并提供较多的有挑战性的材料,提供更多的线索,经常重复问题,给予密切关注,等待学生回答的时间也更长,更经常赞扬学生。因此,教师在情绪、身体语言、口头言语、教学材料、赞扬与批评等不同水平上都表现出对他们的期望。

罗森塔尔效应对教育教学有很大的启示:既然教师的期望会对学生的行为产生显著影响,那么教师在教学中就应善于向学生表现出自己对他们合理的期望,对于后进生要给予更多的关心,这不仅有助于提高他们的学习成绩,也有利于建立良好的师生关系。

第三节 个体差异与因材施教

一、气质差异与教育

(一)气质概述

气质是人的高级神经活动类型特点在行为方式上的表现,是个人心理活动动力特征的总和。这些动力特征主要包括以下三个方面:第一,心理过程的速度和稳定性,表现在知觉的速度,思维的灵活程度,注意集中时间的长短方面;第二,心理过程的强度,即情绪表现的强弱,意志努力的程度;第三,心理活动的指向性,即心理活动是倾向于外部事物还是倾向于自身内部(如经常分析自己的思想和印象等)。一般认为,心理活动的动力特征是天生的、典型的、稳定的心理特征,即在不同的活动中,个体将会表现出同样的气质特点来。

1. 气质类型

气质类型是指在某一类人身上共同具有的气质特征的有规律的结合,典型的四种气质类型分别为胆汁质、多血质、黏液质和抑郁质。但是,每个人都不是单独属于某一种类型,大多数人都是两种或两种以上的气质类型的组合,只是其中一种占主导地位。这四种典型气质类型在情绪和行为方式上,以及在智力活动方面表现出不同的特点。

(1)胆汁质

胆汁质气质类型的人,表现为精力旺盛,反应迅速,情感体验强烈,情绪发生快而强,易冲动,但平息也快。直率爽快,开朗热情,外向,但急躁易怒。有顽强拼劲和果敢性,但往往缺乏自制力和耐心。思维具有灵活性,但经常粗枝大叶、不求甚解。意志坚强、勇敢果断,但注意力难于转移。典型人物有张飞、李逵等。

(2)多血质

多血质气质类型的人活泼好动、反应迅速、思维敏捷、灵活而易动感情;富有朝气,情绪发生快而多变;表情丰富,但情感体验不深。外向,喜欢与人交往,容易适应新环境。兴趣广泛但易变化,注意力不易集中,意志力方面缺乏耐力。典型人物有王熙凤、贾宝玉等。

(3)黏液质

黏液质气质类型的人安静、沉着、稳重、反应较慢;思维、言语及行动迟缓、不灵活;注意比较稳定且不易转移。内向,态度持重,自我控制能力和持久性较强,不易冲动。办事谨慎细致,但对新环境、新工作适应较慢;行为表现坚韧、执着,但感情比较淡漠。典型人物如林冲等。

(4)抑郁质

抑郁质气质类型的人感受性高,观察仔细,对刺激敏感,善于观察别人不易察觉的细微小事,反应缓慢,动作迟钝;多愁善感,体验深刻和持久,但外表很少流露。内向,谨慎,遇到困难或挫折时易畏缩,但对力所能及且枯燥乏味的工作能够忍耐,不善于交往,比较孤僻。典型人物如林黛玉等。

2. 不同气质特点对智力因素的影响

据心理学的有关研究表明,不同气质类型的小学生同样可以取得好的成绩。这说明气质特点不能决定智力发展的高低。虽然如此,气质特点却对思维活动的性质和效率有着不同的影响。一方面,不同类型的气质所表现出的速度和灵活性影响到了智力活动的效率。例如,小学儿童中,多血质和胆汁质类型的学生,解题的速度、解题的灵活性明显超过黏液质和抑郁质类型的学生。另一方面,气质对智力活动的影响,还表现在心理活动的强度上,即情绪感受强弱和意志努力程度。不同气质类型的小学儿童,在心理活动的强度上有不同的表现。多血质、胆汁质类型的小学儿童,情绪感受表现较强烈,而且他们的抑制力差,使得他们很难长时间地集中注意力在某种智力活动上,较难从事需要细致和持久的智力活动;而黏液质、抑郁质的人,其情绪感受表现较弱,但体验深刻,能经常地分析自己。因此,这样的小学生较适合于从事那些需要细致和持久的智力活动。

(二)小学生气质类型的发展特点

不同气质类型的小学生在学习、班级工作和人际交往等方面表现出不同的特点,这些差异也是小学教育工作者做好因材施教的依据。

1. 胆汁质。这类学生在学校是各项活动的倡导者和积极参加者,在课堂上对老师讲授的内容理解较快,但有时粗心大意,往往还没有理解就争相发言。他们说话明确,富有表情,自信心强。

2. 多血质。这类学生富有朝气,对班级和学校发生的事情都很关心,如不加限制,他们会参加学校组织的所有活动,但兴趣并不稳定。在课堂上,他们总是想方设法引起老师和同学的注意,做作业等总比别人快,表现得匆忙,但质量往往不高。易变的内心活动很明显地表现在脸上。

3. 黏液质。这类学生上课时注意力集中、稳定,很少打扰别人,作业认真、不拖拉。考试时不慌不忙,很少争先交卷。平时沉默寡言。

4. 抑郁质。这类学生在课堂上不愿表现自己,胆子很小,做不到的事绝不去做,尽量避免抛头露面的任务。

(三)小学生气质类型的差异与教育

小学教育工作者了解学生的气质类型及其特点,并采用适合其气质类型特点的教育和教学方法,对于培养小学生的优良个性品质,提高其学业成绩,促进其智力和社会性发展具有重要的意义。

1. 正确认识小学生气质类型的特点,有针对性地进行学习指导

对胆汁质型学生的学习建议:胆汁质型的学生应注意学业消化,做作业和考试时应多检查,克服不细心的毛病,需要培养自己的自制力。

对多血质型学生的学习建议:注意找到适合自己的学业深度,培养自己学习认真和专心的态度,做完一件事再做另一件事,防止兴趣多变和任意转移,加强对自己耐心的培养。

对黏液质型学生的学习建议:通过参加一些需要解决问题的活动来磨炼自己的应变能力,注意多与多血质类型的学生交朋友。

对抑郁质型学生的学习建议:注意制定适合自己的学业程度的学习计划,多参加集体活动,努力使自己合群,努力练习扮演成功角色。

2. 培养不同气质类型学生的良好的个性品质

气质类型无好坏之分,任何一种气质类型都既有积极的一面,也有消极的一面,都可能形成优良的品质或不良的品质。小学教育工作者要帮助学生善于分析和认识自己的气质特征中的长处和不足,有意识地利用其积极方面,塑造优良的个性品质,以防止个性品质向消极的方面发展。

3. 充分考虑学生气质类型差异

针对学生不同的气质特点,可采取相应的教育方法。例如,对胆汁质的学生,在教育时,宜用具有说服力的严格要求的教育方法,既要触动他们的思想,促使他们学会坚韧、自制,又不要轻易激怒他们,特别是他们在情绪爆发时,宜取"以柔克刚"之法,以防止过激反应。对多血质学生,不要放松要求,应该让他们参加更多的活动,交给他们更多的任

务,在活动锻炼中培养他们意志的坚忍性和克服困难的精神。对黏液质的学生,教育者应富有耐心,在指出他们缺点和错误时,应该给予这些学生足够的考虑问题和做出反应的时间,不要以冷对冷或操之过急,要激发他们对学习和他人的热情,多给予在集体中锻炼的机会,引导他们生动活泼、机敏地完成任务。对抑郁质的学生,教育者应该给予更多的关怀和体贴,尽可能避免让他们受到公开的批评和指责,引导他们参加集体活动,培养他们乐观、自信、机敏的品质。严厉的批评,对于偏胆汁质、多血质的学生,可能起到使他们遵守纪律的作用,而对偏抑郁质的学生,则可能使他们失去自信心。

根据临床研究,精神疾病患者的主要气质类型是胆汁质和抑郁质,因此,教育者要更多地关心这两种气质类型学生的情况,采取一些特殊的措施,防止其病态倾向的发展。总之,在教育工作中,只有采用适合学生气质特点的教育方法,才能收到良好的效果。

二、性格差异与教育

(一)性格概述

1. 性格结构

性格是由许多特征所组成的复杂心理结构。由于每个人的性格特征组合及表现形式不同,因而形成了千差万别的性格。根据一个人对现实的稳定态度与习惯化的行为方式以及在心理过程中所表现出来的特点分析,性格结构具有以下四个方面的基本特征:

(1)性格的态度特征

性格的态度特征是指人在对现实的稳定态度方面所表现出来的个别差异,它是性格特征中最重要的组成部分。包括对社会、集体、他人等的态度特征;对劳动、工作和学习的态度;对自己的态度等。

(2)性格的意志特征

性格的意志特征是指人在自觉调节自己行为的方式与控制水平、目标明确程度以及在处理紧急问题方面所表现出来的个别差异。性格的意志特征主要表现在以下三个方面:①行动是否具有明确的目的,行为是否受社会规范约束;②对行为的自觉控制能力;③在紧急或困难条件下处理问题的特点。

(3)性格的情绪特征

性格的情绪特征是指人在情绪情感活动中经常表现出来的强度、稳定性、持久性以及主导心境等方面的特征。

(4)性格的理智特征

性格的理智特征是指人在感知、记忆和思维等认知活动过程中所表现出来的性格特征,又称为性格的认知特征。

性格结构的四个特征不是各自孤立地存在着的,它们是彼此相互联系、相互协调地组合成一个统一的整体,并表现出独特的风格。

2. 性格的类型

(1) 根据知、情、意三者在性格中哪种占优势划分的性格类型

理智型的人,一般是以理智来评价周围发生的一切,以理智来支配和控制自己的行动,行为表现稳定与谨慎。

情绪型的人,一般不善思考,言谈举止易受自己情绪左右,但情绪体验深刻。

意志型的人,行为目标一般比较明确,主动积极,果敢和坚韧,具有自制力。在日常生活中,绝大多数人属于中间类型。

(2) 根据个人心理活动倾向性划分的性格类型

瑞士心理学家荣格根据人的心理活动倾向,把性格分为外向型和内向型两大类:外向型的人,心理活动倾向于外在,特点是活泼开朗,喜欢交际;内向型的人,心理活动倾向于内在,特点是谨慎小心、交际狭窄。

(3) 根据个人独立性程度划分的性格类型

美国心理学家威特金根据场独立性和场依存性的特点,把人的性格分为独立型和顺从型。独立型的人善于独立思考,不容易受外来因素的干扰,能够独立地发现问题和解决问题,但有时则会把自己的意见强加于别人;顺从型的人易受外来因素的干扰,没有主见,常常会不加分析地接受别人的意见而盲目行动,应变能力较差。

(4) 根据性格与兴趣和职业的关系划分的性格类型

美国学者霍兰德提出了人格—职业匹配理论,认为一个人的性格与兴趣和职业密切相关,人的性格划分为六种类型:实际型、调查型、艺术型、社会型、企业型和传统型。

实际型的人具有重实践、直率、随和、不爱社交、稳定、坚定等特征,适合从事农业、制图、机械操作等工作。

调查型的人具有分析、思想内向、聪明、精确和富有理解力等特征,适合从事自然科学研究工作等。

艺术型的人具有感情丰富、爱想象、富有创造性等特征,适合从事文学、艺术等活动。

社会型的人具有爱社交、友好、慷慨、乐于助人、活跃、合作等特征,适合从事教师、社会工作、护士等工作。

企业型的人具有爱冒风险、外向、乐观、爱社交、喜领导他人等特征,适合从事推销、采购、管理等工作。

传统型的人具有条理性、随和、自我约束、友好、务实、保守等特征,适合从事会计、秘书、打字员等工作。

(二)小学生性格特征发展的特点

同其他年龄阶段或人群相比,小学生性格特征的发展上有着其独特而稳定的特点。

1. 态度特征

(1)在对集体或他人的态度上。小学低年级儿童,集体意识比较模糊,还不懂得集体荣誉感,不能理解个人与集体的关系。在同学关系上,朋友选择方面往往受表面因素的影响,如愿意和自己玩、住所邻近等。因此,同学、朋友关系不太稳定。到了中、高年级,儿童的集体意识增强,集体荣誉感逐渐发展起来,关心集体,热爱集体。在同学关系上,他们往往从心理上的相似性出发来选择朋友,而且也珍惜友谊。

(2)在对学习和集体活动的态度上。小学儿童入学以后,学校的各种要求和规则决定了儿童的全部行为。儿童在遵照这些要求和规则进行活动的过程中,发展了组织性、纪律性、坚持性、勤奋、刻苦、诚实等性格特征。通常,低年级部分儿童不能经常以负责的态度对待作业,学习的自觉性较差。中、高年级的儿童的学习态度有了较大的发展,他们一般都能够及时地、有计划地、较为主动地完成各项学习任务,对待学习的态度和责任感也有了明显提高。

(3)在对自己的态度上。小学生对自己的态度同自我意识的发展是密切联系的。低年级儿童,由于其自我意识水平较低,他们对自己的评价完全依赖于教师的评价,而且喜欢鼓励和表扬,不喜欢批评。到了中、高年级,儿童的自我意识有了进一步的发展,他们开始独立地评价自己,对自己的优缺点有了初步的认识,但还不够全面和客观,容易走向片面和极端化。

2. 性格的意志特征

小学生在意志的自觉性、果断性、自制性和坚持性等方面都存在着明显的差异,有的学生果敢坚决,有的则优柔寡断等。

3. 性格的情绪特征

小学生在情绪的强度和稳定性等方面差异明显,如有的乐观,有的悲观;有的温和,有的暴躁;有的安静,有的易激动等等。

4. 性格的理智特征

小学生在感知、记忆和思维等方面表现出明显的差异,有的学生善于独立思考,有的则缺乏主见,人云亦云;有的学生反应迅速,有的则反应迟钝等。

从上述小学生性格特征方面的差异可以发现,小学生的性格正处于初步形成的过程之中,因此表现出稳定而又可变的双重性。鉴于此,小学教育工作者要充分了解小学生性格特征的可塑性,对其施加积极的影响。

(三)小学生性格差异的教育启示

了解小学生性格间的差异,是教育工作者促进小学生个性和社会性发展的依据之一,而优良的性格特征对学习具有调节、控制、维持和补偿的功能。因此,培养小学生良好的性格对其身心发展意义重大。

1. 针对小学生性格特征的差异,培养优良的性格,克服不良的性格。我们的教育不仅要使学生具有良好的思想品德,而且要培养和发展他们各自良好的性格。例如,有的学生学习刻苦、遵守纪律、兴趣爱好广泛,但不太关心集体,教师可以有针对性地帮助他们,使之扬长避短。教师可以有意识地委托这样的学生帮助班集体办事,进而逐步培养他们的主人翁意识和集体观念。

2. 照顾小学生的性格差异,因材施教。小学生的性格表现出稳定而又可变的双重性。教育者要尊重学生这样的性格特点,采取灵活多样的教育方法去施加影响。例如,对于自卑或自暴自弃的学生,教师应多加表扬和鼓励或通过启发、暗示,帮助他们看到自己的优点和实力,以增强信心,勇敢地面对挫折。对自尊心强或自高自大的学生,教师应避免一味地表扬,但批评又要顾及情面,留有余地,既要保持他们的上进心,又要设法使他们在学习和生活的成败中看到自己的缺点与不足,学会虚心。对"吃软不吃硬"或倔强的学生,教师要力求心平气和,尊重他们的意见,避免矛盾冲突或对学生造成不必要的伤害。学生的性格是多种多样的,对不同性格的学生,要采用不同的方法,但前提一定要尊重学生,促进学生的身心发展。

【案例4-5】

课改,让儿童个性彰显

传统教育习惯在鸦雀无声、坐得笔直的学生前讲话或传达指示,要是下面有一个人对你的某个观点表示有疑义,或同你公开进行辩论,看惯了阅兵式般整齐雄壮、步调一致、按部就班的人群,是容不得眼前奇装异服不同呼声的人的。而现在提倡的素质教育不光是培养在技能上有创造性的人,更要培养出具有很强思辨力的、对人或事物有不同见解的人。没有思想的人是没有的,如果不允许学生有思想上的创新,培养的只能是"机器人",那么实施新课程也就成了一句空话。

实施新课程的最大潜力在课堂,因为教育教学活动发生于师生之间,师生的双边活动场所在课堂。我校实施新课程以来,学生的个性得到了充分的发展。课堂上,教师给予孩子们充分展现自我、阐述自我的机会,使他们十分乐于思考,勇于说出与众不同的见解。而孩子们许多纯真的想法也是我们意想不到的,给了我们不少启发,使我们受益匪浅。

在人教版二年级上册的美术教材中,有一课《我也是艺术大师》,这一课要求学生先欣赏艺术大师米罗、克利的四幅作品,然后自己创作一幅有特色的作品。在教学过程中,我先向孩子们介绍这两位大师,孩子们的兴致很高,觉得大师很了不起,很迫切地想看大师的作品。充分激发了学生的求知欲望,而后,我让他们翻开课本,欣赏那四幅图。

孩子们十分激动而虔诚地打开书,接下来只听到嘘声一片:

"什么呀?这就是艺术大师的画?!"

"这画的是什么东西啊?"

"乱七八糟的,难看死了!"

"艺术大师为什么会画出这么难看的画呢?"

"他们就是乱画呗!有什么了不起?!"

……

由于大部分孩子从小接受的都是些很具象的画,加上家长、周围人们的影响,总是觉得画得像就是画得好,画得不真实的就是乱画。我正想向孩子们介绍这些画时,有一个孩子站起来说:"我觉得这些画很美!"他的话引来大家的非议,许多孩子对此不屑一顾。我问:"你觉得这些画美在哪里呢?你知道画的是什么吗?"他说:"虽然我不知道这些画画的是什么,但是我觉得这些画的颜色搭配得很美,和我们平时画的画都不一样。"这句话,引起其他学生的注意。他们纷纷开始观察这些作品的颜色,接着,就争先恐后地举手发言。

"我觉得第一幅图很美,因为它用黄色做背景,很鲜艳。"

"我觉得第二幅图很好看,因为它的颜色很特别,各种颜色流动起来,很像我们学的第一课。"(注:第一课是《流动的颜色》)

……

课堂一下子生动起来了!我惊喜于孩子们对色彩的敏感,鼓励他们继续观察,并提出问题,让他们谈对颜色的感受,比如"黑色给你什么感觉?""黄色的背景让你想到什么?"

接下来,要谈谈画面的形象了。我说:"一开始,大家都说这些画不好看,可是后来大家发现了它们颜色的美。现在,请大家凭自己的感觉来说说这些画画的是什么,你最喜欢的是哪一幅。"

有一个孩子说:"我最喜欢第一幅图。我觉得第一幅图画的是太空里的景象。"

师:你们通常用什么颜色来描绘太空呢?

生:蓝色。

师:可是艺术大师却用了鲜艳的黄色。这是为什么呢?

孩子们对这个问题很感兴趣,议论纷纷。接着,就有学生发言了:"因为太空里面太黑了,给太空一点阳光,里面的其他生物就不冷了。"

"我从电视上看到,太空里是黑漆漆的一片,黄色让太空变得更漂亮也更光明了。"

"有了鲜艳的黄色,宇航员到了太空也不会觉得无聊了。"

……

师:你为什么认为这幅图画的是太空呢?

生:因为我觉得图上蓝色的大圆和黑色的小圆点好像星球,米字很像星星。

又一个孩子说:"我喜欢第三幅图。"

师:为什么呢?

生:我觉得这幅画画出了一种神奇的力量。

我觉得很惊讶,问道:"神奇在哪儿呢?"

孩子说:"这个小女孩今天不高兴了。她打碎了花瓶,把太阳吓得变小了,世界变黑了,小狗吓跑了,蘑菇也吓得谢了。小男孩看见小女孩变得这么丑,被吓晕了。小女孩神奇的力量让火箭升起来了。小女孩发泄完,准备从窗外的小路离开这个让她不开心的地方。"

他的发言赢得了全班同学热烈的掌声。

此时,我感到既惊讶又欢欣!原来这幅作品可以这样来理解!大师的作品竟被孩子解释得这么富有故事性、科幻性!孩子们眼中的事物可以如此随性!……孩子们纯真的想法深深打动了我。我鼓励他们继续谈论这些画,大胆说出自己的不同感受和想法。孩子们的兴致越来越高。关于第二幅图,有的学生说:"第二幅图画的是被污染的荷塘里开出了黑色的荷花,空气也被污染了,下了黑色的雨,有一滴雨刚好落在一朵含苞欲放的花蕊上。"有的说:"那是天上的精灵在唱歌。"……第四幅图,有的学生认为画的是地狱里的魔鬼跑了出来,上帝就用法力无边的金绳来捕捉他们;有的学生认为是精灵在拔河……

孩子们的想法千奇百怪,却都能和画面联系上,让我惊叹不已。他们乐于观察,尤其是观察细微之处;敢想,尤其善于想别人想不到的东西;敢说,敢说别人还没说过的话。他们不再是相同规格的"机器人",而是有个性、有一定思辨力的人,他们的想法可以与众不同、天马行空、不受他人左右,只要自己喜欢。我想,这就是课改神奇的魅力,它重视对学生个性的培养,使儿童展现出自己最天真、最自然的一面,在学习中看到自己的价值,找到自信。

实施新课程,相信每一位学生都能成为不同规格的、合格的好公民。

(资料来源:张冰,《课改,让儿童个性彰显》,2002)

1. 针对小学生情绪情感的特点,说说小学教育工作者如何在教学中激发学生的良好情绪情感,从而提高教育教学效果?

2. 作为小学教育工作者,你认为该如何培养小学生的自我意识?

3.针对小学生气质和性格的差异,你认为该如何促进不同学生差异的发展呢?

[1]林崇德.发展心理学[M].北京:人民教育出版社,2009

[2]王振宇.心理学教程[M].北京:人民教育出版社,1998

[3]朱智贤.儿童心理学[M].北京:人民教育出版社,2003

[4]刘金花.儿童发展心理学[M].上海:华东师范大学出版社,2006

[5]伍新春.儿童发展与教育心理学[M].第2版.北京:高等教育出版社,2013

[6]吴斌.中小学生个性培养略谈[J].教育探索,1999

[7]茅新雷.以情暖人心——谈教育的重要性[J].闸北教育,2003

[8]张光富.小学生情感特点研究[J].中国教育学刊,1998

[9]杨庆余.卢沟桥与鸡蛋——一节语文课案例[J].文汇报,2003

[10]王培辉.泉州市惠安县黄塘中心小学,中国教育曙光网,2003

第五章 小学生学习心理

学习目标

1. 了解学生学习的特点及学习的类型。
2. 掌握学习的基本理论。
3. 能应用知识学习的规律促进小学生对知识的学习和掌握。
4. 掌握小学生问题解决与创造性发展规律,能设计教学活动促进小学生创新能力的发展。

【案例导入】

李涛涛是小学三年级的学生,上课的时候总是听一会儿,就不自觉地东瞧瞧、西看看,桌面上有什么东西都想玩,一支铅笔、一块橡皮都能让他玩上半堂课,等到被教师提醒而转过神来听课时,由于没听前面的内容而跟不上,所以又去玩手边的东西。考试成绩自然不好,教师和家长都着急。他自己也知道上课应认真听讲,想改掉这个坏毛病,可一上课就不自觉地又神游了。

涛涛为什么学习成绩不好,他的问题是什么?影响涛涛学习效率的因素有哪些?作为教师该采取什么措施才能有效帮助涛涛解决问题?作为小学教师,只有掌握小学生学习的一般规律和影响因素,才能针对不同学生出现的问题,采取科学而有效的措施促进学生的学习。

(资料来源:小学生学习问题案例分析总汇,http://www.docin.com/p-483675135.html)

第一节 学习概述

学习是人类一个永恒的主题,特别是在现代信息社会里,终身学习已成为一个不言而喻的事实和现象。在教育过程中,由于学生是学习的主体,因此,教育心理学的核心任务是探讨人的学习的实质,寻找学生学习的共同规律,以提高学生的学习效率。

一、学习的含义

学习贯穿人类生活的始终,但是,日常的学习概念往往限于知识、技能的学习,比如学生上课听讲、做作业、参加培训,等等。而心理学中的学习是一个极其广义的概念,尽管不同的心理学学派从不同的角度对其进行了不同的定义,但是其内涵远远超过了知识、技能的范畴。

在我国,学习一词是把"学"和"习"复合而组成的词。最先把这两个字联在一起讲的是孔子。孔子说:"学而时习之,不亦说乎?"意思是,学了之后及时、经常地进行温习,不是一件很愉快的事情吗?很明显,"学习"这一复合名词,就是出自孔子的这一名言。按照孔子和其他中国古代教育家的看法,"学"就是闻、见,是获得知识、技能,主要是指接受感性知识与书本知识,有时还包括思的含义在内。"习"是巩固知识、技能,一般有三种含义:温习、实习、练习,有时还包括行的含义在内。所以学习就是获得知识、形成技能、培养聪明才智的过程。实质上就是学、思、习、行的总称。

那么到底什么是学习?心理学家对此曾有过争论。

美国心理学家桑代克认为学习,即试误。他认为知识、技能的学习是通过尝试—错误—再尝试这样一个反复过程习得的。

美国行为主义学派的华生和斯金纳认为学习即条件作用。华生在1913年提出人类和动物的行为全部可以用刺激(S)—反射(R)的理论去解释。他是学习即条件作用理论的奠基人。

德国心理学家柯勒,是格式塔学派代表人物之一,格式塔学派的观点是:学习即顿悟。

学习即信息加工过程,是现代认知心理学的核心观念。

托尔曼、布鲁纳等人的认知理论认为,学习是对环境中的刺激依其关系形成一种新的认知结构的过程,是意义的获得和实现期望的过程。

现在,心理学家们一般认为,学习的概念有广义和狭义之分。从广义上说,学习是人和动物在生活过程中获得个体经验的过程。凡是以个体经验的方式所发生的个体的适应变化都是学习。它是动物和人类生活中的普遍现象。从低等动物(如变形虫)到高等动物(如灵长类的猿猴),从婴儿到成人,都经常以个体经验的改变去适应其不断变化的生活环境。学习的这种广义概念,既包括动物的习得行为,也包括人的行走、言语、知识、技能、习惯和道德品质等学习。从狭义上说,学习是专指学生在学校里的学习,是学习的一种特殊形式。即学习是学生在教师的指导下,有目的、有计划、有组织、有步骤地获得知识、形成技能、培养才智的过程。学生的学习在学习内容上以掌握前人经验和行为规范为主;在学习情景上以师生交往为主;在学习形式上是通过课堂教学,以语言为载体,通过他人传递,间接获取知识经验;在发展目标上,要德智体美劳全面和谐地发展;学习过程一般要经历感知、理解、记忆、应用等阶段。所以,学生的学习是一个十分特殊的过程,是个体掌握人类社会历史经验的过程。

二、学生学习的特点

学生的学习是有其特殊性的,忽视这种特殊性就难以建立科学的教学体制,就难以发现学生学习的规律,难于找到切实的有效的教学措施。学生学习具有以下特点:

1. 学生学习的根本特点,在于它是接受前人经验,是一种接受学习。接受学习是一种有意义的学习,不同于机械学习,它是通过言语进行的。学生的学习不是创造、发明知识,而是再现、继承知识。人类知识的过程是对未知的阶段、领域进行探索的过程,而学生的学习过程是通过教学过程把人类总结的经验,人类经过几年、几十年乃至几百年创造、发明的经验接收下来,而不是向未知领域的进军。

2. 学生学习具有间接性的特点。学生的学习不是从实践开始的,而是从认识开始的,是从掌握间接知识开始的。它不同于人类的实践—认识—再实践—再认识的认识过程。学生学习活动的实现要以社会经验传授者的活动为条件,学生学习的是社会经验,是从书本、语言等物质形式中间接学到的。

3. 学生学习是按预定的教学计划系统地连续地进行的。学生的学习是在老师的指导下,用较短的时间、以有效的方法来掌握知识的过程,它不是自学的过程。学生学习材料的结构、层次、学习过程的序列与程序都是经过精心设计和安排的,因而是一个高速度、高效能的过程。

4. 学生是学习的主体。学生的学习,是一个不断形成和激发学习需要和动机的过程,学生学习的成效受学生学习策略、动机、兴趣、智力与非智力因素的制约,也受学生的年龄特征、个别差异和群体差异的影响。

5. 学生的学习是受教育的过程。学生的学习过程,也是他们的世界观、道德品质的形成过程。学生的世界观和道德品质的形成,主要是在他们学习和掌握间接经验的基础上,通过接受有计划、有组织的各种教育活动实现的。学生的道德品质的形成过程也是一个学习的过程,它和成人在社会实践中认识和改造客观世界的同时受到教育也有所不同。因此,学生的学习是以掌握人类的历史经验为主要任务的一种学习活动。

三、学习的分类

研究学习的类型是很有必要的,它有利于认识不同类型的学习的特点及其规律性,便于自觉地指导学生的学习,提高学习的效果。许多心理学家从不同角度、不同的目的或需要出发,以不同的标准对学习进行分类,提出了各种学习类型理论。

(一)中科院心理研究所潘菽对学习类型的分析

潘菽教授主编的《教育心理学》是根据学习的不同内容和结果,把学习划分为四种类型:

1. 知识的学习。其中包括学习知识时的感知和理解等。
2. 技能和熟练动作的学习。
3. 智能的学习。
4. 道德品质和行为习惯的学习。

(二)美国布鲁姆(B. S. Bloom)对学习类型的分析

教育的目标是根据社会需要确定的。我们在确定教育目标时,不仅要考虑社会的需要,也要考虑人的全面发展和充分发挥每个人的潜力的需要。教育的目标实际上就是学习的结果。布鲁姆根据学习的结果,把教育目标分为三类:认知的、情感的和精神运动的。这三类目标的每一类又排成由低到高的若干层级。如认知目标分成六级:

第一级为知识:对知识的简单回忆(主要指记忆)。

第二级为了解:理解的最低阶段。

第三级为应用:在特殊情况下使用概念、原理或原则。

第四级为分析:区别和了解事物的内部联系。

第五级为综合:加工已分解的各要素,并按要求重新组合整体,以便创造性地解决问题。

第六级为评价:对事物本质的价值做出判断。

(三)美国加涅(R. M. Gagne)对学习类型的分析

加涅根据产生学习的情境,由简到繁、由低到高,把学习分成八类,顺次排列成一个层级。低级学习向高级学习发展,高级学习要以低级学习为基础。这八类学习是:

第一类,信号学习:经典条件反射,包括不随意反应。

第二类,刺激反应学习:操作条件反射。

第三类,连锁学习:一系列刺激反应动作的联合。

第四类,语言的联合:与第三类学习一样,只不过它是语言单位的连接。

第五类,多样辨别学习:认出多种刺激的异同之处。

第六类,概念学习:在对刺激进行分类时,对事物抽象特征的反应。

第七类,原理学习:概念的联合。

第八类,解决问题:在各种条件下使用原理达到最终目的。

(四)美国奥苏伯尔(D. P. Ausubel)对学习类型的分析

奥苏伯尔根据学生进行学习的方式,把学生的学习分为接受学习和发现学习;根据学习的内容,把学习分为机械学习与有意义的学习。

接受学习,即学习者把以现成的定论的形式呈现给自己的学习材料,与其已形成的认识结构联系起来,以实现对这种学习材料的掌握的学习方式。

发现学习,是在教师不加讲述的情况下,学生依靠自己的力量去获得新知识,寻求解决问题方法的一种学习方式。发现学习要依靠学习者的独立发现。

机械学习,即不加理解,反复背诵的学习,亦即对学习材料只进行机械识记。有意义的学习需具两个条件:学生要具有意义学习的心向,即把新知识与认知结构中原有的适当观念关联起来的意向;学习材料对学习具有潜在意义,即学习材料具有逻辑意义,并可以和学生认知结构中的有关观念发生联系。这两个条件缺一不可,否则会导致机械学习。

"接受—发现""机械—有意义",这是划分学习的两个维度。这两个维度之间不是互不依赖和彼此独立的。接受学习可以是机械的,也可以是有意义的;同样,发现学习可以是机械的,也可以是有意义的。

(五)我国教育心理学家冯忠良按学习内容的范畴分析

我国教育心理学家冯忠良认为,学生的学习是对学校中所传授的经验的接受,因此可以依据学校传授的经验的不同来对学生的学习进行分类。他主张将学生的学习分为知识的学习、技能的学习和社会规范的学习三类。

1. 知识的学习。通过知识的学习,学生可以获得认知的经验,可以解决知与不知和知之深与知之浅的问题,从而可以使学生在实际生活中更好地确立个体发展与活动的方向。

2. 技能的学习。通过技能的学习,学生可以获得动作的经验,可以解决会不会做与做得熟练不熟练的问题,从而可以使学生在实际生活中更好地控制个体动作的执行。

3. 社会规范的学习。学生通过社会规范的学习,可以获得交往的经验,可以协调个体与他人、个体与集体之间的关系,最终培养学生的品德,从而可以使学生在实际生活中更好地适应社会生活,控制个体的社会行为,学会做人。

第二节 学习的主要理论

一、行为主义学习理论

行为主义学习理论诞生于 20 世纪初,它是在反对结构主义心理学的基础上发展起来的,其中的代表人物有巴甫洛夫(Ivan P. Pavlov)、桑代克、斯金纳(B. F. Skinner)、班杜拉(A. Bandura)等。行为主义的学习理论可以用公式 $S—R$ 来表示,其中 S 表示来自于外界的刺激,R 表示个体接受刺激后的行为反应。他们认为个体在不断接受特定的外界刺激后,就可能形成与这种刺激相适应的行为表现,他们把这个过程称为 $S—R$ 联结的学习行为,即学习就是刺激与反应建立了联系。行为主义学习理论"重视与有机体生存有关的行为的研究,注意有机体在环境中的适应行为,重视环境的作用"。

1. 巴甫洛夫的经典条件反射

俄国著名的生理学家巴甫洛夫通过用狗作为实验对象,提出了广为人知的条件反射。

(1)保持与消退。巴甫洛夫发现,在动物建立条件反射后继续让铃声与无条件刺激(食物)同时呈现,狗的条件反射行为(唾液分泌)会持续地保持下去。但当多次伴随条件刺激物(铃声)的出现而没有相应的食物时,则狗的唾液分泌量会随着实验次数的增加而自行减少,这便是反应的消退。教学中,有时教师及时的表扬会促进学生暂时形成某一良好的行为,但如果过了一些时候,当学生在日常生活中表现出良好的行为习惯而没有再得到教师的表扬,这一行为很有可能会随着时间的推移而逐渐消退。

(2)泛化与分化。在一定的条件反射形成之后,有机体对与条件反射物相类似的其他刺激也做出一定的反应的现象叫作泛化。比如,刚开始学汉字的孩子不能很好地区分"未"跟"末",或"日"跟"曰"。而分化则是有机体对条件刺激物的反应进一步精确化,那就是对目标刺激物加强保持,而对非条件刺激物进行消退。比如在体育教学中,教师帮助学生辨别动作到位和不到位时的肌肉感觉,从而使动作流畅、有力。

2. 桑代克的联结学说

美国实证主义心理学家桑代克用科学实验的方式来研究学习的规律,提出了著名的联结学说。

桑代克的实验对象是一只可以自由活动的饿猫。他把猫放入笼子,然后在笼子外面放上猫可以看见的鱼、肉等食物,笼子中有一个特殊的装置,猫只要一踏笼中的踏板,就可以打开笼子的门闩出来吃到食物。一开始猫放进去以后,在笼子里上蹿下跳,无意中触动了机关,于是它就非常自然地出来吃到了食物。桑代克记录下猫逃出笼子所花的时间,然后又把它放进去,进行又一次尝试。桑代克认真地记下猫每一次从笼子里逃出来所花的时间,他发现随着实验次数的增多,猫从笼子里逃出来所花的时间在不断减少。到最后,猫几乎是一被放进笼子就去启动机关,即猫学会了开门闩这个动作。

通过这个实验,桑代克认为所谓的学习就是动物(包括人)通过不断地尝试形成"刺激—反应"联结,从而不断减少错误的过程。他把自己的观点称为试误说。桑代克根据自己的实验研究得出了三条主要的学习定律。

(1)准备律。在进入某种学习活动之前,如果学习者做好了与相应的学习活动相关的预备性反应(包括生理和心理的),学习者就能比较自如地掌握学习的内容。

(2)练习律。对于学习者已形成的某种联结,在实践中正确地重复这种反应会有效地增强这种联结。因而就小学教师而言,重视练习中正确的重复是很有必要的。另外,桑代克也非常重视练习中的反馈,他认为简单机械的重复不会造成学习的进步,告诉学习者练习正确或错误的信息有利于学习者在学习中不断纠正自己的学习内容。

(3)效果律。学习者在学习过程中所得到的各种正或负的反馈意见会加强或减弱学习者在头脑中已经形成的某种联结。效果律是最重要的学习定律。桑代克认为学习者学习某种知识以后,即在一定的结果和反应之间建立了联结,如果学习者遇到一种使他心情愉悦的刺激或事件,那么这种联结会增强,反之会减弱。他指出,教师尽量使学生获得感到满意的学习结果显得尤为重要。

3. 斯金纳的强化学说

继桑代克之后,美国又一位著名的行为主义心理学家斯金纳用白鼠作为实验对象,进一步发展了桑代克的"刺激—反应"学说,提出了著名的操作条件反射。

与桑代克相类似的是斯金纳也专门为实验设计了一个学习装置——"斯金纳箱",箱子内部有一个操纵杆,只要当饥饿的小白鼠按动操纵杆,小白鼠就可以吃到一颗食丸。开始的时候小白鼠是在无意中按下了操纵杆,吃到了食丸,但经过几次尝试以后,小白鼠"发现"了按动操纵杆与吃到食丸之间的关系,于是小白鼠会不断地按动操纵杆,直到吃饱为止。斯金纳把小白鼠的这种行为称为操作性条件反射或工具性条件反射。斯金纳与桑代克的主要区别在于:桑代克侧重于研究学习的S—R联结,而斯金纳则在桑代克研究的基础上进一步探讨小白鼠乐此不疲地按动操纵杆的原因——因为小白鼠每次按动操纵杆都会吃到食丸,斯金纳把这种会进一步激发有机体采取某种行为的程序或过程称为强化,凡是能增强有机体反应行为的事件或刺激物叫作强化,导致行为发生的概率下降的刺激物叫作惩罚。

斯金纳通过实验观察发现,不同的强化方式会引发白鼠不同的行为反应,其中连续强化引发白鼠按动操纵杆的行为最易形成,但这种强化形成的行为反应也容易消退。而间隔强化比连续强化具有更持久的反应率和更低的消退率。斯金纳在对动物研究的基础上,把有关成果推广运用到人类的学习活动中,主张在操作性条件反射和积极强化原理的基础上设计程序化教学,"把教材内容细分成很多的小单元,并按照这些单元的逻辑关系顺序排列起来,构成由易到难的许多层次或小步子,让学生循序渐进,依次进行学习"。在教学过程中,教师要积极应对学生做出的每一个反应,并对学生做出的正确反应予以正确的强化。

斯金纳按照强化实施以后学习者的行为反应,将强化分为正强化和负强化两种方式。正强化是指学习者受到强化刺激以后,加大了某种学习行为发生的概率。如由于教师表扬学生做出的正确行为,从而使学生能在以后经常保持这种行为。负强化是指教师对学习者消除某种讨厌刺激以后,学习者的某种正确行为发生的概率增加。如教师取消全程监控的方式以后,学生仍能够保持良好的学习习惯。

4. 班杜拉的社会学习理论

美国心理学家班杜拉在反思行为主义所强调的"刺激—反应"的简单学习模式的基础上,接受了认知学习理论的有关成果,提出学习理论必须要研究学习者头脑中发生的反应过程的观点,形成了综合行为主义和认知心理学有关理论的"认知—行为"主义的模式,提出了"人在社会中学习"的基本观点。

班杜拉建构的社会学习理论也有一个实验作为载体,只不过他所采用的实验对象从动物变为了人类自身。他的实验过程分成两个阶段。第一阶段是让三个(A,B,C)不同班级的学生看三段录像,录像中的一部分内容是相同的,都是一个大孩子在一间屋子里击打一只充气玩具。接着,屋子里出现了一个成人,三个班级的学生随后所看录像的内容就不一样了:A班学生看到的镜头是成人不满地在孩子的脑袋上拍打了几下,以示对孩子这种行为的惩罚;B班学生则看到进来的成人亲昵地摸了摸孩子的头,似乎是对孩子这种行为的赞许;C班学生看到成人进屋以后,既没有对孩子表示惩戒,也没有对孩子表示赞赏,只是若无其事地招呼孩子离开那间屋子。看完录像以后,实验者让三个班级的学生分别待在不同的教室里,里面都放有一只充气的玩具,观察者则在教室外观察学生的行为反应,结果看到B班学生主动攻击玩具的次数最多,C班次之,A班最少。

班杜拉通过这个实验得出了著名的社会认知理论,他认为儿童社会行为的习得主要是通过观察、模仿现实生活中重要人物的行为来完成的。并且班杜拉认为,任何有机体观察学习的过程都是在个体、环境和行为三者相互作用下发生的,行为和环境是可以通过特定的组织而加以改变的,三者对于儿童行为塑造产生的影响取决于当时的环境和行为的性质。

班杜拉把儿童的观察学习的过程分成了四个阶段。(1)注意阶段。有机体通过观察他所处环境的特征,注意到那些可以为他所知觉的线索。一般而言,儿童往往更倾向于选择那些与自身条件相类似的或者被他认可为优秀的、权威的、被得到肯定的对象作为知觉的对象。(2)保持阶段。有机体通过表象和言语两种表征系统来记住他在注意阶段已经观察到的榜样的行为,并用言语编码的方式存储于自身的信息加工系统中。(3)复制阶段。有机体从自身的信息加工系统中提取从榜样情景中习得并记住的有关行为,在特定的环境中模仿。这是有机体将观察学习而习得的不完整的、片段的、粗糙的行为,通过自行练习而得到弥补的过程,最终使一项被模仿的行为通过复制过程而成为有机体自己熟练的技能。(4)动机阶段。有机体通过前面三个阶段已经基本上掌握了榜样的有关行为,但在现实生活中,个体却并不一定在任何情景中都会按照榜样的行为去做出自己的反应,班杜拉认为这主要是由于"机会"或"条件"不成熟,而"机会"或"条件"的成熟与否则主要取决于外界对此行为的强化程度。

按照班杜拉的理解,对于有机体行为的强化方式有三种:一是直接强化,即对学习者做出的行为反应当场予以正或负的刺激;二是替代强化,指学习者通过观察其他人实施这种行为后所得到的结果来决定自己的行为指向,如实验中的 B 班学生由于看到录像中小孩对充气玩具攻击后受到成人的表扬,从而他们决定采取与录像中小孩相同的行为来对待生活中碰到的类似的事情;三是自我强化,指儿童根据社会对他所传递的行为判断标准,结合个人的理解对自己的行为表现进行正或负的强化。自我强化参照的是自己的期望和目标。例如,在一次跳绳比赛中一个学生对自己跳了 150 次而欣喜不已,而另外一个同样成绩的学生则懊丧不已。

二、认知学习理论

20 世纪 60 年代以后,随着认知心理学的诞生,学习理论开始重视研究学习者处理环境刺激的内部过程和机制,用 $S—O—R$(O 即学习的大脑加工过程)模式来取代简单的没有大脑参与的 $S—R$ 联结,强调有机体的学习是在大脑中完成的对于人类经验重新组织的过程,主张人类的学习模式不应该简单地观察实施刺激以后的有机体的反应方式,而应该重视学习者自身的建构和知识的重组,应该强调不同类型的学习有不同类型的建构模式,主张在教学中要加强学习者有意义学习的比重,运用同化与顺应的方法有效地促成学习者知识结构的建立。认知学派的主要代表人物有布鲁纳(J. S. Bruner)、奥苏伯尔、加涅、皮亚杰等。

1. 布鲁纳的认知结构学习理论

布鲁纳的主要教育心理学理论集中体现在他 1960 年出版的《教育过程》一书中。对于布鲁纳在教育心理学方面做出的卓越成就,美国一本杂志曾这样评价,他也许是自杜威以来第一个能够对学者和教育家谈论智育的人,这足以看出布鲁纳在学术界的崇高威望。

布鲁纳主要研究有机体在知觉与思维方面的认知学习,他把认知结构称为有机体感知和概括外部世界的一般方式。布鲁纳始终认为,学校教育与实验室研究猫、狗、小白鼠受刺激后做出的行为反应是截然不同的两回事,他强调学校教学的主要任务就是要主动地把学习者旧的认知结构置换成新的,促成个体能够用新的认知方式来感知周围世界。

(1)重视学科基本结构的掌握。布鲁纳强调"不论我们选教什么学科,务必使学生理解该学科的基本结构"。所谓"基本",就是"具有既广泛而又有强有力的适用性",学科的基本结构包括基本概念、原理和规律,也就是每科教学要着重教给学生这"三基"。

布鲁纳的认知结构教学理论深受皮亚杰发生认识论的影响,他认为认知结构是通过同化和顺应及其相互间的平衡而形成的。但他也不完全同意皮亚杰的观点,皮亚杰认为认知结构是在其他外界作用下形成发展起来的,而布鲁纳则反复强调认知结构对外的张力,认为认知结构是个体拿来认识周围世界的工具,它可以在不断的使用中自发地完善起来,学校的教学工作主要是帮助学生掌握基础学科的知识,并以此为同化点来完成对知识结构的更新,促使他们运用新的认知结构来完成对周围世界的感知,这就是有机体智慧生长的过程。因此,布鲁纳主张教给学科的基本结构,主要是让学生掌握概括性程度更高的概念或一般原理,以有利于后继新知识的同化和顺应。

(2)提倡有效学习方法的形成。在布鲁纳看来,人类具有对于不同事物进行分类的能力,人的学习其实就是按照知识的不同类别把刚学习的内容纳入到以前学习所形成的心理框架(或现实的模式)中,有效地形成学习者知识体系的过程。布鲁纳认为,人类的知觉过程也就是对客观事物不断进行归类的过程,所以他提倡教师在帮助学习者学习的过程中,不仅要提供必要的信息,而且要教会学生掌握并综合运用对客观事物归类的方法。他认为,学习者的探究实际上并不是发现对世界上各种事件分类的方式,而是创建分类的方式,而在具体的学习过程中,这些相关的类别就构成了编码系统。编码系统是人们对所学知识加以分组和组合的方式,它在人类的不断地学习中进行着持续的变化和重组。

在布鲁纳看来,知识迁移实际上就是学习者将已经掌握的编码系统应用于其他新的信息,从而有效地掌握新信息的过程。因此,教育工作者在教授新知识时,客观地了解学习者已有的编码系统是非常重要的。

(3)强调基础学科的早期教学。布鲁纳有句名言,"任何学科的基础知识都可以用某种形式教给任何年龄的任何人",因此主张将基础知识下放到较低的年级教学,他认为任何学科的最基本的观念是既简单又强有力的,教师如果能够根据各门学科的基本概念按照儿童能够接受的方式开展教学的话,就能够帮助学生缩小"初级"知识和"高级"知识之间的距离,有效地促进知识之间的迁移,引导学生早期智慧的开发。他认为,加强基础学科的早期教学,让学生理解基础学科的原理,向儿童提供挑战性但是适合的机会使其逐步提高,有助于儿童在学习的早期就形成以后进一步学习更高级知识的同化点。布鲁纳列举了物理学和数学学习中的例子来进一步说明如果儿童能早一点儿懂得学科学习的基本原理的话,就能帮助他们更容易地完成学科知识的学习,他把这种对学科基本原理的领会和掌握称为通向"训练迁移"的大道,其意义在于不仅能够帮助儿童理解当前学习所指向的特定事物,而且"能促使他们理解可能遇见的其他类似的事物"。

(4)主张学生的发现学习。所谓发现,是指学习者独自遵循他自己特有的认识程序亲自获取知识的一切方式。布鲁纳反复强调教学是要促进学生智慧或认知的生长,他认为,"教育工作者的任务是要把知识转换成一种适应正在发展着的学生的形式,以表征系统发展的顺序,作为教学设计的模式"。由此,他提倡教师在教学中要使用发现学习的方法。

使用发现法应遵循六个步骤:①提出和明确学生感兴趣的问题;②使学生体验到对问题的某种程度的不确定性;③提供解决问题的多种可能的假设;④协助学生收集可供下结论的资料;⑤组织学生审查有关资料,得出应有的结论;⑥引导学生用分析思维去证实结论。

布鲁纳之所以强调在教学中要重视学生的发现学习,原因在于他通过比较研究发现学习和接受学习,看到发现学习有以下几个比较明显的优点。

第一,发现学习不仅强调对学习结果的存储,而且它还重视学习者在学习中以有意义的方式组织知识,因而学习者对知识掌握的牢固程度要高。

第二,发现学习强调学习者内部学习动机的激发,要求学习者在教师所提供的教学信息面前,自己探索解决问题的模型,所以实践表明,发现学习更容易激发学习者的智慧潜能。

第三,发现学习强调培养学生的直觉思维能力,注重在学习的过程中让学习者运用假设去推测关系,应用自己的能力去解决问题或发现新事物,因而发现学习在一定程度上可以有效提升学习者发现问题、解决问题的能力。

第四,在发现学习的过程中,教师与学生处于合作状态,此时的学生就不再是静坐的听众或观众了,他们主动合作,投入教与学的互动中,在不断的探究中获得新的信息,从而大大提高学生学习的主动性。

2.奥苏伯尔的认知同化理论

奥苏伯尔是美国的认知心理学家,他对教育心理学的杰出贡献集中体现在他对有意义学习理论的表述中。他在批判行为主义简单地将动物心理等同于人类心理的基础上,创造性地吸收了皮亚杰、布鲁纳等同时代心理学家的认知同化理论思想,提出了著名的有意义学习、先行组织者等,并将学习论与教学论两者有机地统一起来。

(1)有意义学习。奥苏伯尔学习理论的核心是有意义学习。他指出:"有意义学习过程的实质就是符号所代表的新知识与学习者认知结构中已有的适当观念建立非人为的和实质性的联系。"在他看来,学习者的学习,如果要有价值的话,应该尽可能地有意义。奥苏伯尔将学习分为接受学习和发现学习、机械学习和意义学习,并明确了每一种学习的含义及其相互之间的关系。为了有效地区分这四种学习,奥苏伯尔提出了有意义学习的两条标准。

第一条,学习者新学习的符号或观念与其原有知识结构中的表象、有意义的符号、概念或命题等建立联系,如学习者在了解哺乳动物的基本特征后,再对照特征,知道鲸也属于哺乳动物家族中的一员。

第二条,新知识与原有认知结构之间的连结是建立在非人为的、合乎逻辑的基础上的,如四边形的概念与儿童原有知识体系中的正方形的概念的关系并不是人为地强加的,它符合一般与特殊的关系。

另外,奥苏伯尔在提出有意义学习标准的基础上进一步指出了有意义学习的两大条件。

一是内部条件,学习者表现出意义学习的态度倾向,即学习者表现出积极地寻求把新学习的知识与本人认知结构中原有知识联系起来的行为倾向性。

二是外部条件,所要学习的材料本身要符合逻辑规律,能与学习者本人的认知结构、认知特点相吻合,在学习者的认知视野之内。

奥苏伯尔提出了人类存在的三种主要的有意义学习的类型。

一是表征学习,主要指词汇学习,即学习单个符号或一组符号代表的是什么意思。比如"cat"这个单词,对于刚刚接触英语的孩子来说是无意义的,但老师多次指着猫对孩子说这就是"cat",最后孩子自己看见猫的时候也会说这就是"cat",这时候我们就能说孩子对"cat"这个符号已经获得了意义。

二是概念学习,主要指学习者掌握同类事物的共同的关键特征。比如学习者学习了"鸟"的概念,知道了鸟的共同的关键特征是体温恒定、全身有羽毛后,儿童能指出鸡也应该属于鸟类,这个时候我们就能说学习者已经掌握了"鸟"这个概念了。

三是命题学习,命题学习必须建立在概念学习的基础上,是学习若干概念之间的关系或把握两个(或两个以上)特殊事物之间的关系的活动。这是一种最高级别的学习类型。学习若干概念之间的关系称为概括性命题学习,比如学习长方形的面积等于长乘以宽,这里的面积、长、宽可以代表任意长方形的面积、长和宽,而这里的乘积表示的是任意长与宽之间的联系。把握两个(或两个以上)特殊事物之间关系的学习称为非概括性命题学习,这种学习只是一种陈述学习,比如掌握"无锡是中国最具经济活力的城市之一",这里"无锡"表示的是一个城市,"中国最具经济活力的城市之一"表示的也是一个特殊对象,两者结合在一起就陈述了一个具体的事实。

(2)知识的同化。奥苏伯尔学习理论的基础是同化。他认为学习者学习新知识的过程实际上是新旧材料之间相互作用的过程,学习者必须积极寻找存在于自身原有知识结构中的能够同化新知识的停靠点,这里同化主要指的就是学习者把新知识纳入到已有的图式中去,从而引起图式量的变化的活动。奥苏伯尔指出,学习者在学习中能否获得新知识,主要取决于学生个体的认知结构中是否已有了有关的概念(即是否具备了同化点)。教师必须在教授有关新知识以前了解学生已经知道了什么,并据此开展教学活动。

奥苏伯尔按照新旧知识的概括水平及其相互间的不同关系,提出了三种同化方式:下位学习、上位学习和并列结合学习。

下位学习(又称类属学习)主要是指学习者将概括程度处在较低水平的概念或命题,纳入自身认知结构中原有概括程度较高水平的概念或命题之中,从而掌握新学习的有关概念或命题。按照新知识对原有知识产生影响的大小,下位学习又可以分为两种。一种是派生类属学习,即新学习的知识仅仅是学习者已有概念或命题的一个例证或是一种派生物。例如,学习者通过学习"带鱼"、"黄鱼"、"鲤鱼"等概念掌握了"鱼"这一概念,现在要学习"鳗鱼",可以将它纳入到"鱼"的概念下。这种学习不仅使新知识获得了意义,而且使原有知识获得了证实或扩充。另一种是当学习者获得一定的类属于原有概念或命题的新知识以后,使自身原有的概念或命题进一步精确化,使其受到限制、修饰或扩展,这种学习称为相关类属学习。例如,学习者已经熟悉了"氯在点燃状态下可以与铁发生化学反应"的命题,现在学习新的命题"溴在点燃状态下也可以与铁发生化学反应",后一命题与前一命题之间只是相关关系,后者不可以从前者中派生出来。

上位学习(又称为总括关系)是指在学习者已经掌握几个概念或命题的基础上,进一步学习一个概括或包容水平更高的概念或命题。如学习者在熟悉了"感知""记忆""思维"这些下属概念之后,再学习"心理过程"这个概括程度更高的新的概念,这个概括水平更高的新概念主要通过归纳原有下位概念的属性而获得意义。

当新学习的概念和命题既不能与原有知识结构中的概念或命题产生下位关系,也不产生上位关系,而是并列关系时,这时的学习便只能采用并列结合学习。如学生在学习了心理过程的基本知识以后,再学习个性心理的有关知识,这时的学习就是并列结合学习。

(3)学习的原则与策略。奥苏伯尔还在有意义学习和同化理论的基础上提出了学习的原则与策略。

一是逐渐分化原则。这条原则主要适合下位学习,奥苏伯尔认为学习者在学习新知识时,用演绎法从已知的较一般的整体中分化细节要比用归纳法从已知的具体细节中概括整体容易一些,因而教师在传授新知识时应该先传授最一般的、概括性最强的、包括性最广的概念或原理,然后再根据具体细节逐渐加以分化。

二是综合贯通原则。这条原则主要适合上位学习和并列结合学习,奥苏伯尔主张教师在用演绎法渐进分化出新知识的同时,还要注意知识之间的横向贯通,要及时为学习者指出新旧知识间的区别和联系,防止由于表面说法的不同而造成知识间人为地割裂,促进新旧知识的协调和整合。

三是序列巩固原则。这条原则主要针对并列结合学习,该原则指出对于非上位、非下位关系的新旧知识可以使其序列化或程序化,使教材内容由浅入深、由易到难。同时,奥苏伯尔也指出,对于这类知识的学习,教师还应该要求学习者及时采取纠正、反馈等方法复习回忆,保证促进认知结构中原有观念的稳定性以及对新知识掌握的牢固性。

为了有效地贯彻这三条原则,奥苏伯尔提出了具体的先行组织者策略。先行组织者是指在呈现新的学习任务之前,由教师先告诉学生一些与新知识有一定关系的,概括性和综合性较强、较清晰的引导材料,来帮助学生建立学习新知识的同化点,以有效促进学习者的下位学习。根据所要学习的新知识的性质,奥苏伯尔列出了两种不同类型的先行组织者。对于完全陌生的新知识,他主张采用说明性组织者(或陈述性组织者),利用更抽象和概括的观念为下一步的学习提供一个可利用的固定观念;对于不完全陌生的新知识,他主张采用比较性组织者,帮助学生分清新旧知识间的共同点和不同点,为学生获得精确的知识奠定基础。

3. 加涅的信息加工理论

1974年,加涅利用计算机模拟的思想,坚持利用当代认知心理学的信息加工的观点来解释学习过程,展示了学习过程中的信息流程。图 5-1 是加涅所阐述的学习和记忆的信息加工流程图。

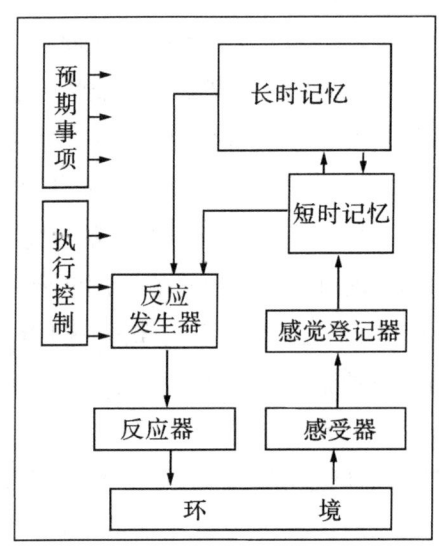

图 5-1 学习和记忆的信息加工模型

加涅认为,任何一个教学传播系统都是由"信源"发布"消息",编码处理后通过"信道"进行传递,再经过译码处理,还原为"消息",被"信宿"接收。该模型呈现了人类学习的内部结构及每一结构所完成的加工过程,是对影响学习效果的教学资源重新合理配置、调整的一种序列化结构。在这个信息流程中,加涅主要强调了以下三点:

(1)学习是学习者摄取信息的一种程式。学习者从环境中接受刺激从而激活感受器,这是学习的第一步。斯珀林(Sperling)等通过实验研究证明,来自个体各种感觉器官的感觉信息表征成分必须成为注意的对象才能持续地对人的神经系统发生影响。经过注意,外界信息被转化成刺激信号,被人选择性感知,在人的感觉登记器保持0.25~2秒;被转换的信息紧接着以声音或形状的方式进入短时记忆。从学习者的角度看，信息最为关键的变化发生在进入短时记忆后的编码，经过编码，原先以声音或形状储存的信息马上可能转化为能被人理解的、有语义特征的言语单元或更为综合性的句子、段落的图式，但信息在短时记忆中保留的时间也是非常短暂的，一般在2.5~20秒之间，如果学习者加以复述，最长也不会超过1分钟。这些有意义组织的信息经过学习者的不断复述而进入人的长时记忆系统，被永久保存下来。以后在人为地提供一定的外在线索后，这些被长久保存起来的信息经过反应发生器和效应器而提取出来反作用于外在环境。

（2）学习者自发的控制和积极的预期是制约课堂教学有效性的决定因素。执行控制和预期虽然没有呈现在信息的流变程式中，但它们与信息流动同步，直接参与了完整信息加工的每一步，事实上这两个学习者内部加工的机制能影响所有的信息流阶段。因此，为了高效率地学习，学习者必须对一些刺激做出反应，这就意味着在学习初期学习者的感觉器官就应该朝向于刺激源，做好接受刺激的心理准备；另外，选择性知觉会直接影响到感觉登记器中的内容进入短时记忆的特征及编码方式的选择，它作为一种特殊因素，在学习一开始就决定了学习者概括和解决问题的能力及学习者思维质量的高低。还有，作为一种定向性的执行过程，预期的内容能使学习者产生一种连续的学习定势，使他们的心向在指向于目标完成的过程中选择每一加工阶段的信息输出，完成对学习者"头脑中已有"目标的应答。

（3）反馈是检验教学效果的手段。教学是一个封闭的环形流程，有起点，也有终点，这里的起点和终点都指向于与学习者紧密相关的课堂情境（环境），在这样一种情境中需要对教学结果做出一定的评价，以过程效果检测的评定性标准作为提升教学质量的中介，使教学过程在一种动态的流程中不断地创新、超越。而反馈就是通过对学习者行为的效果提供结果性评定，来检测、描述学习的性能、意义。在课堂教学中，学生可观察的活动模式是陈述一堂课质量好坏的直接依据，学生在课堂上的参与度、反应度、行为表现等都是反映课堂教学效果的原始性指标。

加涅在对学习活动进一步分析的基础上，又把与上述学习过程有关的教学划分为以下八个阶段。

一是动机阶段。加涅认为要使有效学习行为发生，学习者必须要有学习心向，所以学习的准备工作就是由教师以引起学生兴趣的方法去激发学生的学习动机。

二是了解阶段。在这个阶段，教学的措施要引起学生的注意，提供选择性的知觉。主要的目的在于促使学习者将学习的注意力指向与他的学习目标有关的各种刺激。

三是获得阶段。教学在此阶段的任务是支持学生把了解到的信息转入短时记忆系统，也就是对信息进行必要的编码和储存。教师可向学生提示编码过程，帮助学习者采用较好编码策略来学习知识，以有利于信息的获得。

四是保持阶段。这个阶段主要是让学习者把获得阶段所得到的信息有效地放到长时记忆的记忆存储器中去。存储信息的内部过程到底在多大程度上受教学方式的影响,现在还没有完全研究清楚。但是,加涅认为有效的学习应适当地安排条件,如同时呈现不同的刺激来代替相似刺激,由于相互间干扰的减少就可以间接地影响信息的保持。

五是回忆阶段,也就是信息的检索阶段。在此阶段,为使所学的知识能以一种作业的形式表现出来,线索是必不可少的,因而加涅主张教学可以采取提供线索以引起记忆恢复的形式,或者采取控制记忆恢复过程的形式,以保证学生可以找到适当的恢复策略加以运用。另外,他认为教学还可以采用包括"有间隔的复习"等方式,使信息恢复有发生的机会。

六是概括阶段。在此阶段,教师提供情境,使学生学到的知识和技能以新颖的方式迁移,并提供线索,以应用于以前不曾遇到的情境。

七是作业阶段。在此阶段,教学的大部分是提供应用知识的时机,使学生显示出学习的效果,并为下阶段的反馈做好准备。

八是反馈阶段。在此阶段,学生关心的是他的作业达到或接近他的预期标准的程度。如果学生能够得到完成预期证实的反馈信息,对强化学习过程将有很大的影响。

三、建构主义学习理论

近二十年以来,随着计算机和 Internet 网络教育应用的飞速发展,在教育心理学中正在发生着一场革命,人们对它叫法不一,但更多地把它称为建构主义的学习理论。客观地说,到目前为止,建构主义的理论体系还处在发展过程中,尚未成熟,因此,我们只能试着对它的主要观点作一些简要的梳理、概括。

1. 学生观

建构主义强调学习者是以自己的经验为基础来建构现实,或者至少说是在解释现实。维特罗克(M. C. Wittrock,1931)认为:"学习过程不是先从感觉经验本身开始的,它是从对该感觉经验的选择性注意开始的。任何学科的学习和理解总是涉及学习者原有的认知结构,学习者总是以其自身的经验,包括正规学习前的非正规学习和科学概念学习前的日常概念,来理解和建构新的知识或信息。建构一方面是对新信息的意义的建构,同时又包含对原有经验的改造和重组。"因此,他们更关注如何以原有的经验、心理结构和信念为基础建构知识,更强调学习的主动性、社会性和情境性。

建构主义强调,应当把学习者原有的知识经验作为新知识的生长点,引导学习者从原有的知识经验中,生长新的知识经验。他们认为学习者并不是空着脑袋走进教室的,他们在各种形式的学习中,凭借自己的头脑创建了丰富的经验。当学习问题一旦呈现在他们面前时,学习者会基于以往的经验,依靠他们的认知能力,形成对问题的解释,由于学习者的经验以及对经验的信念不同,于是学习者对外部世界的理解也是不同的。因而,著名的人本主义心理学家凯利(G. A. Kelley)指出:"第一,个人建构是不断发展、变化和完善的,可推陈出新,不断提高。第二,个人建构因人而异,在他看来,现实是各人所理解和知觉到的现实,面对同一现实,不同的人会有不同的反应。第三,在研究人格的整体结构的同时,不能将其组成部分弃于一端,而应努力做到整体与部分、形式与内容的有机统一。第四,当人们总用已有的建构去预期未来事件时,不可避免地要遇到一些困难和麻烦,新的信息和元素需要加入到原有的建构之中。第五,一个人要获得一种同现实十分一致的建构体系决非轻而易举,要经过大量的探索和试误过程。"

教学不是知识的传递,而是知识的处理和转换。教师不单是知识的呈现者,也不是知识权威的象征。教师应该重视学生自己对各种现象的理解,倾听他们的看法,思考他们这些想法的由来,并以此为据,引导学生丰富或调整自己的解释。因此,教师与学生、学生与学生之间需要共同针对某些问题进行探索,并在探索的过程中相互交流和质疑,了解彼此的想法,引导学习者从原有的知识经验中生长新的知识经验。学习者要努力通过自己的活动,建构形成自己的智力的基本概念和思维形式。

2. 教师观

教师的角色应该是学生建构知识的忠实支持者、学生学习的高级伙伴或合作者。建构主义虽然非常重视个体的自我发展,但是它并不否认教师的外在影响作用,认为教师应该给学生提供复杂的真实问题,教师不仅必须开发或发现这些问题,而且必须认识到复杂问题有多种答案,激励学生对问题解决的多种观点。教师必须提供学生元认知工具和心理测量工具,培养学生评判性的认知加工策略,以及自己建构知识和理解的心理模式,帮助他们掌握应对各种挑战所需要的知识、技能和策略,养成独立自主和控制自己学习的习惯,让学习者能够成为独立的思考者和独立解决问题者。在具体教学中,教师应清楚地认识教学目标,理解教学是逐步减少外部控制、增加学生自我控制学习的过程。

教师必须关心学习的实质,以及学生学习什么、如何学习和学习效率如何等问题,必须明白要求学生获得什么学习效果。建构主义教学比传统教学要求教师承担更多的教学责任,教师应当重视维果茨基提出的最近发展区,并为学生提供一定的辅导。教师不是知识的简单呈现者,而是不断促使学生丰富和调整自己理解的引导者。为此,教师在教学实践中必须创设一种良好的学习环境,学生在这种环境中可以通过实验、独立探究、合作学习等方式来展开他们的学习。

教师要成为学生建构知识的积极帮助者和引导者。在建构意义的过程中,教师应要求学生主动去收集和分析有关的信息资料,对所学的问题提出各种假设并努力加以验证。要善于使学生把当前学习内容尽量与自己已有的知识经验联系起来,并对这种联系加以认真思考。为了使意义建构更有效,教师应在可能的条件下组织协作学习,提出适当的问题,以引起学生的思考和讨论;在讨论中设法把问题一步步引向深入,以加深学生对所学内容的理解;要启发、诱导学生自己去发现规律,去纠正或补充错误的或片面的认识,并对协作学习过程进行引导,使之朝有利于意义建构的方向发展。通过创设符合教学内容要求的情境和提供新旧知识之间联系的线索来激发学生的学习兴趣,引发和保持学生的学习动机。

四、人本主义学习理论

人本主义是20世纪50年代末60年代初在美国出现的一种重要的教育思潮,主要的代表人物是马斯洛、罗杰斯、凯利等。这些心理学家反对把对白鼠、鸽子、猫和猴子的研究结果应用于人类学习,主张采用个案研究方法。人本主义心理学的主要观点是:(1)心理学研究的对象是"健康的人";(2)生长与发展是人的本能;(3)人具有主动地、创造性地做出选择的权利;(4)人的本性中情感体验是非常重要的内容。建立于现代人本主义心理学基础上的人本主义学习理论包括以下观点。

1. 以人性为本位的教学目的观

人本主义认为:人性本质是善的,人生而具有善根,只要后天环境适合,就会自然地成长;人所表现的任何行为不是由外在刺激引起或决定的,而是发自内在、出于当事人自己的情感与意愿所作出的自主性与综合性的选择;人的学习是个人潜能的充分发展,是人格的发展。马斯洛指出,学习的本质是发展人的潜能,尤其是那种成为一个真正人的潜能;学习要在满足人最基本的需要的基础上,强调学习者自我实现需要的发展;人的社会化过程与个性化的过程是完全统一的。因而,许多人本主义教育家认为,教育的根本目标是帮助发展人的个体性,帮助学生认识到他们自己是独特的人并最终帮助学生开发其潜能。人本主义者强调学校教师在教学中应重点帮助学生明确学习的目标和学习的内容,创设能促进学生学习的良好的心理氛围,保证学生在充满满足感、安全感的情境中通过教师安排的学习活动,发现学习内容的价值、意义,使学习者成为充分发展的人。

2. 彰显主体的教学过程观

人本主义认为,在教学过程中,应以"学生为中心",这是其"自我实现"的教育目的的必然产物,教学以学习者为中心,让学生成为学习的真正主体。马斯洛认为,健康的儿童是乐于发展、前进,乐于提高技术与能力,乐于增强力量的。人本主义强调在教育教学过程中应重视学生的认知、情感、兴趣、动机、潜能等内心世界的研究,尊重每个学生的独立人格,保护学生的自尊心,帮助每个学生充分挖掘自身潜能、发展个性和实现自身的价值,并力图证明:"外部的学习要求与每个人具有的生长趋势是一致的,学习可以带来即时的娱乐和兴奋的源泉,而不是作为与别人竞争或保证一个人在未来社会中的地位和工具,学习的手段和目的应该是统一的,同时,认为每个人具有先天性的友爱、求知和创造等潜能,这些潜能必须发挥出来,人的自我实现则是人的潜能不断得到发挥的一种动态的、形成的过程。教育的主要功能是创造最好的条件促使每个人达到他所能及的最佳状态,帮助个体发现与他的真正自我更协调的学习内容和方法,提供一种良好的促进学习和成长的气氛。"因而,教师在教学过程中尤其要重视学生的情感体验,设身处地地从学生的角度去理解学习的过程和学习的内容,帮助学生了解学习的意义,建立学习内容与学习者个人之间的联系,指导学生在一定的范围内自行选择学习的材料,激发学生从自我的倾向性中产生学习倾向,培养学生自发、自觉的学习习惯,实现真正意义上的有意义学习。

第三节　小学生知识的学习

"知识"是我们在日常生活中经常用到和听到的词,但我们对它的理解并不全面。"知识"一词在使用的过程中有广义和狭义之分。广义的知识泛指人们所获得的一切知识经验,其中也包含解决问题的程序或操作规则。狭义的知识仅指个体获得的对世界的描述和解释,不包括解决问题的程序或操作规则等调控经验。具体地说,知识包括四大类:知什么(know-what)——掌握事实;知为什么(know-why)——理解科学和其他原理;知怎样(know-how)——做事的技能;知谁(know-who)——确定谁拥有信息和专长的能力。知识不但包括对世界的描述和解释,而且也包括解决问题的程序或操作规则。

一、知识的分类与学习

现代认知心理学家安德森等从知识的性质出发,将学生学习的知识分为两类:一类是陈述性知识,另一类是程序性知识。陈述性知识是关于事实"是什么"的知识,它的基本形式是命题,许多命题相互联系形成的命题集合成为命题网络。程序性知识是完成某项任务的一系列操作程序,它的基本形式类似计算机"如果……那么……"的条件操作,每个程序都包括条件部分(if...)与操作部分(then...),个体掌握了这种程序性知识后,一旦认知了条件,就能产生相应的操作。

1. 陈述性知识的学习

陈述性知识的学习过程主要是在工作记忆中把几个激活了的节点联结起来形成新经验或新知识的过程。例如,一个过去不知道"中国的首都是北京"的人,当他听到这句话时,首先激活了头脑中长时记忆的"中国""北京""首都"等几个节点(假定他头脑中已存在着这几个节点),把它们提取到工作记忆中去,然后把这几个节点联系起来形成一个新经验或新知识,再存放回长时记忆的命题网络相应的位置中去。于是,该个体便获得了这个新经验或新知识。总的来看,陈述性知识的获得过程包括三个环节。(1)联结。随着有关新经验或新知识的物理形式的刺激(声音刺激或视觉刺激)进入工作记忆中,激活了长时记忆中相应的节点,同时也激活了与这些节点有关的若干旧经验或旧知识,这若干节点在工作记忆中被联结起来就构成了新经验或新知识。(2)精加工。将新形成的经验或知识与所激活的旧经验或旧知识进行加工、整合,按照一定的关系构成局部命题网络。(3)组织。将精加工过程形成的局部命题网络加以组织并使之进入宏观的知识结构,也就是将工作记忆加工处理的结果放到长时记忆相应的位置中去,或对宏观的知识结构进行重组与改造。这就是陈述性知识获得的基本过程。

2. 程序性知识的学习

程序性知识与陈述性知识获得的过程与条件是不同的。在程序性知识的学习过程中,学习者要学习的是在某种条件下要采取的某项操作或某一系列的操作程序,并能按程序完成整个操作。因此,这类学习包括两步:一步是条件认知,即学会确定"if...";另一步是操作步骤,即学会进行"then..."。条件认知的学习是学会辨别出刺激是否符合该产生式的条件,也就是学会按一定的规则(或步骤)去辨别或识别某种对象或情境,看它是否与该产生式的条件模式相匹配;操作步骤的学习是学会完成某活动的一系列步骤,即学会按一定的程序与规则进行一系列操作以达到目标状态的过程。总的来看,程序性知识获得的一般过程也包括三个环节:(1)以陈述性知识的方式表征行为序列;(2)程序化练习,经实际练习由命题表征控制下的行为序列过渡到由程序表征控制下的行为序列;(3)合成,各孤立的、小的产生式合成大的产生式系统,这个产生式系统的运作自动化、简约化。

程序性知识的学习也就是加涅所说的智慧技能和认知策略的学习。智慧技能是指运用符号所代表的知识办事的能力。加涅把智慧技能分出四种类型,它们由低级到高级依次是:(1)辨别能力,觉察事物之间的不同特征的能力,如辨别己、已和巳这三个汉字的不同点;(2)获得与应用概念的能力,认识一类事物的共同本质特征并利用本质特征进行判断的能力,如形成数概念并应用数概念计数;(3)习得与应用规则(原理、公式、定理等)的能力,如应用公式 $S = \pi r^2$,求半径为某一长度的圆面积;(4)习得与应用高级规则的能力(问题解决学习)。加涅认为,高级规则的学习以简单规则的学习为先决条件,简单规则的学习以概念学习为先决条件,概念学习以辨别学习为先决条件,从而构成了一个累积的学习层次。高级规则学习(问题解决学习)是指人把若干以前学到的法则(规则)组合成为若干原理(新规则或高级规则)去解决以前自己没有解决过的问题。

所谓问题,就是指人需要达到一定的目标,但又无现成的规则(法则)、原理等经验加以利用时所构成的刺激模式。例如,求四边形的面积,就是运用若干简单规则,组成新的更高级的规则(如图5-2)。

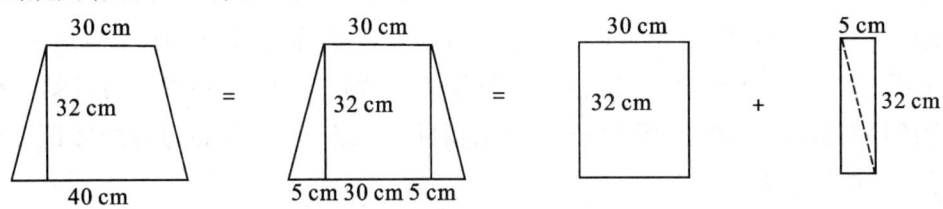

$$30 \times 32 + 5 \times 32 = 1120(\text{cm}^2)$$

图5-2 运用若干简单规则组成新的高级规则求四边形的面积

(计算图中四边形的面积是由若干简单规则组成:1.得到上图长方形的面积;2.利用两个等高直角三角形全等性,组成一个长方形;3.将两个长方形的面积相加。)

二、知识学习的基本过程

知识的学习过程是一种独立的行为过程,它始于学习者的注意与预期(如图5-3)。没有学习者的注意,信息不可能进入短时记忆,更不可能进入长时记忆。第二步是激活原有知识,没有原有知识作指导,学习者将会"视而不见""听而不闻"。第三步是选择性知觉,即对学习材料进行感知。选择性知觉本身就包含初步理解。在此基础上,第四步是学习者在新知识内部和新旧知识之间进行各种加工,使新信息进入原有

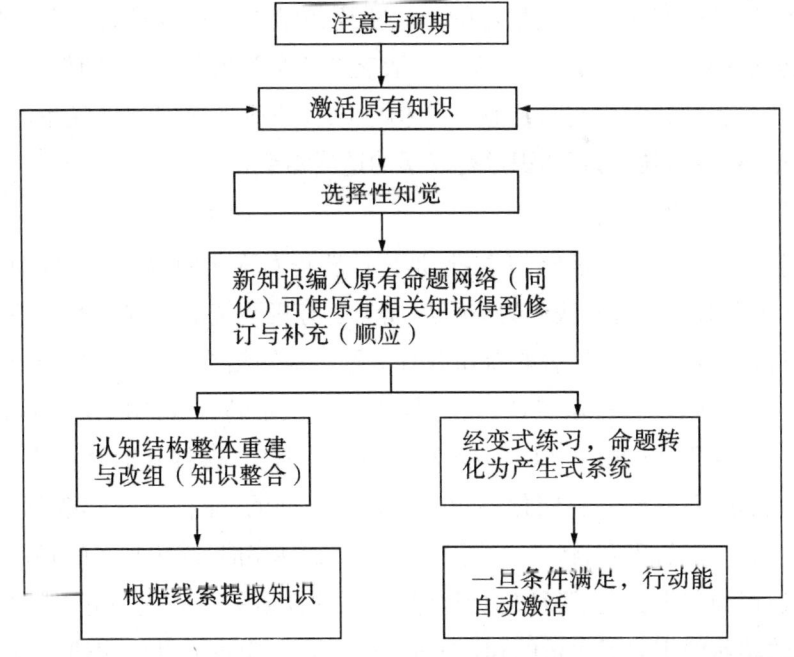

图5-3 广义的知识学习过程模型

相关知识的网络之中(同化),或使原有相关知识得到修订与补充(顺应)。上述这几步合称为知识学习的第一阶段。知识学习进入第二阶段以后,一分为二:一部分继续以命题网络的形式,经过复习,把头脑中的知识在整体上进行重新改组(知识整合),形成更加优化的陈述性的知识体系;另一部分经变式练习,转化为以"如果……则……"的形式表征的程序性知识(包括智慧技能和认知策略)。知识学习的第三阶段是知识的提取或应用,同时,图5-3中箭头返回第二方框,表示新习得的知识又作为新一轮学习的原有知识。

教师在这一模型的指导下,可以避免犯混淆知识的类型,把程序性知识当作陈述性知识或者把有意义的命题知识当作无意义的机械材料来教的错误。

三、知识学习的机制

1. 机械学习的机制

奥苏伯尔把学习分为机械学习和有意义的学习两大类。机械学习是指学生不理解学习材料的意义,死记硬背式的学习。其特点是,学生以听代思,机械模仿,不求甚解,唯师唯书,所得到的是一堆孤立的信息。这是一种没有内化、没有"活性"、不能迁移、不能应用的学习,学生从中既得不到智力上的开发,更感受不到精神上的愉快。

机械学习的机制实质上是各种联结的形成,行为主义心理学家以"刺激—反应"的简单公式来描述这种学习,这种学习对新旧知识仅局限于形成文字符号的表面联系,学生不理解文字符号的实质。机械学习的产生主要是学习材料本身无内在逻辑意义(如外语单词、历史年代、门牌号码等),或学生缺乏有意义学习的心向,即学生缺乏积极主动地把符号所代表的新知识与自己认知结构中原有的适当知识加以联系的倾向性,学生认知结构中不具备能够与新知识进行联系的适当知识。

2. 有意义学习的机制

有意义学习的实质就是理解的学习,是个体获得对人类有意义材料的心理意义的过程,也是学生在头脑中将所获得的知识形成一个有机系统的过程。奥苏伯尔认为,有意义的学习过程就是符号所代表的新知识与学习者认知结构中已有的适当观念建立非人为的和实质性的联系。皮亚杰认为,智慧的发展就是新知识不断纳入认知图式(同化)、认知图式不断重建(顺应)以适应环境的过程。其实,这种新旧知识之间建立非人为的和实质性的联系就是经由同化和顺应过程来实现的;而且当这种新旧知识之间的联系的积累达到一定的程度,将其组成网络状的知识体系时,就出现了知识的整合操作。

原有知识正确与否决定了新旧知识之间联系的性质——同化和顺应。个体在日常生活和以往的学习中积累了大量的知识经验,这些知识经验可以分为两类:一类与要学习的知识相一致,可以作为新知识的生长点;另一类与要学习的知识相违背,成为新旧知识的冲突点。皮亚杰认为,当新旧知识经验相一致,可以融洽相处时,新观念的进入可以丰富和充实原有知识。比如在学习了"鸟"的概念后,再学习"麻雀"和"鸵鸟"等,就可以丰富学生对"鸟"的理解。这种新旧知识之间的联系就叫作同化。在同化过程中,学生需要以原有知识经验为基础来理解新知识,新信息必须与原有知识经验之间建立适当的联系,新信息才能获得意义。比如,在学习"鸟"这一概念时,学生必须将这一名词与他们看到过的各种类型的鸟联系起来;在学习"鸟"的定义时,学生必须联系自己有关"卵生""羽毛"和"脊椎动物"的知识以及生活中的一些实际经验。如果个体既没有这些相关的知识,又缺乏相应的直接经验,这些名词就成了没有意义或意义混乱的符号,有意义学习就不能产生。

当新观念与原有知识经验存在一定的偏差、对立甚至冲突时,原有的知识经验会因为新知识的纳入而发生相应的调整或改组,这就是知识的顺应。例如,在小学高年级科学课上,教师在讲授"鸟"的概念时,会发现有的学生宁可把蜜蜂、蝴蝶说成是鸟,却不同意鸭和鸡属于鸟类。这是因为学生在接受"鸟"的科学概念之前,已经在日常生活中形成了"鸟就是会飞的动物"的概念,他们用这个想当然的标准去衡量"鸟"和"非鸟"。当学生接受"鸟是卵生、身上长羽毛的脊椎动物"的科学概念之后,以前在日常生活中形成的鸟的概念就被修订或取代,认知活动发生明显的顺应。

总之,同化意味着学生联系和利用原有知识来获得新观念,使原有知识得到丰富和充实。顺应则意味着新旧知识之间的整合与协调,使原有知识得到更新与改造。在学习中,学生遇到已有经验无法解释的新现象、新观点时,让他们充分意识和体验到其中的不一致,体验到一种冲突感——认知冲突,非常必要。认知冲突产生时,人们往往不愿忍受认知冲突给自己带来的压力,所以会试图调整新旧经验,以建立新的平衡。认知冲突有助于学生产生积极的认知活动。只有在这种积极的认知活动中,学生才能更有效地获取和建构知识。

在知识积累到一定程度后,会出现知识的整合,即知识的系统化,就是把有联系的知识组合起来形成一个网状的结构。知识整合的过程,就是学生在先前学习知识的基础上,发现各知识之间的联系并概括出本质或规律的过程,也是以该本质或规律为中心环节,把其他零散的知识按层次形成体系的过程。知识的整合不仅有助于学生能认识事物的外部特征,而且有助于理解其内在规律,把握知识之间的联系。可见,知识的整合是有意义学习的重要机制。

第四节 小学生技能的学习

一、技能概述

(一)技能的概念

技能是指个体通过练习而习得的合理的动作系统。这一定义强调:首先,技能是由一系列动作组成的动作系统,单一的动作不能叫作技能。例如,利用一组身体动作去表现某种情感(如舞蹈等)或组装一个机器部件,学生通过审题、分析数量关系、列式、运算、答题、检验等动作来解答应用题等,都是技能。而点头、握手等简单动作就不能被称为技能。

其次,构成技能的动作系统是一个合理的动作系统。所谓合理,就是指动作系统中的每一个动作都是合乎动作程序的必要动作,同时,动作之间相互协调,共同达到预定的目的。那些无目的的或不必要的动作,不能称为技能。例如,学生分心时的胡思乱想、婴儿取物时的手舞足蹈就不是技能。

再次,技能是后天获得的。技能与不随意的动作、反射性的动作有本质的区别。个体的不随意动作和反射性动作,是先天的本能反应,如眨眼反射、膝跳反射等都是先天具有的本能反应,不属于技能范畴。

最后,任何技能的习得都需要经过一定的练习。那些不通过练习而获得的动作系统不是技能。如人在紧张时出现的两腿有规律地抖动、癫痫病人的摆头动作等,都不是技能。

(二)技能的分类

根据技能所调节的动作的性质,可以将它们分为动作技能和智力技能。

1. 动作技能,也称操作技能或运动技能,是由骨骼、肌肉和相应的神经过程而实现的合理而流畅的外部动作系统。如人们在打字、打球、滑冰、写字等活动中,都是在动作技能的调节下进行的。个体越是经济、有效、合理地利用身体动作完成任务,就意味着其动作技能的水平越高。

动作技能有初级和高级之分。初级的动作技能是指刚学会的某项技能;高级的动作技能称为技巧,是高度熟练化、自动化的动作技能。

2. 智力技能,也称心智技能或认知技能,是个体调节认知活动的技能。个体观察事物、分析各种现象、解决各种问题,都需要智力技能的调节作用。

智力技能与动作技能虽然都具有技能的共同特点,但它们属于性质完全不同的两种技能。首先,它们所调节的对象不同。动作技能所调节的对象是外部的肌肉动作,而智力技能所调节的对象是内在的观念,如形象、概念、命题等。其次,动作技能是展开的,每一个动作都是不可或缺的;智力技能的动作则是简缩的,熟练的智力技能往往省去了许多动作,从而表现出一定的跳跃性。第三,动作技能是外显的,旁人可以直观地观察到它的进程;智力技能则是内潜的,旁人不能直接观察到它的进程,人们只能通过智力活动的结果间接地了解它的进程。

二、操作技能的形成

(一)操作技能的含义

操作技能又叫运动技能、动作技能,是通过练习而形成的一定的动作方式。例如:跳舞、弹琴、打字、举重、体操、游泳、开车等。

操作技能是由一系列的外部动作组成的,比如说写字,包括执笔、用笔等一系列动作;蛙泳包括手臂划水、腿蹬水、抬头呼吸等一系列动作。

(二)操作技能的种类

对操作技能的分类有很多的方法,可以从不同的维度进行划分,这里着重介绍以下四种分类。

1. 根据动作的精细程度和肌肉运动的强度,可以分为细微型操作技能和粗放型操作技能。细微型操作技能又叫精细型操作技能,指在较小的空间内,主要靠小肌肉的运动来完成,一般不需要剧烈的运动,通过手、脚、眼的协调来实现,例如:绣花、织毛衣、打字、雕刻等。粗放型操作技能又叫粗大型操作技能,主要是靠大肌肉的运动来完成,而且经常要求整个身体参与、活动强度比较大的技能,例如:跳高、跳远、游泳、打篮球、跑步等。

2. 根据运动的连贯与否可以分为连续型操作技能和断续型操作技能,连续型操作技能是由一系列的动作构成,其特点是没有明显可直接感知的起点和终点,步骤比较模糊、动作连贯。例如:写字、骑自行车等。断续型操作技能是对一个特定的外部刺激做出特定反应的活动,这是一个开始和结尾都清晰可辨的、在较短的时间内(一般在5秒钟以内)完成的技能,比如跳远、掷铁饼、抛铅球、举重或者移动一个棋子等。这类技能带有爆发性。

3. 根据动作对环境依赖程度的不同,可以分为闭合性操作技能和开放性操作技能。闭合性操作技能不参照环境因素,是完全借助肌肉运动反馈信息实现的技能,它是一种内部反馈系统,不太考虑环境的变化,它的特点是固定动作模式,只需通过反复的练习达到标准模式即可形成。比如说健美操、太极拳、体操、武术等。开放性操作技能主要依赖与周围环境提供的信息,随着外界环境的变化而要做出相应的调整,它是一种外部反馈系统,它的特点是要处理外界信息的变化,例如,打网球这一技能是开放性的,每打一球,运动员要尽快回位,然后调整起步速度,判断来球落点位置后才打下一拍,他的动作需要根据当时的环境而变化。

4. 根据操作对象的不同,又可分为徒手型操作技能和器械型操作技能:前者主要通过机体自身的运动来完成,例如跳水、唱歌等;器械型操作技能主要通过操作一定的器械或工具来完成,如驾驶、投篮等。

此外,我们还可以从简单到复杂的维度对技能进行划分,从技能包含的刺激量和反应数或完成技能时加工的信息量,分为简单操作技能和复杂操作技能。例如,开飞机比开汽车要复杂,因为有更多的仪表要注意,更多的操作要控制。

三、操作技能的形成过程

(一)操作技能的形成阶段

操作技能的形成是通过练习逐步掌握某种动作方式的过程,一般要经历操作定向、操作模仿、操作整合和操作熟练四个阶段。

1. 操作定向(认知定向)

此阶段是学习者对操作活动的结构与要求的了解,在头脑中建立起操作活动的定向映像的阶段,这一阶段学习者必须了解做什么、怎么做等有关信息和要求,形成对动作的初步认识,掌握与动作有关的信息,获得动作的定向映象。在头脑中形成认知结构和心理图式。有了这种心理图示,学习者在以后进行实际操作时才知道做什么和怎么去做,实现对动作的调节和控制。

操作定向是操作技能形成过程中的一个重要环节,只有形成了准确而清晰的定向映像才可以有效地控制和调节实际的操作活动,做出合乎标准的动作,如果缺乏定向映像或者受到错误的定向映像的控制,那么操作技能的学习就会出现偏差。

2. 操作模仿

操作模仿就是实际再现特定的动作方式和行为模式,模仿的实质是将头脑中形成的定向映像以外显的实际动作表现出来,因此,模仿是在定向映像的基础上进行的。可见,模仿不是盲目的模仿,是在头脑中定向映像的指导下进行的。

通过模仿,把"知"转变为"行",把头脑中形成的对有关动作的认识与实际的肌肉动作联系起来。通过模仿,可以检验已形成的动作映像水平,进一步完善、巩固、充实已形成的动作映像水平,有助于定向映像在技能形成过程中发挥更有效的作用。

3. 操作整合(动作联系)

操作整合是把模仿阶段习得的动作固定下来,并使各种动作或者各个部分联系起来,成为连贯的、一体化的动作系统。

4. 操作熟练(自动化)

操作熟练是技能形成的最后阶段,也是技能形成的高级阶段,在这个阶段,人们学习的各种动作在时间和空间上彼此协调起来,构成一个稳定的、连贯的动作系统,已经形成的动作系统对各种变化有高度的适应性,动作执行达到了一种完善化和自动化的水平。完善化是指能够准确地完成整个动作系统;自动化是指动作的执行过程不需要高度的意识控制,可以将注意分配到其他活动中。

总之,操作技能的形成是从领会动作要点到掌握局部动作开始,到建立动作之间的有机联系,最后达到整个动作自动化的过程。

(二)操作技能形成的特征

1. 意识对动作控制的作用减弱,整个动作系统趋向自动化

在技能形成的初期,人的内部言语起着重要的调节作用。人们每完成一个技能动作,都要受到意识的调节和控制。意识稍微有减弱,动作就会停顿或者出现错误。在这种情况下,人的注意力高度集中,显得高度紧张,动作呆板、迟缓,而且容易疲劳。

随着技能的形成,意识对动作的控制逐渐减弱,这个技能的动作系统成为一个自动化的过程,人的信息加工方式以自动化加工为主,占用较少的认知资源,可以将注意进行分配。由于动作系统的自动化,扩大了人脑信息加工的容量,完成动作时的神经紧张感降低,疲劳程度减轻。

2. 活动调节的视觉反馈作用减弱,动觉反馈作用加强

在操作技能形成的初期,学习者依靠外反馈,特别是视觉的反馈来控制行为,随着技能的形成,这种控制不再依赖于视觉反馈,而是通过动觉反馈作用来调节和控制动作,例如,当我们走路时偶尔绊到一块石头,就立即产生防止跌倒的动作,这就是由于脚部的动觉反馈信息对运动程序的调节。在技能的熟练期,动觉反馈是运动程序的控制器,它保证着操作技能的稳定进行。

3. 动作的稳定性和灵活性增加

初学某种技能的人,动作是不稳定的,这种不稳定既表现在个别动作的准确性上,也表现在动作之间的转换和过渡上,当技能形成以后,就会以相对稳定的方式表现出来,成为某种稳定的动作模式。刚学体操的人有时表现出色,有时发挥很差,水平很不稳定,而一个熟练的体操运动员能够反复按同一方式完成某套体操动作,就是因为他的体操技能达到了相对稳定的程度,形成了某种稳定的动作模式。

动作的灵活性是长期学习和练习的结果,初学某种技能的人,动作呆板,执行技能的条件稍有变化,动作的完成就可能遇到困难,通过在不同的情景中练习,技能才变得灵活起来。

4. 协调化运动模式的形成

协调化的运动模式就是一系列局部动作连成一个完整的动作系统,是操作技能形成的另一个重要标志,技能是由一系列动作构成的,技能动作的协调化表现在两个方面:①连续性的统一协调,这是在时间上的协调,打拳时先打一式,接着打另一式,走路时先动一足,再动另一足,前后连贯,一气呵成,这是连续性上的统一协调或者时间上的协调。②同时性的统一协调,这是在空间上的协调,驾驶汽车时,脚踩油门,手扶方向盘,紧密配合,融为一体,这是空间上统一协调或者同时性的统一协调。许多技能,既需要时间上的统一协调,又需要空间上的统一协调,从而构成一个协调化的运动模式。

(三)操作技能的训练要求

1. 准确的示范和讲解

学习任何操作技能必须以动作表象为基础,熟练的操作技能都包含着非常清晰、准确的动作表象。示范和讲解有利于学习者不断地调整头脑中的动作表象,从而形成准确的定向映象,进而在实际操作中调节动作的执行。示范效果的好坏关键是示范动作的准确性,另外要将讲解与示范结合起来,边讲解边示范。

2. 必要而适当的练习

(1)练习和练习曲线

练习是各种技能形成的关键环节。所谓练习,就是以掌握一定的技能为目标所进行的反复操作过程,练习不是单纯的重复,而是以掌握一定的活动方式为目标的反复。

练习的结果可以用练习曲线来表示,练习曲线也叫学习曲线,是用图解的形式来表示在技能形成过程中练习次数与练习成绩之间关系的曲线(图5-4)。

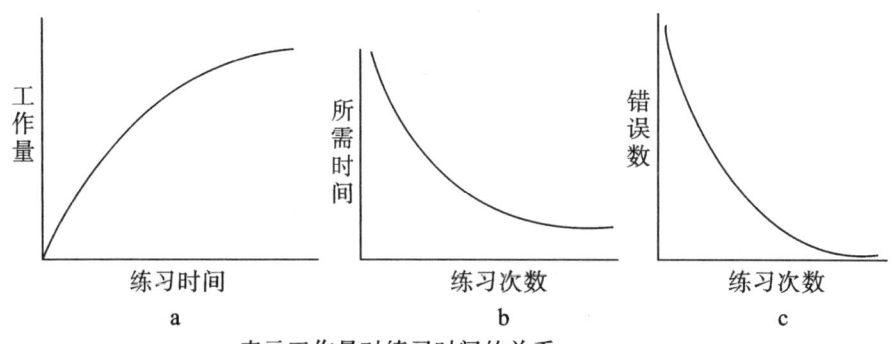

a 表示工作量对练习时间的关系;
b 表示每次练习所需时间对练习次数的关系;
c 表示每次练习的错误数对练习次数的关系

图5-4 典型练习曲线

(2)练习进程的特点

①练习成绩的起伏现象。练习曲线反映了练习的起伏现象,从练习曲线上可以看出成绩经常起伏变化:时而上升,时而下降,进步很少是一致的。产生这种现象的原因:

一是练习者心理状态的影响。例如注意力是否集中、态度是否积极、情绪有无波动;二是客观环境的变化,例如练习的环境、练习工具和指导者的指导方式的改变,等等。

②高原现象。在练习的中后期出现的练习成绩的进步暂时停顿的现象。此阶段叫高原期。

1897年,布瑞安用实验方法证明了高原现象,他研究了收发电报中动作技能的进步,结果发现,在练习的15~28天之间,成绩一度停顿下来,虽有练习,但是成绩不见提高,这就是练习进程中的高原期。高原现象在学习中是常见的,例如,许多英语学习者曾经感觉到学习到达一定的层次以后,要想再提高学习成绩变得相当困难,仿佛学习停滞不前了,即使继续努力收益也不大。但是高原现象是暂时的,过了高原期还会呈现上升的趋势,所以在学习的高原期不能放弃。

③技能的极限。可以肯定地说,一个人能够学到的技能的数量是没有极限的,一个人对某种技能掌握的完善程度也没有明显的极限,比如运动员不断刷新纪录。当然,生理的极限是不可否认的。另外,年老、体衰使技能的改善到了极限,但是在这之前,主要的极限是一个人愿意去练习和练习是否得法的问题。

(3)高效率练习的条件

①明确练习的目标。有没有明确的目标,是影响练习效果最重要的因素,练习不是机械地重复一种动作,而是在目标的支配下,旨在改进动作的方式与方法。有的人天天写字,书法不一定有明显的改进,就是因为人们只是简单地重复这些动作,没有提出改进技能的明确目标。

②掌握练习的"过度学习"原则。过度学习指实际练习的时间超过达到某一操作标准所需的练习时间,即150%的学习原则。过度学习非常重要,但并不是说过度学习的量越大越好。

③灵活应用整体练习和分解练习。整体练习是把某种技能当作一个整体来掌握,分解练习法又叫局部练习法,是指在练习时,把某种技能分解成若干个部分或者个别的局部的动作,通过逐一掌握这些局部的动作,逐渐达到学习整个技能的目的。如练习打排球时,先从发球、垫球、传球、扣球等基本技能进行练习,最后在实战比赛中将各个基本技能有机结合起来。

④恰当安排练习时间。练习时间的安排有两种,即集中练习和分散练习,集中练习是指长时间不间断地进行练习,每次练习中间不安排休息;分散练习指间隔一定时间再进行的练习,每次练习之间安排适当的休息时间。一般而言,分散练习比集中练习的效果要好些。

3. 充分而有效的反馈

反馈来自两个方面:一是内部反馈,即操作者自身的感觉系统提供的反馈,是个体通过感知觉和动觉提供的反馈;二是外部反馈,是教师、教练、示范者等外部信息源对学习者的操作结果及其操作过程的反馈。

4. 建立稳定清晰的动觉映像

由于运动知觉的模糊性,学习者对自己的错误动作不能明确地意识和感觉到,也就很难对运动进行有意识的调节或控制,因此,有必要进行专门的动觉训练,以提高动作的稳定性和清晰性,充分发挥动觉在操作技能学习中的作用。

四、智力技能的形成

(一)智力技能的形成过程

苏联的心理学家加里培林认为,人的智力技能的形成是智力活动的个体内化过程。所谓内化,就是指智力活动由外部的物质化活动向内部的心理活动转化。据此,他提出了智力技能按阶段形成的理论。他将智力技能的形成过程分为五个阶段。

1. 活动的定向阶段

这是智力活动必需的准备阶段。活动的定向阶段的任务是通过观察智力活动的"原型",理解活动的目标、程序及每个步骤的具体要求,并在此基础上形成相应的表象。例如,在小学数学应用题教学中,教师讲解例题,将解答应用题的思维过程呈现给学生,学生通过观察、思考以了解解答应用题的目标、程序和要求,在头脑中形成关于解答应用题过程与结果的表象。这个过程就是活动的定向。

2. 物质活动和物质化阶段

所谓物质活动,就是指运用实物进行智力活动;所谓物质化活动,就是运用实物的图片、模型、示意图等实物的替代物进行智力活动。物质活动和物质化活动的任务是,在活动的定向的基础上,根据对活动的目标、程序、要求的认识和表象,利用实物或实物的变形,来进行实际的智力活动,从而形成实际操作的动作表象。例如,在小学一年级,教学退位减,如"15-7"时,可以借助小棒来进行运算。先将15分为10和5再减,将10减去7得3,最后是将5和3加起来,得8。物质活动或物质化活动的基本要求是,每一个智力动作必须以展开的形式进行,并以相应的实际操作来完成。

3. 出声的外部言语阶段

个体通过出声的外部言语来进行智力活动。以出声的外部言语来概括已形成的动作表象,使智力活动摆脱了实物的限制,提高了智力活动的概括性。但是,在本阶段,个体的智力活动仍然是展开的、非自动化的。例如,在上例中,个体仍需要按照"分、减、加"的操作程序进行智力活动。本阶段往往与前一阶段合并。

4. 无声的外部言语阶段

在本阶段,个体虽然发音器官在动,但不发出声音,相当于"默读"。智力活动是借助言语声音的表象来进行的。这一阶段,本质上与上一阶段没有区别,本阶段的任务是使智力活动的进行由外部言语调节逐步向内部言语调节过渡。

5. 内部言语阶段

本阶段是智力技能形成的最后阶段,智力活动借助于内部言语以内化的、简缩且自动化的形式进行。由于内部言语是一种简缩的、意义性言语形式,因而,它可以使智力活动达到高度的概括水平。智力活动只有达到高度概括化,才可能实现简缩化和自动化。

(二)智力技能形成的特征

智力技能形成的特征,就是指智力技能形成的最后阶段的特征。了解智力技能形成的特征,有助于教师明确智力技能培养的目标。智力技能形成主要有以下几个方面的特征。

1. 智力活动主要靠内部言语来调节

在智力技能形成的初期,智力活动主要是通过对具体实物的操作来进行的。这时智力活动离不开以动作表象形式存在的具体经验。智力技能形成的中期,外部言语代替了动作表象来调节智力活动,这使智力活动摆脱了具体经验的束缚,具有更高的概括性。在智力技能形成的后期,内部言语代替了外部言语,更进一步提高了智力活动的概括性,使之更能适应复杂智力活动情境。

2. 智力活动具有简缩的特征

在智力活动的早期与中期,智力活动是展开的,而在智力技能形成的最后阶段,智力活动则是简化和压缩的。例如,当一个高中生看到一个小学应用题时,他不需要进行审题、分析数量关系、列式、运算、检验等动作,就可以直接回答问题。这些智力动作已被压缩到一起,一步就完成了。

3. 智力活动的速度和品质得到改善

在智力技能形成的最后阶段,智力活动高度熟练,达到了自动化程度,以至于人们往往意识不到自己的智力活动过程。因此,运用智力技能解决问题的速度明显提高。

智力技能形成后,思维的灵活性与敏捷性、广阔性与深刻性、独立性与批判性都有明显提高。

(三)智力技能形成的条件

影响智力技能形成的因素很多,这里我们只讨论几种主要的影响因素。

1. "原型"的特点

智力技能形成的基础是个体对活动的定向。而活动的定向是通过个体观察"原型"来实现的。因此"原型"的特点是影响智力技能形成的重要因素。首先,所提供的"原型"的结构必须是完备的,要保证个体能完整地了解动作的程序和各基本动作的要求,不能有任何遗漏。其次,所提供的"原型"要具有一定的概括性和典型性,要对同类智力活动具有广泛的迁移价值。

2. 练习

同动作技能一样,智力技能也是通过练习形成的。首先,练习必须达到一定的量,没有足够量的练习,就不能实现智力活动的内化。其次,练习的方式也是影响智力形成的重要因素。练习必须分阶段进行,而且要注意多样化。关于智力活动的练习问题,后面再详细探讨。

3. 学习者的主体积极性

学习者对智力技能学习的积极性是影响智力技能学习的重要因素。例如,在小学数学20以内的加减法学习中,由于数量较小,一些学生就满足于用计数的方法来完成运算任务,而不是根据数的组成的知识,通过数的组合和分解动作来完成运算任务。其结果是这些学生不能掌握加减法运算的算理,形成加减运算的技能。到了更大数量的加减运算时,这种不足就会暴露出来。可见,调动学生学习智力技能的积极性十分重要。

4. 概括水平

学生的概括水平是智力技能形成的重要条件。学生的概括水平越高,所学习的新技能就越能摆脱具体经验的束缚,具有广泛的应用性。例如,在20以内退位减的运算中,只要掌握了"破十法"的规则,就会运算20以内的所有退位减法题。

5. 基本技能的熟练

任何复杂的智力技能,都是由一些简单的技能组合而成的。因此,基本技能的熟练是相当重要的。例如,如果解答简单应用题的技能掌握得很熟练,那么,学习复合应用题的技能就很容易了。

第五节 小学生问题解决的学习

一、问题与问题解决

(一)问题

问题是指在目标确定的情况下却不明确达到目标的途径或手段。运用自己的已有知识去成功地寻找达到目标的手段或途径的过程,就是问题解决。在现实生活中,我们每天都会遇到各种各样的问题。例如,我们想过河,却不知哪儿有桥或船;阅读一篇文章后,要回答文章后面的问题;上新课时,老师所提出的思考问题等。问题虽然有各种各样,但是,所有的问题都含有三个基本成分:第一,给定:一组已知的有关问题条件的描述,即问题的起始状态;第二,目标:有关构成问题结论的描述,即问题要求的答案或目标状态。问题解决就是要把问题的给定状态转化为目标状态;第三,障碍:正确的解决办法不是直接的、显而易见的、必须通过一定的思维活动才能找到答案,达到目标状态,如果没有障碍,问题解决实质上成了回忆,而不是真正的思维过程。

任何一个真正的问题,都是由这三个成分组成的,而且这三个成分是有机地结合在一起的。问题的条件和目标之间有着内在的联系,但是要把握这种联系,不是直接可以的,其间存在着障碍,需要进行思维活动。因此,在最终的问题解决之前,可能会有一些错误和曲折,要经过许多的步骤。

(二)问题的种类

在现实生活中,存在着各种各样的问题。根据问题的性质,我们可以将它们分为不同的类型。

从给定状态和目标状态是否被明确界定的角度来分,可将问题分为明确界定了的问题和未明确界定的问题两类。所谓明确界定了的问题,指这类问题对给定状态和目标状态均有明确的、清晰的说明。例如,"已知三角形 ABC 中,∠A = 90 度,∠C = 60 度,求∠B 的度数。"

所谓未明确界定的问题,就是含糊规定的问题,此类问题对给定的条件或目标没有清楚的说明,问题具有很大的不确定性。例如:"我们的企业如何扭亏为盈?"

二、问题解决的过程与策略

(一)问题解决的过程

英国心理学家华莱士,通过对名人传记的研究,于 1926 年写出《思维的艺术》一书,在这本书中提出问题解决的心理过程可以分为四个阶段,即准备、酝酿、明朗和验证。

1. 准备阶段。由情境的刺激引起多方面想法,经过筛选与问题有关的想法,抛弃一些对问题解决无关的想法,逐渐辨明问题的特点,发现问题解决的线索,明确从何处着手对问题进行解决。准备阶段是任何问题解决时必须经历的,并且是一个艰苦而长期的过程。例如,爱因斯坦在青年时代,就因为物理学中的基本问题而内心感到不安,特别是关于光的速度问题。他为这个问题日夜思考,长达 7 年之久。当他考虑到时间概念时,忽然觉得萦绕在头脑中的问题获得解决了。他动手用了 5 周的时间,写出了世界闻名的《相对论》。`

2. 酝酿阶段。发现问题解决的线索后,如果问题不太复杂,可能很快就能找到问题解决的方法,使问题得到解决。如果问题很复杂,往往需要经过一定时间的酝酿。在酝酿阶段,常需要问题的解决者把问题放置一段时间,也许有一天会突然地找到了问题解决的方法,这一现象常被称为酝酿效应。

3. 明朗阶段。在经过酝酿阶段后,常因无意遇到某种刺激情景启示,突然找到了问题解决的方法,即突然明朗起来。明朗阶段可以用格式塔学派提出的顿悟观点来解释。实际上,明朗阶段的获得是有其客观上的原因的。在客观方面,有重要的刺激信息的启示;在主观方面,有紧张和重压后的心理放松。

4. 验证阶段。在明朗阶段所得到的解决方法不一定都是正确而有效的,所以一般还需要经过实践来验证。只有经过验证,才能说是把问题解决了。例如,爱因斯坦预言光的射线在经过一种较大的物体的附近时,由于引力的作用会发生弯曲。这个观点通过观察1919年的日食得到证实,从而证明了爱因斯坦理论的正确性。

(二)问题解决的思维策略

在问题解决的过程中的思维策略,不仅指某种问题解决的行为计划,而且更侧重于指在问题解决之前所进行的思维活动。问题解决的策略主要分为两大类:算法式策略和启发式策略。

1. 算法式策略

算法式策略是指对一个问题解决的所有可能途径都加以尝试的一种策略。例如,要开一个四位数的密码锁(每位数字号0至9)就要进行10 000次尝试。

算法式策略的特点是如果解存在的话,就一定能找到解,而且能找出所有的解,选出最佳的解。缺点是对所有的可能都进行尝试,太费时费事,有时简直办不到。

2. 启发式策略

启发式策略是凭借经验来解决问题的一种策略。用启发式策略解决问题,并不探索所有可能途径,仅仅对经验中认定的最有可能成功解决问题的途径进行探索。这一策略的优点是能提高问题解决的效率;但它的缺点是,如果受到已有经验的误导,走了错误的途径,往往导致解决问题的失败。

【案例5-1】

在讲《称象》的时候,有个学生问:"曹冲的方法是怎么想出来的?"大家议论纷纷,不得要领。老师有意培养学生的思维能力:"鲁班被叶齿拉破了手而发明了锯,人们由鱼鳔的功能而发明了潜艇;我们看看前几段,想想曹冲可能是受了什么启发?"读书后,有人说,曹冲是受了蠢官员的启发。官员在讲到称的时候,曹冲想,秤杆子有记号,能知道象的重量,我在船舱上刻下记号,不就可以称象了吗?有人说,官员在谈到宰象的时候,曹冲想,把象宰成一块块的可以称量,石头也是一块块的,能不能代替一块块的象呢?虽然结论不同,但都有道理,老师都予以肯定。

(资料来源:王立业. 如何培养小学生的创造性思维能力.) http://qkzz.net/article/ea14c25e-edeb-4c1c-a406-86dd46e3506e.htm

主要的启发式策略有如下三种。

(1)手段—目标分析策略。这种策略的核心是发现问题的当前状态与目标状态之间的差别,并采用一定的步骤来缩小这种差别。也就是说,采取一系列措施,逐步缩小给定条件与目标状态之间的差距,最终使问题得到解决。

(2)爬山法策略。这种策略的名称是一个形象的比喻。即在问题解决的过程中,假定目标是山顶,人们不可能一下子爬到山顶。在探索达到山顶的路径时,只要遇到有岔道,我们就看几条岔道中哪一个是向山上延伸的(而不是向山腰或山下延伸)就选择那一条道路,这种策略也称为局部最优选择法。

(3)反推法策略。这种策略适合于解决那些从起始状态出发可以有多种走法,但是只有一条路能够达到目标状态的问题。这种策略常用于解决几何问题,例如,已知矩形ABCD,如图5-5所示,求证:AD=CB。

图5-5 矩形ABCD

在解决这个问题时,学生会自问:"怎样才能证明 AD=CB 呢?如果我能证明三角形 ACD 等于三角形 BDC,我就能证明 AD=CB。"这样,学生就会从证明线的全等推出要证明三角形全等。他进一步还会推想,如果能够证明两条边和夹角相等,那么,就能证明三角形 ACD 和三角形 BDC 全等。这就是利用反推法来解决几何问题。

三、影响问题解决的因素

问题解决的思维过程受多种心理因素的影响。有些因素能促进思维活动对问题的解决,有些因素则妨碍思维活动对问题的解决。下面讨论其中主要的几种。

(一)问题表征

问题表征(problem representation)是在头脑中对问题进行信息记载、理解和表达的方式。要能解决一个问题,不仅有赖于我们分解该问题的策略,也有赖于我们对该问题如何进行表征。如图5-6所示的九点方阵和火柴排图两个问题,看似简单,做起来并不容易,不容易的原因是受到知觉情境的限制。左图中的9个点,很容易使人在知觉上构成一个封闭的四边,从而让人难以突破知觉经验,但四段直线必须延伸到9个点构成的区域之外才能达到目的;右图中的6根火柴是在平面上排列的,但想在平面上排成4个连接的三角形,6根火柴无法达到目的,唯一的可能是将6根火柴架成立体的。

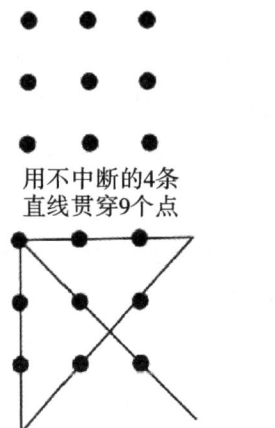
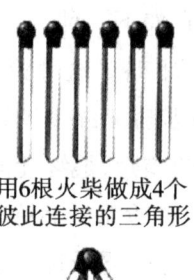
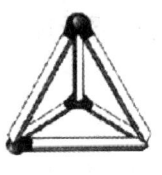

图 5-6 两个问题及其解法

再看下面的例子。已知一个圆的半径是 6 厘米,请问圆的外切正方形的面积是多少?这个问题的知觉呈现方式有两种(如图 5-7 中的 a 和 b)。由于图 a 较难看出圆半径与外切正方形边长之间的关系,而图 b 较容易看出圆半径与正方形边长之间的关系,所以人们一般在解决图 a 问题时出错多,解决图 b 问题时出错少。

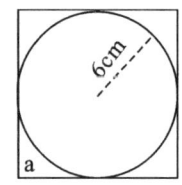
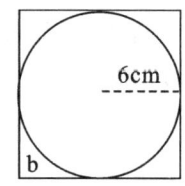

图 5-7 两种圆外切正方形图

(二)思维定势

思维定势(set of thinking)是个体先前的思维活动形成的心理准备状态对后继同类思维活动的决定趋势。定势常常是意识不到的,有时有助于问题的解决,有时会妨碍问题的解决。最初研究定势在解决问题中的作用的是梅尔(Maier,1930)。在他的实验中,对部分被试利用指导语给予指向性的暗示,对另一些被试不给予指向性暗示。结果,前者绝大多数被试能解决问题,而后者则几乎没有一个能解决问题。

定势对问题解决的妨碍作用可以从陆钦斯的实验中看到。在实验中,告诉被试有三个大小不同的杯子,要求他利用这三个杯子量出一定量的水。其实验程序见表 5-1。实验结果表明,通过序列 1~5 的实验,由于被试形成了利用"B - A - 2C"这个公式的定势,结果,对序列 6 和序列 7,也大都用同样方式加以解决,竟然没有发现原本应该显而易见的简单办法(即"A - C"和"A + C")。在这个例子中,定势使问题解决的思维活动刻板化。

表 5-1　陆钦斯的量水问题实验序列

序列	三个杯的容量			要求量出水的容量
	A	B	C	
1	21	127	3	100
2	14	163	25	99
3	18	43	10	5
4	9	42	6	21
5	20	59	4	31
6	23	49	3	20
7	15	39	3	18
8	14	36	8	6

（三）功能固着

功能固着（functional fixedness）指一个人看到某个物品有一种惯常的用途后，就很难看出它的其他新用途。如果初次看到的物品的用途越重要，也就越难看出它的其他用途。这是一种特殊类型的定势。这个概念是德国心理学家东克尔首先提出的。他在一个实验中，让学生们想办法在一块垂直的木板上放置蜡烛，并要使蜡烛能够正常地燃烧。东克尔给每个学生三支蜡烛，以及火柴、纸盒、图钉和其他东西。被试中有一半人分到的是放在纸盒里的材料，另一半人分到的东西都散放在桌面上。东克尔发现，把东西放在盒子里提供给被试，会使问题解决变得更困难，因为此时盒子被看作是容器，而不是能够参与解决问题的物体。在这个实验中，解决问题的方法是要先将盒子钉在木板上，把它当烛台用。

另一个实验是美国心理学家梅尔（Maier,1931）设计的一项摆荡结绳的实验。该实验设计的问题情境是在一个房间内，由天花板上垂下两条绳子，要求被试设法将它们连接在一起。房间里还摆放有一把椅子、一把钳子和其他东西（见图5-8）。问题是两条垂绳间距太远，被试无法同时用手将它们连接。实验设计的目的旨在观察被试能否突破功能固着，利用现场所陈列的材料，达到问题解决的目的。这一问题的解决办法是将钳子拴在一条垂绳上，使垂绳摆动，摆动期间有时两绳间的距离缩短，被试就可以同时抓住两条垂绳，即可结在一起。实验结果发现，一般大学生只有39.3%的被试能够想到上述方法解决问题。显然，大多数被试没想到钳子可以用作摆锤，在他们看来，钳子的功能就是拔钉或剪断铁丝之类。

图 5-8 结绳问题

功能固着也是思维活动刻板化现象。在日常生活中经常碰到,硬币好像只有一种用途,很少想到它还能用于导电;衣服好像也只有一种用途,很少想到它可用于扑灭烈火。这类现象使我们趋向于以习惯的方式运用物品,从而妨碍以新的方式去运用它来解决问题。

(四)酝酿效应

当反复探索一个问题的解决而毫无结果时,把问题暂时搁置一段时间,几小时、几天或几个星期,然后再回过头来解决,反而可能很快找到解决办法。这种现象称为酝酿效应(incubation effect)。在酝酿期间,个体虽在意识中终止了解决问题的思维过程,但其思维过程并没有完全终止,而仍然在潜意识中断断续续地进行着。通过酝酿,最近的记忆和已有的记忆被整合在一起,弱化了心理定势的效应,并容易激活比较遥远的思维线索,因而容易重构出新的事物,产生对问题的新看法,使问题得以顺利解决。

有人用实验说明了这种效应。给被试提出经济项链问题(见图5-9):"你面前有四条小链子,每条链子有三个环。打开一个环要花2分钱,封合一个环要花3分钱。开始时所有的环都是封合的。你的任务是要把这12个环全部连接成一个大链子,但花钱不能超过15分钱。"(这个问题的解法是:把一条小链的三个环都打开,用这三个环把剩下的三个小链连接起来。)实验中的三组被试都用半小时来解决问题:第一组,半小时中有55%的人解决了问题;第二组,在半小时解决问题中间插入半小时做其他事情,结果有64%的人解决了问题;第三组,在半小时中间插入4个小时做其他事情,结果有85%的人解决了问题。在这个实验中,主试要求被试大声说出解决问题的过程,结果发现第二、三组被试回头来解决项链问题时并不是接着已经完成的解法去做,而是像原先那样从头做起(Silveira,1971)。因此,可以认为,酝酿效应打破了解决问题不恰当思路的定势,从而促进了新思路的产生。

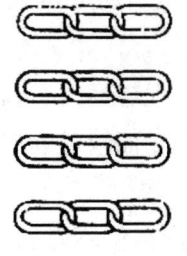
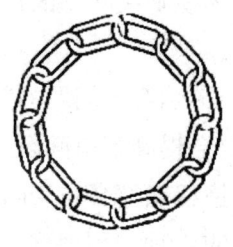

图5-9 经济项链问题

(五)知识经验

解决问题的知识经验越丰富,越有利于问题的解决。善于解决问题的专家与新手的区别,在于前者具备有关问题的知识经验并善于实际运用这些知识来解决问题。例如,一位老医生与一名刚参加工作的年轻医生,在面对一名具有很多症状的患者时就采取了不同的处理方式。年轻医生不确定病人患了什么病,于是便为病人开出了各种各样的医学检查单,在有了一套几乎完整的症状信息之后,才可能做出正确的诊断。但有经验的老医生很可能会立即认定这些症状符合某种或少数几种疾病的诊断模式,仅仅对病人做了有限的检查后便很快做出了相当准确的最后诊断。

那么,知识经验为什么能促进问题的解决呢?西蒙等人对这个问题进行过研究。他们把具有25个棋子的国际象棋盘以5秒的时间向国际象棋大师和棋艺不太好的一般棋手呈现(5秒的时间,被试完全能看清棋盘,但不能存入长时记忆)。分两种实验条件:第一种是把象棋好手下到一半的真实棋盘布局呈现给这两组;第二种是在棋盘上随机摆上25个棋子的布局呈现给这两组。呈现棋盘撤走后,要求被试把刚才看过的棋盘布局在另一棋盘上摆出来。结果发现:对于真实的棋盘布局,象棋大师能恢复25个棋子中的23个,而一般棋手则只能恢复6个左右;对于随机排列的棋盘布局,象棋大师和一般棋手能恢复的数量是相等的,都是6个。研究还表明,专家在看棋盘上的有规律的25个棋子时,并不是看25个孤立的东西,而是以组块为单元,加上组块之间的关系来看这棋盘的。根据对国际象棋大师的研究,西蒙认为,任何一个专家必须储存有5万~10万个组块的知识,而要获得这些知识不得少于10年。由于专家储存有大量的知识以及把这些知识运用于各种不同情况的丰富经验,因而他能熟练地解决本领域所遇到的各种问题。需要新手冥思苦想才能解决的问题,对专家来说,也许只要检查一下储存的解法就可以了。

(六)动机和人格

人在解决问题的过程中,总会伴随一定的动机,如人们的社会责任感、学习态度、学习兴趣等都可成为活动的动机。心理学家的研究表明,适中的动机水平有利于问题的解决,过强或过弱的动机水平不利于问题的解决。因为太强的动机水平,会使人处于高度的紧张状态,因而容易忽视解决问题的重要线索。而动机太弱,个体又容易被无关因素所吸引。

个体的人格差异也会影响解决问题的效率。理想远大、意志坚强、自尊、自信、自立、自强等优良的人格品质都会提高解决问题的效率。而缺乏理想、意志薄弱、骄傲懒惰、缺乏自尊、自卑等消极的人格特点都会妨碍问题的解决。

总之,影响问题解决的心理因素是多方面的,它们不是孤立地起作用,而是互相联系、互相影响、综合地影响着问题解决的思维过程。

四、创造性思维及其培养

(一)创造性思维

创造性思维是指以新颖独特的方法解决问题,并产生首创的、具有社会价值的思维成果的思维活动。创造性思维是人类思维的能力的最高体现,通过创造性思维,人们可以在现有科学成果的基础上,揭示客观事物或现象的本质特征及其规律,形成新的认知结构,并使认识超出现有水平,达到探索未知,创造新知的境界。

(二)创造性思维的培养

学校教育是一种有目的、有组织、有系统的教育,在影响小学儿童创造性思维发展、潜能开发诸因素中居于主导地位,因此,小学生的创造性思维培养应以学校教育为主。

1. 营造创造性思维形成的气氛

在传统的课堂教学中,学生的行为往往受到严格的限制。在教学的多数时间内,学生被要求尽量保持安静;对学生某些独特的见解,教师往往以教材为评判的标准给予否定的评价。这种对常规的严格遵守,使学生丧失了自由表现的机会,抑制了学生进行创造的内在动机。教学必须营造自由、民主、开放、安全的学习气氛,才有利于学生创造力的培养。自由,就是给学生自我表现的机会;民主,就是尊重学生的观点和权利;开放,就是不要对学生的思维进行限制;安全,就是不对学生的独特想法进行批评或挑剔,消除其对批评的顾虑,敢于表达自己的见解。自由、民主、开放、安全的学习气氛能使学生的见解处于积极活跃的状态,使其创造潜能得到最大限度的发挥。此外,教师还应当做好以下工作:

(1)激发认识兴趣。兴趣是人对认识和活动的需要的情绪表现,是积极探究事物的认识倾向。这种心理倾向使人对某件事物或某项活动给予优先注意,并具有向往的心理。学生对某事物有了兴趣,就会积极地、主动地去研究,最终取得一些成果。创造兴趣则是创造的最高阶段,随着兴趣的加深,在主动研究某事物的努力过程中就孕育着创造性。所以,学校要围绕培养学生创造的兴趣开展一些活动。如开办各种类型的特长班,学生自愿报名参加;举办各种信息讲座和专栏(包括图片和资料);用教室的阳台栽培植物,让学生自己种一些植物,并亲自管理;班上成立课外阅读小组、科技制作兴趣小组等。学校还可以根据学生的年龄、知识特点,开展丰富多彩的课外、校外活动,培养学生的动手动脑能力。学生通过多参与这些活动,能丰富知识、开阔眼界,激发创造兴趣,培养能力,体验成功的乐趣。

（2）培养学生求异思维。心理学研究成果表明,求异思维才能冲破习惯的思维定式,沿着不同的思维方向思考、探索新的途径、假设,寻求多样性的答案,另辟蹊径,达到独立解决问题的目的。

求异思维的主要特征和功能是立异创新,它是创造性思维形成的关键和核心。在教育过程中,注重培养学生的求异思维,则是开发学生智力、培养创造能力的突破口。求异思维常被人误解为"钻牛角尖""异想天开",因此,教师要注意爱护学生求异思维的积极性,在引导学生进行求异思维的同时,把握学生的思维方向,避免走思维弯路。

怎样培养学生的求异思维呢？突破群体思维方式、排除从众心理是求异思维的前提,因势利导、巧妙设疑是求异思维的问路之石。如有的教师在班级中组织"脑筋急转弯"游戏,对于培养学生的求异思维非常有效。培养学生的求异思维,还应当安排一个能刺激学生求异思维的环境,逐渐培养他们多方面多角度认识问题、解决问题的习惯。

【案例5-2】

教学中注重求异思维的训练,不仅可以使学生的解题思路开阔,妙法顿生,而且对于培养学生成为勇于探索新方法、新理论的创新人才具有重要意义。一题多解是训练求异思维的好素材,通过一题多解,引导学生就不同的角度、不同的方位、不同的观点分析思考同一问题,从而扩充思维的广度,使学生不满足固有的方法,而求新法。并能使学生学习的积极性、创造性得到发展。在马琳老师的《分数除法应用题的练习课》中,老师设计了这样的一道题："小华体重30千克,_____,小丽的体重是多少千克？"教师让学生自己补充条件,给了学生思维的自由度很大,让学生的思维无拘无束,学生思维非常积极,从不同角度思考出不同的答案："小丽的体重是小华的5/6""小丽比小华轻1/6""小丽的体重比小华的多1/5""小华的体重是小丽的5/6"等等,让学生从多角度进行思维的发散训练,提高学生解题的灵活性、敏捷性,长期下去,将会使学生的思维更开阔,学生的创造性思维的能力将会得到加强。

（资料来源:小学数学教学中学生创造性思维能力的培养,100分地带,http://www.100fen.org/Article/ShowArticle.asp？ArticleID=7164）

（3）培养学生良好的心理品质。创造性思维的发展与个人良好的心理品质有密切联系,只有在情感、意志和性格等良好的心理品质的伴随下,创造性思维才能得到充分而深刻的发展。

情感是行为的动因。为了发展学生的创造性思维,教师必须让他们具有丰富的情感和自觉克服消极心境、控制不良情绪的能力,使其对创造活动充满热情并稳定而持久。

一般来说,创造力强的人都有自觉性、坚韧性、果断性和自制力强等良好的意志品质。为此,教师应该不断地给学生一定难度的活动任务,明确目标,严格要求,积极引导,让学生的意志在为实现目标、完成任务和克服困难的过程中得到磨炼。同时,教师还可举些发明家经历了种种失败后才获得成功的例子,让学生以他们为榜样,培养自己坚强的意志。

性格是具有核心意义的个性心理特征,积极的性格特征如勤奋、勇敢、自信、谦虚、细致、进取心强等能促进创造性思维的发展,消极的性格特征如怯懦、自卑、骄傲、粗心、安于现状、墨守成规等能抑制创造性思维的发展。要发展学生的创造思维,教师就要注意在日常教学活动中培养其积极的性格。

(4) 关爱创造型的学生。一般来说,教师没有不希望自己的学生成为发明家、创造者的,但不一定都喜欢创造型的学生。德国心理学家戈特弗里德·海纳特指出:"创造型学生在班集体中通常不大受欢迎,他们的行为不合群,也不友好,而且对集体活动的兴趣小。"这是由于创造型学生多数有以下特点:①顽皮、淘气、荒唐与放荡不羁;②所作所为时逾常规;③处事不固执、较幽默,但难免带有嬉戏态度。而学生的这些特点却是我们一些教师所不能容忍的。

由于受传统教学观念的影响,教师往往喜欢学生规规矩矩、百依百顺,课堂上讨厌质疑问难。问浅了,觉得不屑一顾;问深了,认为是故意调皮;倘若被问到一个回答不出的问题,不惜用大声训斥、讽刺挖苦来回应学生,这些都必然挫伤学生的创造性。爱迪生、爱因斯坦小时候就是因为"顽皮""掏蛋"被赶出学校,但他们最终却成了伟大的发明家、科学家。好动和好问是儿童的天性,学生好问,教师就该鼓励。我们应当看到,在孩子那些顽皮、淘气甚至违规的行动中,很可能蕴含着儿童创造性的萌芽,作为教师应善意引导、扬长避短,而不能动辄指责。

【案例 5-3】

有些学生创造性思维与一般学生不同,表面上看起来似乎近于荒唐,有时不易被老师理解,但认真考虑,他们也有某些方面的道理。一次讲完《将相和》,老师提问:"你们喜欢课文中的谁,为什么?"绝大多数同学表示喜欢蔺相如的机智勇敢。老师进一步启发还喜欢谁?又有几位同学说喜欢廉颇。老师满意地点点头,正准备结束讲课,突然又有一位同学举手了,老师表示意见相同的就不用重复了,但这位同学仍把手举得高高的。老师叫起他,他说:"我喜欢赵王。"老师惊讶地问:"为什么?"学生振振有词地说:"蔺相如本来是一位官职卑微的小官,赵王看他有才华,就大胆地使用他。秦国本来是虎狼之国,在赵王与秦王面对面斗争时,蔺相如都挺身而出,战胜强大骄横的秦王,维护了赵国的尊严。每次斗争胜利后,赵王就对蔺相如破格提拔,所以蔺相如职位比廉颇还高。我就喜欢赵王敢于大胆使用人这一点。"学生说得多好,有理有据。赵王本身也是统治者,但学生不涉及他的为人、执政的情况,只就他用人这一点来评论,观点鲜明、论述清楚、敢抒己见。老师给以肯定:"同学们都喜欢蔺相如、廉颇,你能从不同角度看到赵王的优点,这是很可贵的。你很善于思考。"

(资料来源:武兆兰,教学中的创造思维训练,安徽教育,2002.6)

2. 积极开展创造活动,培养学生的创造性思维

创造性思维形成和发展都离不开创造活动。所以,对学生的创造活动,教师应当加以引导;对学生的创造成果,教师应当加以鼓励,这样才能取得培养学生创造性思维的良好发展。

课外活动是丰富学生精神生活、拓展视野、陶冶情操、激励创新的有效阵地,它为创造性思维能力的形成提供良好的智力营养和良好的情绪环境。学生在这种活动中可以不受教材制约、教师束缚,独立地、自主地发展。因此,课外活动要讲究内容的丰富、新颖,形式的多样,方法的灵活,以及教师指导的得当,让学生在知识性、科学性、趣味性的活动中去观察课堂教学不曾学到的知识,去领悟课堂教学所来不及深入了解的奥秘。如新的科技领域的探索,千姿百态的科学幻想,色彩鲜艳的幻想画,以及各种小发明、小制作、小试验等。学校要创造条件,尽可能让学生展开智慧的翅膀去动脑筋、动手、多思、多做,从中受到激励、启发,产生联想、灵感,增强创新的意识,训练和培养创造性思维的才能。从这种意义上说,课外活动可以提高青少年儿童发现问题的敏锐性,激发他们的创造设想,这是培养学生创造性思维的有效形式。

思考与讨论

1. 小学生学习的特点是什么?
2. 如何正确理解各个学习理论?各学习理论在小学教学中如何应用?
3. 根据学生知识学习的过程及影响因素,谈谈应如何促进小学生有效学习?
4. 动作技能形成要经历几个阶段,训练中应注意那些问题?
5. 解决问题过程中应考虑的因素有哪些?
6. 教学活动中如何培养小学生的创新能力?

参考文献

[1]张春兴.教育心理学[M].杭州:浙江教育出版社,1998

[2]冯忠良,等.教育心理学[M].北京:人民教育出版社,2004

[3]章志光.小学教育心理学[M].北京:科学出版社,2003

[4]陈琦.当代教育心理学[M].北京:北京师范大学出版社,2002

[5]陈琦、刘儒德.教育心理学[M].北京:北京师范大学出版社,2007

[6]沈德立.小学儿童发展与教育心理学[M].上海:华东师范大学出版社,2003

[7]伍新春.儿童发展与教育心理学[M].第2版.北京:高等教育出版社,2013

[8]姚本先.儿童发展与教育心理学[M].合肥:安徽大学出版社,2002

[9]皮连生.教育心理学[M].上海:上海教育出版社,2004

[10]冯忠良.学习心理学[M].北京:教育科学出版社,1981

[11]周谦.学习心理学[M].北京:科学出版社,1992

[12]刘儒德.学习心理学[M].北京:高等教育出版社,2010

[13]王小明.学习心理学[M].北京:中国轻工业出版社,2009

[14]施良方.学习论:学习心理学的理论与原理[M].北京:人民教育出版社,1994

第六章　小学生的学习动机

学习目标

1. 掌握动机、学习动机、成就动机、自我效能感等基本概念。
2. 了解动机、学习动机的结构及分类。
3. 掌握学习动机的基本理论。
4. 能够结合实际,灵活运用学习动机的激发策略。

【案例导入】

学习动机的激发

凯瑟琳在一所经济状况欠佳的小学执教二年级。她所教的很多学生阅读能力低于年级水平。有些学生课余很少进行阅读活动,大部分学生在校自习时也不愿意选择阅读。由于指导阅读技巧在未来校学习中的重要性,凯瑟琳的忧虑不无道理。

凯瑟琳提出了一个阅读激励计划以便促使学生进行更多阅读。她在教室的墙上贴了一张很大的表格用以记录学生的进步。每当学生读完一本书,他告知凯瑟琳,然后凯瑟琳就在表格上学生的姓名后放一颗星星。只要一个月内读完5本书,任何学生都可以从班上设立的奖品盒中抽取一份奖品。在任何指定的月份中,读书最多的学生可以获得一份大奖。当凯瑟琳把新的激励计划告诉学生的时候,他们都非常高兴。

"太好了!"乔伊高兴地说,"我将得到最多的星星!"

"不可能,"彼得反驳说,"塞米将得到最多的星星。她爱看书。她是我们班最好的阅读者。"

塞米是很好的阅读者。她的阅读能力超出了年级水平,还喜欢阅读图书馆青年区的小说。这些书籍篇幅很长,需要花费相当长的时间才能看完。但是,她确实喜欢这些书籍。凯瑟琳从自己收藏的书中挑选了几本借给塞米读,因为教科书几乎不能引起她的兴趣。

计划执行的第一个星期,学生的兴致都很高。学生每天都给凯瑟琳讲他们阅读的情况。表格里开始出现星星。一周结束时,除了塞米之外,每个学生的姓名后面都至少出现了一颗星星。该月的最后一个星期,很多学生都将阅读选为自习时间的活动。学生都迫切地希望他们至少能得到一份奖品,许多学生疯狂地读书是为了要成为当月的"阅读者之王"。一个月下来,凯瑟琳的25个学生中就有23人得到了5颗星星。唯一的例外是塞米和迈克尔,塞米只有一颗星星,迈克尔这个月得了水痘。乔伊的话应验了,他得到的星星最多——15颗。学生们非常激动地选择了自己的奖品。

接下来的一个月里,学生们的读书狂热持续不减。塞米也加入了争夺星星数量的行列,她一共得到30颗,成了班上当月的阅读之王。乔伊得到了25颗星星而位居其次。班上每个学生得到的星星都在5颗之上,都有权利得到奖品。因为他们做了如此多的阅读功课,凯瑟琳为学生举办了一次星期五下午的聚会,学生们一边看动画片,一边吃爆米花。

类似的活动模式持续了大概几个月的时间。星星在表格中的填充速度很快。凯瑟琳认为学生的阅读量已经够了,完全可以在每年的州级成就测验中取得好成绩。她为学生们的进步兴奋不已。凯瑟琳决定在测验后取消激励计划,并悄悄地了解学生们的阅读情况。然而,取消激励计划之后,她发现自习时间阅读的学生再次寥寥无几。甚至塞米在完成了其他作业后也没有阅读,她现在开始画画了。

凯瑟琳采用的激励计划并不成功,为什么会出现无效的激励策略呢?教师在教学中培养学生学习动机的有效策略有哪些呢?作为小学教育工作者,首先要掌握有关小学生学习动机形成的理论知识,才能在教学活动中灵活、科学地应用培养学习动机的策略。

(资料来源:约翰·桑切克.教育心理学[M].第2版.周冠英,王学成.译.上海:世界图书出版社,2007.)

第一节 学习动机概述

"动机"一词对于人们来说并不陌生,在现实生活中,人们常常去分析、推断他人以及自己行为背后的动因,"为什么"几乎成了人们的口头禅。而在学校情境里,教师也试图分析某些学生不愿学习的原因,并想方设法提高他们的学习动机水平。心理学家在动机领域所取得的丰硕成果对教师深入了解动机的实质,提高教学效率具有重要意义。

一、动机

(一)动机的含义

动机是指引起和维持个体进行活动,并使活动朝向某一目标的内在动力。动机对每个人都很重要,个体的活动,除无意识行为之外,都是在动机的支配下进行的。

动机是一种内部心理过程,而不是心理活动的结果。对于这种内部过程,人们不能进行直接的观察,但可以通过任务选择、努力程度、对活动的坚持性和言语表达等外部行为间接地推断出来。通过任务选择人们可以判断个体动机的方向、对象或目标;通过努力程度和坚持性人们可以判断个体动机强度的大小。

动机作为一种动力,主要具有三种功能:

(1)激发功能。动机能激发个体产生某种活动,使个体由静止状态转向活动状态。有动机的个体对某些刺激,特别是当这些刺激和当前的动机有关时,其反应更易被激发。例如,饥饿者对与食物有关的刺激、干渴者对与水有关的刺激反应特别敏感,易激起寻觅活动。动机激发力量的大小,是由动机的性质和强度决定的。

(2)指向功能。动机具有把个体的行为活动引向某一特定目标的功能。例如,学习的目的是掌握知识、提高能力,而能实现这一目的的方式多种多样,可以去学校读书,也可以自学。学习的内容也有很多方面,如知识、技能、策略等。每个方面还包括很多具体的科目,如文科、理科、艺术、体育等。因此,学习动机不仅要为个体的学习提供动力,还要把个体的学习活动引向具体的目标或对象。动机不同,个体活动的方向和所追求的目标也不同。

(3)维持和调节功能。当活动产生以后,动机维持这种活动,并调节活动的强度和持续时间。动机的这种作用是由个体的活动与其所预期的目标的一致程度来决定的。如果活动达到了目标,动机就促使个体终止这一活动;如果活动尚未达到目标,动机就驱动个体维持甚至加强这一活动,或者转换方向,寻求达到目标的其他途径。比如,个体在觅食活动中没有找到食物,即没有达到目标,饥饿状态无法解除,那么进食的动机就会促使个体继续寻找下去,直到这种动机获得满足。

在具体的活动中,动机的上述功能的表现是很复杂的。这种复杂性表现在以下几个方面:①不同的动机可以通过相同的活动表现出来,不同的活动也可能由相同或相似的动机所驱使。例如,虽然很多学生都认真学习,但其学习动机却可能不同:有的是想将来找到一份好工作,有的是因为害怕老师和父母的责备。反过来,同样是为了健身,有的人去跑步,有的人去打球。②就单个的动机而言,其性质也是复杂的。以进食动机为例,虽然它属于原始的生物性动机,但由于受社会文化因素的影响,很多时候人们的饮食行为都不单纯是为了消除饥饿,往往还有其他的目的,比如人际交往。③人的活动通常都受多种动机支配,个体的行为往往是多种动机整合的结果。例如,两个人交朋友,除了感情的因素外,往往还有现实利益的因素,如经济收入、家庭背景等。因此,在考察个体的行为活动时,必须揭示其动机,只有这样才能对其行为做出准确的判断。

(二)动机与需要

需要是有机体内部的一种缺乏或不平衡的状态,它表现为机体对内部和外部生活条件的稳定要求。这些要求的内容既包括阳光、空气、食物等自然条件,也包括交往、学习、成就等社会条件。当这些要求引起有机体内部的不平衡状态,并被有机体感受到时,就成为人们的动机需要。例如,血液中血糖浓度的降低就会产生进食的需要;个体感到孤独就会产生人际交往的需要等。当需要得到满足后,有机体在生理或心理上的不平衡状态就消除了。

人既有生物性,又有社会性,因此人的需要也可分为生物性需要和社会性需要两个方面。其中,生物性需要主要包括饮食的需要、睡眠的需要、性的需要等;社会性需要主要包括求知的需要、交往的需要、成就的需要等。

需要是个体积极性的源泉,是个体活动的基本动力。人的各种活动都是由需要引起的,从饮食、生产劳动到文艺创作、科技发明,概莫能外。同时,人的需要又是在活动中不断产生与发展的。当人通过活动满足了原有的需要时,人和周围现实的关系就发生了变化,又会产生新的需要。新的需要又推动人产生新的活动,使人的活动不断向更高的层次发展,从而促进个体和社会的发展。

人的需要和动物的需要有着本质的区别。人的需要主要是由人的社会性决定的,具有社会的性质;人的需要的内容以及满足需要的手段也和动物不同;由于人有意识,人的需要会受到意识的调节和控制。

动机与需要既有联系又有区别。如果动机是推动个体活动的直接力量,那么需要就是这种力量的源泉。需要能推动主体采取行动,寻求能满足它的对象,从而产生活动的动机。需要越迫切,活动的动机就越强烈。两者之间的区别在于:个体的需求处于潜伏状态时叫作需要,当个体的需求处于现行状态时叫作动机。例如,人在寒冷的冬天生火取暖,在饥饿的时候寻找食物,在疲惫的时候上床休息,在有求知欲的时候努力学习,这时的需要,才成为活动的动机。

(三)动机与诱因

有机体并不仅仅是由于需要的驱使才被迫活动的,外部刺激也能激起有机体的活动。例如,饥饿会导致有机体去寻找食物,但不饥饿者看见美味佳肴也会引起食欲,即使已吃饱也会再次进食。因此,外部刺激也是引起动机的一个原因。凡能引起有机体动机行为的外部刺激,均称为诱因。

诱因按其性质可分为两类:有机体因趋向或获得它而得到满足时,这种诱因称为正诱因。有机体因逃离或回避它而得到满足时,这种诱因称为负诱因。然而,外部刺激的诱因强度和性质也不是固定不变的,而是因有机体的经验和需要等的不同而经常变化的,甚至会改变正负的方向。例如,各种与食物有关的嗜好受孩提时代所养成的习惯影响很大。又如,平时酒可能是正诱因,但是在酩酊大醉后的第二天,酒就转变成了负诱因,甚至一想起酒味,就会恶心。诱因强度还依存于目标与有机体之间的距离。一般而言,时间和空间的距离越近,引起趋向目标的力量就越大。就是说,随着目标的接近,诱因强度有增大倾向。赫尔(Hull,1943)把这种现象称为目标梯度。

总之,需要存在于有机体内部,诱因存在于有机体外部。在动机中,需要与诱因是紧密联系着的。需要是支配有机体行动的内部原因,是动机产生的基础和根源;诱因是与需要相联系的外界刺激物,它吸引有机体的活动,并使需要有可能得到满足,是动机产生的外部条件。机体达到了某种目标,满足了相应的需要,就会降低相应的动机,使机体处在相对不活跃的状态。因此,没有需要就不会有行为的目标;相反,没有行为的目标或诱因,也就不会有某种特定的需要。

(四)动机的种类

1. 生物性动机与社会性动机:人的需要是多种多样的,相应的人的动机是多种多样的。根据引发动机需要的性质,可将动机分为生物性动机(或生理性动机)和社会性动机(或心理性动机)。前者与人的生物性需要相联系,具有先天性,如进食动机、睡眠动机等;后者与人的社会性需要相联系,是后天习得的,如交往动机、成就动机等。

生物性动机推动个体去活动,从而满足某种生物性需要。当这种生物性需要得到满足时,生物性动机便趋于下降。由于人具有社会性,因此人的生物性动机及其满足方式就不可避免地要受到人类社会文化的影响。以进食动机为例,它本来是一种生物性的动机,但在现代社会,饮食已经发展成为一种文化,人类的饮食行为已不单纯是为了保证生存,往往还具有其他的功用。社会性动机推动个体与他人交往,希望获得社会和他人的赞许,希望参与某种社会团体,并能在其中获得某种地位等。当这些社会性需要获得满足时,社会性动机才会缓解下来。

2. 内部动机和外部动机:根据动机来源的不同,可将动机分为内部动机与外部动机。内部动机是由个体内在的需要直接引起的。例如,有的学生对学习知识感兴趣,能从学习活动中直接体验到满足感,那他就会自觉自愿地认真学习。外部动机是由活动本身之外的因素所引发的行为动机。例如,有的学生认真学习是为了获得老师和同学的表扬,或者是为了获得家长的奖励。

内部动机与外部动机的划分不是绝对的。一方面,外部动机可以转化为内部动机。例如,课堂教学中最初运用的是外部动机,教师和父母的表扬或批评、肯定或否定态度激起学生的学习活动,逐渐地,学生为了得到社会的承认和赞赏也能够专心致志地学习,并把学习当成是一种乐趣。另一方面,任何外界的要求、力量都必须转化为个体的内在需要,才能成为活动的推动力量。在这个意义上说,外部动机的实质仍然是一种内部动机。对于儿童来说,往往先有外部动机,以后才逐渐发展为内部动机。

3. 主导动机与次要动机:根据动机在活动中所起的作用不同,可将动机分为主导动机与次要动机。主导动机是指在活动中所起作用较大、处于支配地位的动机。次要动机是指在活动中所起作用较小、处于辅助地位的动机。在一个特定的时间内,人的行为往往只受占主导地位的动机支配。如果主导动机与次要动机的方向一致,活动的动力会加强;如果彼此冲突,活动的动力就会减弱。

个体活动的主导动机也是不断变化和发展的。当一种主导性的需要得到满足后,就会有新的需要发展为新的主导动机。例如,当个体处于饥饿状态的时候,进食就成为主导动机;而当个体感到困倦时,睡眠或休息就成了主导动机;倘若这时个体突然面临着某种危险,那么安全又成了主导动机。刚入学的小学生,学生的身份(即,当个小学生)可能是其主导动机,以后,在班级中取得应有的地位(如,争当三好生)则可能成为其学习的主导动机。

4. 有意识动机与无意识动机:根据动机的意识水平不同,可将动机分为有意识动机与无意识动机。有意识动机即个体能意识到自己的行为动机是什么。人类的多数活动动机是有意识动机。但是,在自我意识没有发展起来的婴幼儿身上,他们的行为动机是无意识的;在成人身上,也存在无意识动机。例如,对活动的定势与意向等,个体意识不到它们的作用,但能在它们的支配下产生各种各样的行为。例如,连续 10~15 次用两个大小不同的球放在被试手中,让其抚摸并判断哪只手的球"大些"或"小些",然后让被试摸同样大小的两个球,这时被试会觉得这两个球大小不一样。这是由于已经准备好了的、以一定方式进行比较的需要所产生的行为反应,是一种未被意识到的动机。

对动机进行分类,目的是从不同的侧面来研究动机的性质、机制及其他在活动中的作用,上述各种分类仅具有相对的意义,而不是绝对的。此外,根据研究的需要,还可以用其他标准对动机进行分类。

二、学习动机

(一)学习动机的含义

对于动机性质的说明,也完全适用于解释学习动机。我们可以把学习动机界定为激发个体进行学习活动、维持已引起的学习活动,并且使行为朝向一定学习目标的一种内在过程或内部心理状态。

对学习动机概念的理解,现代教育心理学赋予了它更多的含义,"学习动机不只是涉及学生要学或想学,还涉及更多含义,包括计划、目标导向、对所要学习与如何学习的任务的反省认知意识、主动寻求新信息、对反馈的清晰知觉、对成就的自豪与满意和不怕失败"(沃尔福克,2001)。

学习动机与学习活动可以相互激发、相互加强。当学生缺乏学习动机时,可以先组织他们开展学习活动,然后通过学习活动逐步地引发和形成其学习动机。学习动机一旦形成,就会自始至终地贯穿于某一学习活动的全过程。因此,学习动机可以加强并促进学习活动,而学习活动又可以激发、增强甚至巩固学习动机。

(二)学习动机的结构

学习动机的两个基本成分是学习需要和学习期待,两者相互作用形成学习的动机系统。

1. 学习需要

学习需要是指个体在学习活动中感到有某种欠缺而力求获得满足的心理状态。学习需要是个体从事学习活动的最根本动力,它的主观体验形式是学习者的学习愿望或学习意向。这种愿望或意向是驱使个体进行学习的根本动力,它包括学习兴趣、爱好和学习信念等。从需要的作用看,学习需要即学习的内驱力,学习需要对学习的作用就称为学习驱力。

奥苏贝尔(David Pawl Ausubel)在《学校学习》(1969)一书中提出,学校情境中的成就动机主要由三个方面的内驱力组成,即认知内驱力、自我提高内驱力和附属内驱力。这三种内驱力就是学习需要的三个组成因素,也就是说,在个体内部至少有这三种需要是指向学习的。

(1)认知内驱力。认知内驱力是指一种要求获得知识、技能以及阐明和解决问题的需要。它发端于儿童的好奇心和探究环境的倾向性,例如,儿童很早就开始探索他们的周围世界,对新异事物特别感兴趣,不断地摆弄和装拆玩具或物品,总爱向成人发问"这是什么""那是什么""为什么这样"等等。然而,儿童的这些倾向或心理素质最初只是潜在的而非真实的动机,还没有特定的内容和方向,它要通过个体在实践中不断取得成功才能真正表现出来,并具有特定的方向。可见,学生对某一学科的认知内驱力或兴趣绝非天生的,而是后天获得的,且有赖于特定的学习经验。这种动机指向学习任务本身(为了获取知识),满足这种动机的奖励是由学习本身提供的,因而也被称为内部动机。它对学习有着巨大的推动作用,是三种动机成分中最重要、最稳定的部分。现在,教育心理学家越来越重视这类动机的作用。他们指出,教育的主要职责之一,是要让学生对获得有用的知识本身发生兴趣,而不是让他们为各种外来的奖励所左右。

(2)自我提高内驱力。自我提高内驱力是指,因自己的能力或成就而赢得相应地位的需要。这种需要是由人的基本需要——尊重和自我提高的需要所派生出来的。它在学龄前儿童期已开始萌芽,入学后日益发展,逐渐起重要作用,成为学生学习动机中的主要组成部分之一。与认知内驱力不同的是,自我提高的内驱力并非直接指向学习任务本身,而是把成就作为赢得一定地位和自尊心的根源,它显然是一种外部动机。在课堂学习中认知内驱力(内部动机)固然重要,但适当激发学生自我提高的动机也是必要的。事实上,很少有人能形成足以推动他掌握大量学科内容的强烈的认知内驱力。

(3)附属内驱力。附属内驱力是指,为了获得长者(家长、教师等)或伙伴等的赞许和认可而努力学习的需要。这种动机的产生是因为学生与长者在感情上具有一定的依附性,长者是学生追随和效仿的人物,而且长者的赞许和认可往往可以使学生获得一种派生的地位。这种动机在儿童早期最为突出,是学生学习动机的重要来源。在此期间,学生努力学习以求得好成绩,只是为了满足家长的要求,从而获得父母的赞许。到了儿童后期和青少年时期,附属内驱力不仅在强度方面有所减弱,而且开始从父母转向同龄的伙伴。在这期间,来自同伴的赞许和认可就成为一个强有力的动机因素。显然,附属内驱力既不直接指向学习任务,也不是为了自我提高,而是为了博得他人的褒奖,它也是一种外部动机。

成就动机的三个组成部分在动机结果中所占的比重并非一成不变,通常是随年龄、性别、个性特征、社会地位和文化背景等因素的变化而变化。

2. 学习期待与诱因

学习期待是个体对学习活动所要达到目标的主观估计,是构成学习动机结构的又一基本要素。学习期待与学习目标密切相关,但两者又不能等同。学习目标是个体通过学习活动想要达到的预期结果,而在个体完成学习活动之前,这个结果是以观念的形式存在于头脑当中的。学习期待就是个体对学习目标的反映。

诱因是指能够激起有机体定向行为并能满足某种需要的外部条件或刺激物。诱因可以是简单的物体,如食物、水等,也可以是复杂的事情,如名誉、地位等。凡是使个体产生积极的行为,即趋向或接近某一目标的刺激物,可称为积极诱因。学习目标有时候就是学习诱因,学习期待就是对实现目标的预期,与诱因直接相关。学习期待是静态的,而诱因是动态的,它将静态的期待转换成为目标。所以,学习期待就其作用来说就是学习的诱因。学校情境中教师常常采用的措施,如奖品、成绩等都是积极诱因。相反,消极的诱因也可以产生消极行为,即离开或回避某一目标。

具有诱因作用的学习目标多种多样,常见的主要有:

①长远目标与短近目标。在将来实现的目标即为长远目标,眼前或很快就可实现的目标即为短近目标。

②远大目标与具体目标。那种较一般的、宽泛的、总的、大的目标为远大目标,与某项具体任务的完成相连的目标为具体目标。

③内在目标与外在目标。梅赫(Maher,1983)认为,内在目标是指向任务本身(如理解某一内容)或指向自我的目标(如比别人做得更好、证明自己有能力),外在目标是指向他人(如取悦他人)或外在奖励等目标。

④掌握目标与操作目标。受掌握目标指引的学生,他们关心怎样掌握知识、技能或如何改善自己的能力,只在提高理解、掌握等能力;而受操作目标指引的学生,则关注自己是否看上去更聪明,旨在证实能力,获得对能力的有利评判或避免不利评判。

个体可能同时有多种学习目标,如掌握知识技能,获得有利的能力评价,避免不利评价等,而且可能存在目标冲突,个体需要做出不断的选择。但是,无论选择何种形式的目标,个体都会形成相应的期待,并产生定向性的学习行为。

(三)学习动机的分类

1. 内部动机和外部动机

这是根据学习动机的动力来源划分的。内部动机是指由个体内在的需要引起的动机。外部动机是指个体由外部诱因所引起的动机。内部动机可以促使学生有效地进行学校中的学习活动,具有内部动机的学生渴望获得有关的知识经验,具有自主性。具有外部动机的学生的学习具有诱发性、被动性,他们对学习内容本身的兴趣较低。

2. 近景的直接性动机和远景的间接性动机

根据学习动机的作用与学习活动的关系可将动机划分为近景的直接性动机和远景的间接性动机。近景的直接性动机是与学习活动直接相连的,来源于对学习内容或学习结果的兴趣;远景的间接性动机是与学习的社会意义和个人的前途相连的。

3. 高尚的、正确的动机与低级的、错误的动机

这是根据学习动机内容的社会意义划分的。高尚的、正确的学习动机的核心是利他主义,学生把当前的学习同国家和社会的利益联系在一起。例如,大学生勤奋、努力学习,是因为意识到自己将来是国家建设的中坚力量,肩负着祖国繁荣昌盛的重任,所以现在要打好基础,掌握科学知识。低级的、错误的学习动机的核心是利己的、自我中心的,学习动机只来源于与自己眼前的利益。如,有的大学生努力学习知识只是为了个人的名誉与出路。这是狭隘的、自私的动机。

4. 一般动机与具体动机

根据学习动机起作用的范围不同,可将学习动机划分为一般动机与具体动机。一般动机是在许多学习活动中都表现出来的,较稳定、持久地努力掌握知识经验的动机。该类动机贯穿于学校生活的始终。具体动机是在某一具体学习活动中表现出来的动机。由这种动机支配的学生,常常只对某一门或某几门学科内容感兴趣。这类学习动机多半是在学习过程中因学业成败或师生关系的影响而逐渐养成的。这类动机主要受到外界情境因素的影响,因而也称之为情境动机,其作用是暂时的、不稳定的。

三、学习动机与学习效果的关系

学习动机与学习效果的关系并不是直接的,它们之间往往以学习行为为中介,而学习行为又不单纯受学习动机的影响,它还要受一系列主客观因素,如学习基础、教师指导、学习方法、学习习惯、智力水平、个性特点、健康状况等的制约。因此,只有把学习动机、学习行为、学习效果三者放在一起加以考察,方能看出学习动机与学习效果之间既

一致又不一致的关系。我们以"M"代表学习动机,"L"代表学习行为,"E"代表学习效果;"+"表示好,"-"表示坏,进行组合,可以归纳出如下 8 种 M-E 关系(见表 6-1)。

表 6-1 M-E 关系类型

	1	2	3	4	5	6	7	8
M	+	+	+	+	-	-	-	+
L	+	-	-	-	+	+	-	+
E	-	-	+	+	+	-	-	+

从上表可以看出,在 8 种 M-E 关系类型中,有 4 种类型的学习动机与学习效果的关系是一致的,即 3、6、7、8;另 4 种类型的学习动机与学习效果的关系则不一致,即 1、2、4、5。在一致的 4 种类型中,只有 7、8(即负向一致、正向一致)两种类型合乎规律,而 3、6 两种类型实际上可能不存在;而关系不一致的 4 种类型中,2、5 两种类型合乎规律,而 1、4 两种类型也可能不存在。这就告诉我们,如果学习动机好,而学习行为不好,其学习效果也不会好,这是负向的不一致(即第二种关系类型);学习动机不好,如果学习行为好,其学习效果也就会好,这是正向的不一致(即第五种关系类型)。据此,我们便可以得出这样的结论:学习动机是影响学习行为、提高学习效果的一个重要因素,但却不是学习过程中不可缺少的条件。

在学习中,激发学生学习动机时,应当把改善各种主客观条件以提高学习行为水平作为重点来抓。只有抓住了这个关键,才会保持正向一致和正向不一致,而消除负向一致与负向不一致。

【阅读材料 6-1】
动机强度与学习效率的关系

尽管动机确实可以提高学习效果,但这并不意味着高水平的学习动机总能导致好的学习效果。学习动机对学习效果的作用取决于动机本身的强度。一般认为,动机水平增加,学习效果也会提高。但耶克斯和多德森(R. M. Yerkes & J. D. Dodson)的研究表明,在一定范围内,随着动机强度的增加,学习效果不断提高;而当动机强度超过某一最佳水平时,随其强度的增加,学习效果反而不断下降。这一规律在心理学中被称为"耶克斯—多德森定律"(见图 6-1)。这项研究说明,过强的学习动机和过弱的学习动机一样会降低学习效果。因为动机过于强烈,会使个体处于高度的紧张和焦虑状态,致使注意和知觉的范围缩小,思维受到抑制,给学习造成不良影响。在重要的考试中,常有人发挥失常便与此有关。就一般而言,最佳动机水平为中等强度。但这种最佳水平并不是固定不变的,它与学习的复杂程度有关。对于简单的学习,其最佳水平为较高的动机强度。对于复杂的学习,其最佳水平则为较低的动机强度。在学校教育中,教师应该考虑的一个重要问题就是要使学生处在适当的动机水平,一定要注意防止给学生提出过高的目标,施加太大的压力,以避免给学生造成不必要的损害。

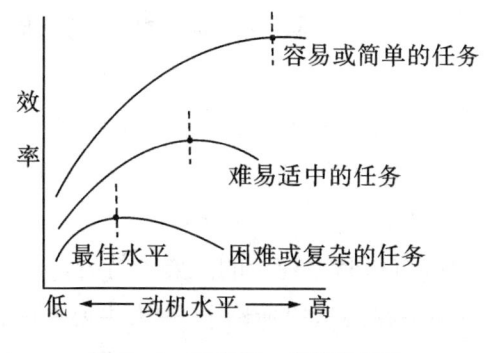

图6—1 耶克斯—多德森定律

四、学习动机与学习目的的关系

学习动机和学习目的是紧密相连的。一般来说,在学习活动中没有无学习动机的学习目的,也没有无学习目的的学习动机。

学习动机与学习目的的区别是十分明显的。学习动机是学习活动的原因、出发点,学习目的则是学习活动所追求的结果、归宿。更通俗地说,学习动机回答的是"为什么"学习的问题,而学习目的回答的则是"为了什么"学习的问题。

学习动机与学习目的的区别虽然如此显而易见,但在日常生活中,却往往是不易截然分开的。虽然说"为中华崛起而读书"是激励周恩来同志刻苦学习、认真钻研的学习动机,不能把它说成是学习的目的,但学习动机与学习目的是可以相互转化的。某一种较复杂的学习活动往往可以划分为好几个阶段,其学习动机与学习目的的变化情况是:在这一阶段是学习动机的东西,在下一阶段却成了学习目的;同样,在这一阶段是学习目的的东西,在下一阶段又成为学习动机。正是由于学习动机与学习目的的相互转化、共同推进,两者才贯穿于学习活动全过程,保证学习质量,提高学习效率。

学习动机与学习目的的关系是错综复杂的。它们之间的关系正如原因和结果的关系,不是一对一的;一个学习动机不只指向一个学习目的,一个学习目的也不只是由一个学习动机出发。实际生活中的一种情况是,某一学习活动可能只有一个学习动机,但可以有若干局部的或阶段的学习目的;某一学习活动只有一个总的学习目的,却也可以有若干局部的或阶段性的学习动机。另一种情况是,在同一个人或不同的人身上,同样的学习动机可以指向几种不同的学习目的;围绕同一学习目的展开的学习活动也可以包含几种不同的学习动机。在学习活动中,考虑学习动机与学习目的的这种错综复杂的关系,对于搞好学习、提高学习效率来说是十分必要的。

第二节 学习动机的理论

一、驱力理论

心理学家赫尔(C. L. Hull)是驱力理论的主要支持者。他认为,有机体的需要产生驱力,驱力激起有机体的行为。在赫尔的理论中,驱力主要有两种:原始性驱力和获得性驱力。原始性驱力同生物性需要状态相伴随,并与有机体的生存有密切的联系。这些驱力产生于有机体组织的需要状态,如饥渴、空气、体温调节、大小便、睡眠、回避痛苦等。获得性驱力是指情境或情境中的其他刺激而言,这种情境伴随着原始性驱力的降低,结果就成了一种驱力,即以前的中性刺激由于能够引起类似于由原始性驱力所引起的反应而具有驱力的性质。他认为驱力是一种动机结构,它能为有机体的活动提供动力,促使有机体采取行动,以消除需要唤起的紧张状态。当紧张状态得以降低或消除后,驱力的动机作用也随之减少。之后,他又提出,人类的行为主要是由习惯来支配的,而不是由驱力支配的。驱力给行为提供能量,而习惯决定着行为的方向。

赫尔认为,驱力(D)、习惯强度(H)和抑制(I)共同决定了个体有效行为的潜能(P),它们的关系可以表示为:

$$P = D \times H - I$$

驱力理论强调个体活动的内在动力,却忽略了外在环境对行为的诱发作用。针对这种缺陷,一些心理学家又提出了诱因的概念。诱因是指能满足个体需要的刺激物,它具有激发或诱使个体活动的作用。例如,美味的食品激发人的进食欲望,漂亮的时装引起人的购买欲望等。诱因也可以是非物质的,如名誉、地位、权力等。凡是个体希望得到的、有吸引力的刺激都可以成为诱因。

赫尔接受了诱因这一概念,把它作为行为的决定因素之一,并将诱因(K)加入自己的行为公式。修正后的公式如下:

$$P = D \times H \times K - I$$

这个公式表明,个体有效行为的潜能是由驱力、习惯强度、诱因的多元乘积决定的。无论驱力水平有多高,在未形成习惯的情况下也是没有行为反应的。相反,不论习惯强度有多高,驱力水平低,行为反应潜能也低。由此可以看出,该理论主要强调两点:一是机体的活动在于降低或消除驱力;二是驱力降低的同时,活动受到强化,因而是促使提高学习效率的基本条件。

赫尔理论能够解释生物的机能,如吃、喝、睡眠和性行为等,但不能解释一些社会性行为,如为什么一个人可以通宵达旦地工作?因为在这个行为中,人的驱力不是减少了,而是增加了。

二、强化理论

行为主义心理学家用 $S—R$ 的公式来解释人的行为。他们把动机看作是由外部刺激引起的一种产生行为冲动的力量,并特别重视用强化来说明动机的引起与作用。经典条件反射与操作条件反射的理论也都认为强化是形成和巩固条件反射的重要条件。在他们看来,人的某种学习行为倾向完全取决于先前的这种学习行为与刺激因强化而建立的牢固联系,强化可以使人在学习过程中增强某种反应出现重复可能性的力量。与此相应,联结学习理论的中心概念是刺激与学习者反应之间的联结,而不断强化则可以使这种联结得到加强和巩固。按照这种观点,任何学习行为都是为了获得某种报偿。因此,在学习活动中,采取各种外部手段如奖赏、赞扬、评分、竞赛等,都可以激发学生的学习动机,引起其相应的学习行为。

学校中的强化,既可以是外部强化,也可以是内部强化。前者是由教师施予学生身上的强化手段,后者则是自我强化,即学生在学习中由于获得成功的满足而增强了学习的成功感与自信心,从而增强了学习动机。而无论是外部的或内部的强化,都有正强化与负强化之分,并与惩罚有着千丝万缕的联系。正强化通过个体获得心理上的满足感而起到增强学习动机的作用;负强化一般是通过引起个体的消极反应从而减少不恰当的学习行为。一般来说,正强化和负强化都起着增强学习动机的作用,如适当的表扬与奖励、获得优秀成绩、取消讨厌的频繁考试等便是正强化和负强化的手段。惩罚则一般起着削弱学习动机的作用,但有时也可使一个人在失败中重新振作起来,如适当的惩罚、考试不及格等便是惩罚的手段。在学习中如能合理地增强正强化,减少负强化,将有助于提高学生的学习动机水平,改善他们的学习行为及其结果。

美国社会心理学家班杜拉在强调认知学习活动中的协调作用的同时,也很重视强化对学习行为的调控作用。他将强化分为三种:一是直接强化,即通过外部因素对学习行为予以强化,如奖励与惩罚学习者便是常用的两种强化形式;二是替代性强化,即通过一定的榜样来强化相应的学习行为或学习行为倾向;三是自我强化,即学习者根据一定的评价标准进行自我评价和自我监督来强化相应的学习行为。这三种强化的结合运用,能激发、形成和维持学习者的学习动机。强化理论就其主要倾向来说,是联结派的学习动机理论。由于它强调引起学习行为的外部力量,忽视甚至否定了人的学习行为的自觉性与主动性,因而这一学习动机理论有较大的局限性。

行为主义动机理论强调使用奖励、诱因、惩罚来塑造行为,但是,这种外部奖惩会使学生更注重奖励或惩罚,而不是学习本身或者通过学习所获得的进步。家长和老师往往善于利用分数去鼓励学生,不如提醒学生去关注学习的快乐的体验,提醒学生发展内部激励所带来的奖励。

使用外部奖励激励学生的另一个问题是,随着年龄的增长,其激励作用有所下降。我们需要用比奖励更适合于教育领域的方法,这些方法更注重发展学生的思想、自尊、自我效能感、责任感等。

三、需要层次理论

美国心理学家马斯洛(A. H. Maslow, 1970)是这一理论的提出者和代表人物。马斯洛认为人的基本需要有七种,它们由低到高依次排列成一定的层次,即生理的需要、安全的需要、归属和爱的需要、尊重的需要、认知的需要、审美的需要和自我实现的需要(如图6-2)。在人的需要层次中,最基本的是生理需要,例如对食物、水、空气、睡眠、性等的需要;在生理需要得到基本满足之后,便是安全需要,即表现为个体要求

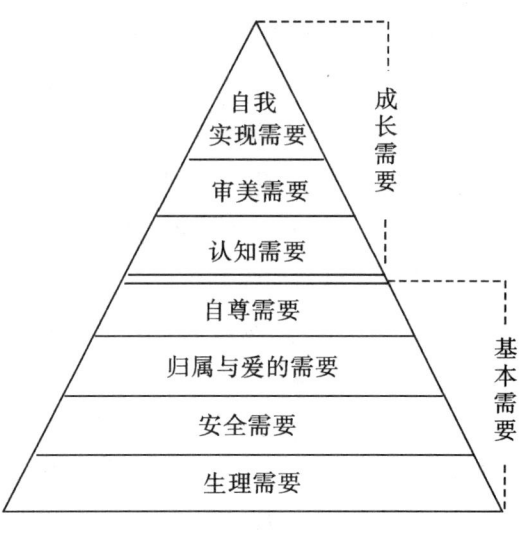

图6-2 马斯洛需要层次图

稳定、安全、受到保护、免除恐惧和焦虑等;接着是归属和爱的需要,即个体要求与他人建立感情联系,如结交朋友、追求爱情等;之后出现的是尊重的需要,它包括自尊和受到他人的尊重。在上述这些低一级的需要满足之后出现的便是认知的需要,即个体希望了解自己、他人以及各种事物变化的需要,如探索、实验、观察、阅读、询问等;其后便是审美的需要,即对美好事物欣赏追求的需要,如希望事物有秩序、有结构、顺自然、循真理等;最后进入自我实现的需要层次,它具有两方面的含义,即完整而丰满的人性的实现以及个人潜能或特性的实现。自我实现作为一种最高级的需要,包括认知、审美和创造的需要。从学习心理的角度看,人们进行学习就是为了追求自我实现,即通过学习使自己的价值、潜能、个性得到充分发挥、发展和实现。因此,可以说,自我实现是一种重要的学习动机。

马斯洛认为,在上述基本需要的满足过程中,各种需要不仅有层次高低之分,而且有前后顺序之别,只有低层次的需要得到基本满足后,才能产生高层次的需要。同时,马斯洛又把这七种需要分为基本需要(basicneeds)和成长需要(growthneeds)两类。其中,生理需要、安全需要、归属和爱的需要、尊重需要属于基本需要,它们因身心的缺失而产生,因此也称缺失性需要(deficiencyneeds)。例如,因饥渴而求饮食,因恐惧而求安全,因

孤独而求归属，因免于自卑而求自尊。它们为人类维持生活所必需，一旦它们得以满足，其强度就会降低，因此个体所追求的缺失性目的物是有限的。而自我实现的需要属于成长性需要，它区别于缺失性需要的根本特点在于它的永不满足性。也就是说，自我实现需要的强度不仅不随其满足而降低，相反地会因获得满足而增强，因此个体所追求的成长性目的物是无限的，是永无止境的。

需要层次理论说明，在某种程度上学生缺乏学习动机可能是由于某种缺失性需要没有得到充分满足而引起的。如家境清贫使得温饱得不到满足；父母离异使得归属与爱的需要得不到满足；教师过于严厉和苛刻，动辄训斥和批评学生，使得安全需要和尊重需要得不到满足等。而正是这些因素，会成为学生学习和自我实现的主要障碍。所以，教师首先要关心学生的缺失性需要，使学生感到有安全感和自尊感。当这些基本需要适当满足后，则应充分相信自己的学生。因为学生天生有学习、求知和实现自己价值的愿望，关键是要善于引导，使其充分发挥出自己的潜能。

四、归因理论

人们在做完一项工作之后，往往喜欢寻找自己或他人之所以取得成功或遭受失败的原因，这就是心理学家探索归因问题的客观依据。最早提出归因理论的是奥地利社会心理学家海德（F. Heider）。他认为，人们具有理解世界和控制环境这样两种需要，使这两种需要得到满足的最根本的手段就是了解人们行动的原因，并预言人们将如何行动。行为的原因或者在于环境，或者在于个人。他人的影响、奖惩、运气、工作难易等都是环境原因，如果把行为的原因归于环境，个人对其行为结果可以不负什么责任。人格、动机、情绪、态度、能力、努力等都是个人原因，如果把行为的原因归于个人，则个人对其行为结果应当承担责任。

罗特对归因理论进行了发展，提出"控制点"的概念，并依据控制点把个体分为"内控型"和"外控型"。内控型的人认为自己可以控制周围的环境，无论成功还是失败，都是由于自己的能力或努力等内部因素造成的，他们倾向于对自己的行为负责；外控型的人则感到自己无法控制周围的环境，无论成败都归因于他人的影响或运气等外在因素，他们往往对自己的行为不愿承担责任。

美国心理学家韦纳（B. Weiner）是归因理论的一位重要代表人物，他从三个维度把归因分为：内归因和外归因，稳定性归因和非稳定性归因，可控归因和不可控归因；又把人们活动成败的原因（即行为责任）主要归结为四个因素，即能力高低、努力程度、任务难易、运气（机遇）好坏等。以后他又提出八因素。如果将此"三维度"与"八因素"结合起来，即可组成如下"三维度模式"（见表6-2）：

表6-2 归因三维模式表

三维度	内部的				外部的			
	稳定的		不稳定的		稳定的		不稳定的	
	可控的	不可控的	可控的	不可控的	可控的	不可控的	可控的	不可控的
八因素	自控水平	能力高低	努力程度	身心状况	方法优劣	任务难易	他助多少	运气好坏

人们的归因可以区分为八种类型:(1)内部稳定的可控因素,如自控水平;(2)内部稳定的不可控因素,如能力高低;(3)内部不稳定的可控因素,如努力程度;(4)内部不稳定的不可控因素,如身心状况;(5)外部稳定的可控因素,如方法优劣;(6)外部稳定的不可控因素,如任务难易;(7)外部不稳定的可控因素,如他助多少;(8)外部不稳定的不可控因素,如运气好坏。

维纳认为,每一维度对动机都有重要的影响。

1. 在内在性维度上,如果将成功归因于内部因素,将会产生自豪感,从而动机提高;如果将成功归因于外部因素,则会产生侥幸心理。如果将失败归因于内部因素,将会产生羞愧的感觉;如果将失败归因于外部因素,则会产生不愉快的体验。

2. 在稳定性维度上,如果将成功归因于稳定因素,将会产生自豪感,从而动机提高;如果将成功归因于不稳定因素,则会产生侥幸心理。如果将失败归因于稳定因素,将会产生失望的感觉;如果将失败归因于不稳定因素,将会产生绝望的感觉。

3. 在控制性维度上,如果将成功归因于可控因素,将会积极地去争取成功;如果将成功归因于不可控因素,则会产生失望的不可控的感觉。如果将失败归因于可控因素,将会继续努力;如果将失败归因于不可控因素,则会绝望。

4. 如果将失败归因于内部、稳定、不可控时,将会产生习得性无助感。

归因理论是从结果来阐述行为动机的,它的理论价值与实际作用可以归纳为三个方面:一是有助于了解心理活动发生的因果关系;二是有助于根据学习行为及其结果推断出个体的稳定的心理特征和个性差异;三是有助于从特定的学习行为及其结果预测个体在某种情况下可能产生的学习行为。正因为如此,在学校中运用归因理论以了解学生的学习动机,对于改善其学习行为,提高其学习效果也会产生一定的作用。但是,人的心理活动和行为动机纷繁复杂,仅用上述归因的三维模式来了解学生就难以得到完全合乎实际的结论,甚至会产生"差之毫厘,失之千里"的弊病。

【阅读材料6-2】

习得性无助感

所谓习得性无助感,是指个人在经历了失败与挫折后,面临问题时产生无能为力的心理状态。这一现象最初是由心理学家塞利格曼(M. E. P. Seligman)研究动物行为时发现的。

在实验中,研究者先将狗固定在架子上进行电击,狗既不能预料也不能控制这些电击。在这之后,他们把狗放在一个中间用矮板墙隔开的实验室里,让它们学习回避电击。电击前10秒室内灯亮,狗只要跳过矮板墙就可以回避电击。对于一般的狗来讲,这是非常容易学会的,可是实验中的狗绝大部分没有学会回避电击,它们光是乱抓乱叫,后来干脆趴在地板上甘心忍受电击,不进行任何反应。塞利格曼认为,这一实验结果表明,动物在有了"某些外部事件无法控制"的经验后会产生一种叫作习得性无助感的心理状态,这种无助感会使动物表现出反应性降低等消极行为,妨碍新的学习。很多以人为被试的研究也都得出了同样的结论。

研究发现,无助感产生后有三方面的表现:(1)动机缺失:积极反应降低,消极被动,对什么都不感兴趣。(2)认知缺失:失去正常的判断能力,形成外部事件无法控制的消极心理定势,在进行学习时表现出困难,本应学会的东西也难以学会。(3)情绪缺失:指缺乏积极的情绪体验,最初烦躁,后来变得冷淡、悲观、颓丧,陷入抑郁状态。

关于习得性无助感的形成,塞利格曼指出,消极的行为事件或结果本身并不一定导致无助感,只有当这种事件或结果被个体知觉为自己难以控制和改变时,才会产生无助感。当个体把失败归因于缺乏能力等不可控制的因素时,他们认为自己的反应是无法影响结果的,所以听任失败,出现冷漠、压抑、退缩、自暴自弃等一系列消极反应,影响后来的学习。因此,要消除习得性无助感,帮助个体改变其不良的归因模式是极其关键的。

五、成就动机论

成就动机理论,早在20世纪30年代末,默里(1938)就提出了这一概念,并把成就动机定义为一种努力克服障碍、施展才能、力求尽可能又快又好地完成某事的愿望或趋势。嗣后经麦克利兰(D. C. McClelland)和阿特金森(J. W. Atkinson)等人的研究,逐渐形成一种动机理论。成就动机是在人的成就需要的基础上产生的,它是激励个体在自己认为重要的或有价值的工作中快乐地去力求成功的一种内在驱动力。这种动机是人类所独有的,其形成与生理需要无关,而是后天获得的具有社会意义的动机。在学习活动中,成就动机乃是一种主要的学习动机。

阿特金森认为,成就动机由两种不同因素或相反倾向组成:一种称为力求成功的动机,即人们追求成功和由成功带来的积极情感的倾向性;另一种是避免失败的动机,即人们避免失败和由失败带来的消极情感的倾向性。这两种动机或倾向可视为人们的个性特征。阿特金森(1964)还把追求成功的动机或倾向(T_s)假定为追求成功动机的强度(M_s)、成功的主观性概率即期望(P_s)、成功的激励值(I_s)三个因素的积,即 $T_s = M_s \times P_s \times I_s$,并假定 $I_s = 1 - P_s$,即如果成功的可能性低,那么成功的激励值就大。于是追求成功的动机(T_s)的公式可表述为:

$$T_s = M_s \times P_s \times I_s = M_s \times P_s \times (1 - P_s) \cdots\cdots(1)$$

他认为避免失败的动机(T_f)也基于三种因素:避免失败动机的强度(M_f)、失败的主观性概率即期望(P_f)、避免失败的激励值(如害羞)的强度($I = 1 - P_f$),于是避免失败的动机(T_f)的公式可表述为:

$$T_f = M_f \times P_f \times I_f = M_f \times P_f \times (1 - P_f) \cdots\cdots(2)$$

由于追求成功动机和避免失败动机在活动中同时起着作用,所以实际上完成活动的动机强度(T_A)等于两者之和,即:

$$T_A = T_s + T_f \cdots\cdots(3)$$

在公式(1)和(2)中,P_s 与 I_s 之间是互补关系,P_f 与 I_f 也是互补关系,而成功的主观性概率与失败的主观性概率是相反的。

成就动机是人们通过想象从它所引起的行为中推论出来的,即从成就行为中推断出成就动机的存在。学习中的成就动机即使确实存在,学生也不能片面地只讲个人的成就和个人的自我提高,或者只讲学习的个人意义。教师必须引导学生认识学习的社会价值,把追求个人成就和追求社会进步结合起来,并使个人成就服从于整个社会的进步。

六、自我效能感理论

自我效能感是指个体在进行某一活动之前,对自己能否有效地做出某一行为的判断,即人对自己行为能力的主观推测。这一概念由班杜拉(Albert Bandera)最早提出。自 20 世纪 80 年代以来,自我效能感理论得到了丰富和发展。

班杜拉的动机理论的主要观点如下:

(一)强化

人的行为受行为结果因素与先行因素的影响。行为的结果因素就是通常所说的强化,他把强化分为以下三种:

1. 直接强化

即通过外部因素对学习行为予以强化,如奖励与惩罚便是学习中常用的两种强化形式。

2. 替代性强化

即通过一定的榜样来强化相应的学习行为或学习行为倾向。

3. 自我强化

即学习者根据一定的评价标准进行自我评价和自我监督,来强化相应的学习行为。

他认为,在学习中没有强化也能获得有关的信息,形成新的行为,强化的作用在于激发和维持学生的学习行为。

(二)期待

班杜拉认为,行为的出现不是由于随后的强化,而是由于人认识了行为与强化之间的依赖关系后,形成了对下一强化的期待。

期待就是班杜拉所说的先行因素,但他的期待概念也不同于传统的期待概念。传统的期待概念指的只是对行为结果的期待,而他认为,除了结果期待外,还有一种效能期待。结果期待指的是个体对自己的某种行为会导致某一结果的推测。如果个体预测到某一特定行为会导致某一特定的结果,那么这一行为就可能被激活和被选择,这就是效能期待。

效能期待指个体对自己能否实施某种成就行为的能力的判断,它意味着个体是否确信自己能够成功地进行带来某一结果的行为。当个体确信自己有能力进行某一活动时,他就会产生高度的"自我效能感",并会实际去实施该活动。

(三)自我效能感

班杜拉认为,传统学习理论的研究集中在知识和技能的获得过程上,而传统动机理论的研究停留在提供什么强化诱因才能促进行为上。但是,个体在掌握了相应的知识和技能,也知道了行为将会带来的结果之后,并不一定去从事某项活动或做出某种行为,因为他要受到自我效能感的调节。研究表明,在学习过程中,让学生感到自己可以胜任,是促使学生产生自我效能感并努力学习的决定因素。

自我效能感在学习活动中有以下四个作用:

1. 决定人们对活动的选择。一般说来,人们倾向于回避那些他们认为超过其能力所及的任务和情境,而承担并执行那些他们认为自己能够干的事情。因此,高自我效能感的个体倾向于选择富有挑战性的任务,而低自我效能感的个体往往采取拖延、试图回避的方式来处理困难的任务。

2. 影响个体的努力和对待困难的态度。个体的自我效能感越强,其努力越具有力度,越能够坚持下去。当被困难缠绕时,那些对自己能力存在怀疑的个体会放松努力,或完全放弃,但有很强的自我效能感的个体则会以更大的努力去迎接挑战。

3. 影响个体的思维模式和情感反应模式。自我效能感低的个体在与环境作用时,会过多地考虑个人的不足,将潜在的学习困难看得比实际更严重。这种思想会产生心理压力,使其将更多注意力转向可能的失败和不利的结果,而不是如何有效地运用其能力实现目标。有充分自我效能感的个体则将注意力集中于情境的要求上,并被障碍激发出更大的努力。

4. 影响新行为的获得和习得行为的表现。自我效能感高的人能够高效地获得新行为,并自如地表现所习得的新行为;自我效能感低的人则相反。

班杜拉的研究表明,自我效能感的形成主要受以下因素的影响:(1)行为的成败经验。一般来说,成功经验会提高自我效能感,反复的失败会降低自我效能感。但成败经验对自我效能感的影响还要受个体的归因方式的左右。例如,把成功归因于自身之外的因素,如外力援助或任务简单等,就不会增强自我效能感,把失败归因为诸如缺乏努力之类的因素则不一定会降低自我效能感。因此,归因方式直接影响自我效能感的形成。(2)替代经验。学习者通过观察示范者的行为而获得的间接经验对自我效能感的形成也具有重要影响。看到与自己相当的示范者成功能增强自我效能感,反之,则降低自我效能感。(3)言语说服。即通过说服性的建议、劝告、解释和自我指导,来改变人们的自我效能感,但缺乏经验基础的言语说服,其效果是不巩固的,在直接经验或替代经验基础上的劝说效果最大。(4)情绪和生理状态。过于强烈的情绪常常会妨碍行为表现而降低自我效能感。积极的稳定的情绪下,生理状态则会提高自我效能感。

【案例6-1】

自我效能感影响行为的影响

几年前,比尔作为一名老生来上我的课。我安排了教程结构,学生在学习下一单元之前必须掌握上一单元。每个单元测验,他们可参加三次,可以获得"A""B""C"三种等级。学期初的一天,比尔参加了一次单元测验,并得了个"B"。我问他:"比尔,你想再测验一次来得到 A 吗?"他回答:"哦,不,老师。我并不属于能得到 A 的学生。"过了段时间,比尔走过来对我说,他认为在他的试卷评分中可能有错误。我检查后发现,原本正确的一道题目确实给判错了。这就把他的等级提高到了"A",我指给他说:"你看,比尔,你终究是可以得到 A 的学生。"从那以后,当在单元测验中未达到"A"时,比尔计划总是尝试第二次测验。

(资料来源:德里斯科尔.学习心理学——面向教学的取向[M].(第3版).王小明译.上海:华东师范大学出版社,2008:271)

第三节　影响小学生学习动机形成的因素

一、客观因素

影响动机的客观因素又叫外部条件,外部条件就是能满足需要的外部刺激,常称诱因。学习需要和学习兴趣与学习诱因相互作用形成学习动机。在学习诱因稳定的情况下,个体最强烈的学习需要,往往引起最强烈的学习动机,并决定个体的行动。为了探明这方面的机理,在第二次世界大战期间,美国明尼苏达大学心理学家凯斯做了一个有趣的实验。他邀请了36位大学生(志愿者)做被试,实验时间半年。他减少被试的营养,使他们仅维持最低生活水平。他们得到的热量不足一般人所需热量的一半,但仍要坚持例行的劳动与正常的学习。结果他们的体重普遍下降了15%左右,与之相随的是他们的认识也受到了很大的影响,注意力分散,情绪不稳定,平时只是想着能吃到什么。此外,对别人的态度也发生了变化,不仅对别人的行为吹毛求疵,而且憎恶同伴、痛恨他人。可见,一种强烈的需要与诱因相结合会直接影响动机,学习动机也不例外。

学校情境中,影响学生学习动机的因素主要是学生的交往动机。人是在与他人的交往中生活和学习的。人在交往中不断获取信息,以便于为自己的行为进行定向,将自己做出的行为反应与人们期待的行为反应进行比较,从而调节自己的需要、信念和行为,使自己在符合群体要求的情况下得到发展,否则就会感到孤独和焦虑。

交往动机在学习过程中起着不同的作用。有时它能使学生为他所喜欢的教师而努力学习,有时则会使人拒绝为他所不喜欢的教师去努力学习。由于存在交往动机,获得父母、教师或同伴的赞扬不仅使他们感到处于优越的社会地位,而且还会使他们在与有关人员之间的交往中享有亲密的情感。反之,遭到责备和训斥,不仅会使学生的自尊心受到伤害,而且还会使他们觉得被抛弃,以及在集体和社会中处于孤立的状态,从而产生孤独感和焦虑。

在学校环境中,应重视学生的交往需要并创设条件使这种需要得到合理的满足。当学生和教师之间建立起友好合作的关系、学生与学生之间能够互相帮助相互促进、学生与班级等群体之间和谐融洽时,不仅有利于激发学生的学习动机,而且对于学生的人格发展也非常重要。

二、主观因素

(一)需要

主观因素通常叫作内部条件,引起学习动机的内部条件主要是学习需要。简言之,学习动机主要是在学习需要的基础上产生的,离开学习需要的动机是不存在的。但不是有学习需要就有学习动机。学习需要是学习动机的必要条件,而不是充分条件。

需要强调的是,学习需要虽然是影响学习动机的主要内在条件,但不是唯一的内在条件。除学习需要外,还有主体的学习兴趣、求知欲、抱负水平、学习结果等对学习动机都有影响。

(二)兴趣

兴趣是人们注意与探究某种事物或从事某种活动的积极态度与倾向。可分为直接兴趣和间接兴趣两大类。直接兴趣是由事物本身诱发的。间接兴趣是由活动结果诱发的。在人的兴趣"集合"中,由于一些因素的影响,有的兴趣占优势地位,成为中心兴趣。日久天长,这种优势兴趣稳定下来,便成为爱好,其驱动力量非一般兴趣可比。

(三)求知欲

人们渴望获得科学知识的心理状态称为求知欲。从生物学上讲,求知欲源于动物的探究反射和好奇动机,具有自我保护和适应环境的功能。我们在儿童身上很容易看到这种倾向,他们对环境中的许多事物都感到新奇。因此求知欲源于动物和人的天性。求知欲既然来自人的天性,学习就应是一桩乐事而不是苦差事。强烈的求知欲常常会让人废寝忘食、津津有味地学习,并从学习中获得巨大的满足。所以,求知欲是推动学生学习的一种最实际的内部动力。在马斯洛的需要层次理论中,求知与理解的需要是一种成长性的需要,具有递进性的特点。也就是说,求知欲的满足,一般不会使学习兴趣减弱或消失,反而能够使学习的兴趣更加浓厚和丰富。

儿童的求知欲只是一种潜在的倾向,还缺乏特定的内容和方向,要使其发展成对一些特定学科的兴趣,还有赖于相应的学习经验,特别是在学习活动中获得成功的经验。

(四)抱负水平

兴趣主要影响学习动机的指向,而抱负水平则决定学习动机的强度。所谓抱负水平,是指一个人在从事某种实际工作之前,估计自己所能达到的成就目标。在从事某一实际工作之前,主体通常会先估计可能达到的成就目标,这也可以看成是一种自信心的指标。抱负水平是个人主观的估计或愿望,它可能高于个人的实际成就,也有可能低于个人的实际成就。假如工作结果的质量与数量都超过了预期的目标,便会产生一种成就的感觉,即成功感,反之则会出现失败感或挫折感。

抱负水平受三种因素制约:一是个人的成就意识,这与个人的能力如判断力等有关。二是过去的失败经验,过去从事同类事情如获成功,自会增强主体的信心,提高其抱负水平;反之,则降低抱负水平。三是有影响力的人物或社会的期待。如老师、父母、知心朋友、主要领导等的希望,或是社会促人奋进的气氛等,都可以促使主体提高自己的抱负水平。这三种因素中个人成就意识的作用最大。

(五)学习的结果

学习结果对学习动机本身有一定的影响。首先,学习结果的成败对学习动机有重要影响。成功的结果会增强自己的信心,提高自我表现效能感,从而加强已有的学习动机。其次,学习结果的及时反馈对学习动机有重要影响。一般而言,及时知晓学习的结果既能使个体发现自己的成功和进步,增强学习的热情,又能发现自己的不足,以调整自己的学习活动。如果个体不能及时知晓学习的结果,则学习结果的反馈作用就会减弱或消失。再次,他人对学习结果的评价对学习动机有重要影响:表扬和奖励等正面评

价对已有学习动机有强化作用,批评与惩罚则对已有学习动机有削弱作用。

第四节　小学生学习动机的培养和激发

一、创设问题情境,实施启发式教学

所谓问题情境,指的是具有一定难度,需要学生努力克服,而又是力所能及的学习情境。简单地说,问题情境就是一种适度的疑难情境。在学习过程中,对难度过小或难度过高的材料学生都不会感兴趣。只有在学习那些"半生不熟""似会非会"的材料时,学生才感兴趣而迫切希望掌握它。因此,能否成为问题情境,主要看学习任务与学生已有知识经验的适合度如何。研究表明,问题情境的难度在50%左右最有利于激学生发学习动机。

创设问题情境要求教师熟悉教材内容,掌握教材内容的结构,了解新旧知识之间的内在联系;并且充分了解学生已有的认知结构状态,使新的学习内容与学生已有水平构成一个适当的跨度。这样,才能创设问题情境。

具体创设问题情境的方式可以多种多样,既可以用教师设问的方式提出,也可用作业的方式提出,既可以从新旧教材内容的联系方面引进,也可以从学生的日常经验引进。问题情境的创设,既可以是在教学的开始阶段,也可以在教学中或教学结束时进行。

【案例6-2】

在学《赤壁之战》时,我让学生先预习,然后搭建一个"殿前辩论舞台"。我扮演曹操,学生演大臣,然后,请各位"大臣"就"我"能否打这一仗发表自己的意见。课堂中形成了主战、反战的两种力量,唇枪舌剑,展开激烈的辩论。我从中归纳,主战派有以下4个理由:(1)曹操本人能谋善断,胸怀大志,又善于用人,身边有很多谋士。(2)官渡之战,曹操以少胜多,就显示了实力。(3)如果天下不统一,那战争就不会断。所以曹操有愿望统一天下是好事,因为这是顺应历史潮流。(4)曹操兵多,而且最近又攻克了荆州等地,士气正旺。学生说,如果曹操能利用好这些优势,这仗定能打赢。反战派则列举了许多不利的因素:(1)刘备有诸葛亮等谋士,而曹操的谋士中没有一个能抵得上诸葛亮。(2)孙权手下有许多有勇有谋的猛将。(3)孙权、刘备联合,力量更大。(4)孙刘一方拥有长江天险,这对曹军来说也是不利因素。(5)曹操的北方兵不习水性。(6)曹操军队长途跋涉,且水土不服。(7)曹操本人也开始骄傲轻敌,有时疑心病很重。学生的争论过程,就是对这场战争的背景、利弊关系、战争胜负原因等的分析、思考及主动探究的过程,这激发了学生学习的兴趣。

（资料来源：田宝,戴天刚,张扬主编.教育心理学案例[M].北京：首都师范大学出版社,2007:196）

二、学习材料要具有科学性与趣味性

学习材料的科学性不仅是指材料内容要正确,符合客观规律,逻辑结构严谨,它还包括材料内容要适合学生已有的知识背景,符合学生的年龄特征和心理发展水平。材料的趣味性是指材料的内容要生动活泼,富有趣味,与学生生活经验联系紧密,实用性较强。增强学习材料的趣味性,应做到教学材料多样化,即有声材料、实物、模型与教材结合使用；学习活动应尽可能让学生自己动手、观察、阅读等。

三、利用学习结果的反馈作用

让学生及时了解自己的学习结果,会产生相当大的激励作用。因为学生知道自己的进度、成绩以及在实践中应用知识的成效等,由此可以激起进一步学习的愿望。同时,通过反馈的作用,又可以及时看到自己的缺点,及时改正,并激发起上进心。因此,在教学过程中,教师应注意：

1. 及时批改和发还学生的作业、测验试卷。"及时"指利用学生刚刚留下的鲜明的记忆表象,满足其进一步提高学习的愿望,增强学习信心。

2. 评语要写得具体,有针对性、启发性和教育性,使学生受到鼓舞和激励。

四、进行正确的评价和适当的表扬与批评

正确的评价和适当的表扬与批评所起的作用,主要是对学生的学习活动予以肯定或否定的强化,从而巩固和发展正确的学习动机。一般说来,表扬和鼓励比批评和惩罚更能有效地激励学生的学习动机。因为前者能使学生产生成就感,增强自信心,后者则会挫伤学生的自尊心和自信心。需要注意的是,许多研究表明,如果滥用外部奖励,不仅不能促进学习,反而可能会破坏学生的内在学习动机。因此,教师在利用表扬激发学生学习动机时,应使表扬具备以下关键特征：①表扬应针对学生的良性行为；②教师应明确学生的何种行为值得表扬,应强调导致表扬的那种行为；③表扬应真诚,体现教师对学生成就的关心；④表扬应使学生意识到,如果投入适当的努力,则将来就有可能成功；⑤表扬应传递这样的信息：学生努力并受到表扬,是因为他们喜欢这项任务并希望形成有关的能力。

对学生进行有效的评价和适当的表扬与批评,还应注意以下几点：

1. 要使学生对评价有一个正确的态度。只有对考试成绩持正确的观点,考试成绩才

能起积极的激发学习的作用。

2. 评价必须客观、公正和及时。若评价不公正,则会使评价产生相反的结果。

3. 评价必须注意学生的年龄特征与性格特征等。如对学龄初期的学生,教师评价起的作用更大,而对学龄中、晚期的学生,通过集体舆论来进行表扬或批评效果更好。对自信心差的学生更应多一些鼓励与表扬,对过于自信的学生,则应更多地提出要求,在表扬的同时还应指出其不足之处。

五、恰当开展竞赛

一般在竞赛过程中,学生的好胜动机和成就需要更加强烈,学习兴趣和克服困难的毅力会大大增强。所以,多数人在竞赛情况下学习和工作的效率会有很大的提高。然而,竞赛也具有消极作用,过多的竞赛不仅会失去激励作用,还会造成紧张气氛,加重学生负担,有损学生身心健康。学习成绩差的学生常会因失败而丧失学习信心和兴趣。在某些情况下,竞赛还可能带来人际关系紧张等消极影响。为了使竞赛能对大多数人起到激励的作用,应注意以下几点:

1. 按能力分组竞赛,这样能使多数学生都有获胜的机会;

2. 按项目分组竞赛,使不同智力、不同兴趣、不同特长的学生都有施展自己才能的机会;

3. 鼓励学生自己和自己竞争,争取这次成绩比上次好,今年成绩比去年好,这样也可起到激励作用。

六、指导学生正确归因

学生对学习结果的归因,不仅解释了以往学习结果产生的原因,而且对以后的学习行为都会产生重大的影响。不同的归因方式会影响到主体今后的行为,同样,可以通过改变主体的归因方式来改变主体今后的行为。这意味着进行积极归因训练对学生的自我意识、积极学习行为、学习成绩、学生的情感体验、学生的人际关系等都是具有意义的。在学生完成某一项学习任务后,教师可以指导学生进行积极归因。一方面,要引导学生找出成功或失败的真正原因,即进行正确归因;另一方面,教师应根据每名学生过去一贯的成绩的优劣差异,从有利于今后学习的角度进行积极归因,这对学生今后的努力是非常重要的。

引导学生积极地归因对于差生的转变更具重要意义。差生常常把失败归因于自身能力不足,即使努力也没用,导致习得无助感产生,造成学习积极性降低。如果教师对他们进行积极归因训练,使他们学会将失败的原因归结于努力不够,从失望的状态中解脱出来,情况就会大有改观。在对差生进行归因训练时,要使学生体验到学习的成就感,同时要引导学生注意控制努力因素,使学生意识到更努力这一内部因素是可以控制的,是可以有意增加或减少的,相信只要努力就会带来成功。这样,学生就可能在今后的学习过程中坚持不懈地努力,直至取得成功。

【阅读资料6-3】

归因训练的实验研究

我国学者隋光远(1993)对初中生进行归因训练。训练的基本过程是创设成就情境,让学生产生成就行为并对行为结果进行归因。训练者给予及时反馈,对理想的归因加以肯定、强化,对不正确的归因及时引导、纠正。每周1次,共进行7周。训练结果表明,实验班学生训练后明显增强了积极的归因倾向。13年后,对训练效果的追踪研究发现,与对照组相比,受训组在任务选择、行为强度和坚持性方面均表现出较高水平;成功期望较强烈;对成功或成就倾向作能力和努力归因。这一结果说明,归因训练能够对人产生深远影响,动机的改善具有长期效果。

(资料来源:隋光远.中学生学生成就动机归因训练效果的追踪研究[J].心理科学,2005,28(1):52-55)

七、帮助每个学生树立正确目标和达到目标

帮助学生树立目标对于激发学习动机有强大的作用。有研究发现,凡是设立学习目标的学生,其成绩都比较优异,而且富有积极进取精神;反之,则学习成绩比较差,而且常有行动迟缓、裹足不前、缺乏学习兴趣的表现。学生有了学习目标就会产生学习的意向,因而才会愿意主动学习,并一直指向目标,进而有取得成就的机会。

帮助学生树立目标的最好方法是让他们的活动有明确的目的与任务,因此教师在上课前,应将学生所学的课程分为若干单元,并把每个单元的目的任务告诉学生。教师有计划、有组织地将教学活动与每个单元的目的任务结合起来,同时教师还应鼓励学生在一定时间内完成目的与任务。

学生在确立学习目标时,需要教师指导他们树立目标的策略。教师提出的策略是以学生能达到目的所需的足够努力为基础的。心理学家发现,在数学方面,学业成绩在中等和上等水平的学生树立了目标比同等水平但没有树立目标的学生学到更好、更多的数学知识,而且记得的数学知识也更多。这些自觉树立目标的学生,在学业成绩上也大大超过那些由教师指导树立目标的学生。另一方面,学业上处于低水平的学生在教师的了解和有益建议下,也可以取得较好的成绩。帮助学生树立正确目标的重要条件是,教师对学生要有正确的判断,并在对学生仔细观察和认真了解的基础上确定采取什么程度的协助以及哪种协助,以满足学生达到目标的需要。

【案例6-3】

　　王强是名初中二年级的学生,由于整日和班上几个要好的小伙伴在一起踢球、看电影、下棋,一点没把学习放在心上,结果初二第一学期结束时,他在全班期末考试成绩排名中是倒数第四。王强原本是班里学习不错的学生,考了这样一个成绩,连他自己也吃了一惊。他怀着内疚和不安在学校操场上独自一个人转了一圈又一圈,徘徊良久,最后在心里暗下决心:我一定要好好学习,将来考上大学,不辜负父母和老师的期望。他首先为自己确定了初中毕业要考上重点高中的目标。为此,他在假期里就开始有计划地复习落下的功课。特别是英语,期末考试时才得了二十多分,是他补习的重点科目。他计划两天复习一篇英语课文,把没记住的生词全部背下来。整个假期,王强把自己的时间和精力都用在了学习上,每天上午补习旧课,下午做寒假作业。尽管学习很辛苦,他也从未放弃自己的计划。一个假期结束了,他因贪玩而落下的功课也基本上补回来了。新学期伊始,他以更大的热情投入学习,并为自己定下了一个学期的学习目标:期末考试要进入前十名。他如愿以偿了,二年级结束时,他考了个全班第五名的好成绩。

　　(资料来源:田宝,戴天刚,张扬.教育心理学案例[M].北京:首都师范大学出版社,2007:192)

思考与讨论

1. 什么是动机?它对行为有怎样的作用?
2. 如何理解动机、需要、诱因之间的关系?
3. 什么是学习动机?它的基本成分是什么?
4. 什么是内部动机、外部动机,它们对学习的影响有什么不同?
5. 什么是认知内驱力、自我提高内驱力和附属内驱力?
6. 学习动机强度与学习效果的关系如何?
7. 根据马斯洛的需要层次理论,学生的学习动机是如何产生的?
8. 什么是自我效能感?自我效能感的形成主要受哪些因素的影响?
9. 不同的归因对学生的学习会产生什么影响?
10. 对各学习动机理论,你如何理解?
11. 如何激发与培养学生的学习动机?

参考文献

[1] 俞国良,戴斌荣.基础心理学[M].武汉:武汉大学出版社,2007

[2] 张道祥.当代普通心理学[M].长春:吉林大学出版社,2006

[3] 彭聃龄.普通心理学(修订版)[M].北京:北京师范大学出版社,2001

[4] 郑希付,陈娉美.普通心理学[M].长沙:中南工业大学出版社,2002

[5] 张履祥,葛明贵.普通心理学[M].合肥:安徽大学出版社,2004

[6] 皮连生.教育心理学[M].上海:上海教育出版社,2004

[7] 姜智.教育心理学[M].长春:吉林大学出版社,2005

[8] 姚本先.儿童发展与教育心理学[M].合肥:安徽大学出版社,2002

[9] 刘丕君.教育心理学(小学最新版)[M].北京:中国经济出版社,2013

[10] 李伯黍,燕国材.教育心理学[M].第2版.上海:华东师范大学出版社,2010

[11] 连榕,罗丽芳.教育心理学概论[M].北京:北京大学出版社,2009

[12] 冯忠良等.教育心理学[M].第2版.北京:人民教育出版社,2010

[13] 易小文,陈杰.教育心理学[M].北京:北京工业大学出版社,2006

第七章　小学生学习的迁移

学习目标

1. 理解迁移的内涵及实质。
2. 了解迁移的主要类型。
3. 正确掌握迁移的代表性理论。
4. 掌握影响迁移的主要因素。
5. 能掌握在教学中应用迁移的策略。

【案例导入】

加利福尼亚州圣巴巴拉县夏令营的一群孩子正徒步旅行在圣伊纳慈山山脚的一条峡谷中。队长说:"今天我设法教你们怎样辨认一种特别的植物。每个人都有必要认识它,而且为了辨认它,我们还需要知道把它与其他植物区别开来的概念,即原理。"

在通往峡谷口的一条小路上,有一棵藤本植物攀附在橡树上。队长停下来,指着它的茎、叶、入土的部分以及开始分根的可见部分,说:"这就是我们要学的概念的一个实例。我们找的就是它,请不要碰它,当心。走近点仔细瞧瞧。"他给孩子们提供了一些线索,"要特别注意叶子的形状、藤身及其枝杈、攀附在枝杜上的方式以及入土时的模样。"

再往前走一会儿,有一种长在树荫下,开着粉红色小花的植物。队长停下来说:"它不是我们要找的植物。再仔细瞧瞧它的叶子、枝丫和藤身以及入土时的样子。"

继而,他又指看一棵参天大树说:"这也不是我们找的植物。"一株幼小植物爬过向阳的地面,缠绕在蒲苇草的根茎部,"它是我们要找的植物的另一个实例。"一株长有锹形叶子、茎干细长的植物攀附在一棵华盖大树上,"这不是我们要找的植物。"队长先后指着它们这样说道。

过了一会儿,孩子们争先恐后地各抒己见,"这一株不是的""这儿有一棵"队长回答说:"错了,但并不全错。"孩子们围聚在一起自己观看各种各样的植物。最后,队长觉得该提问了,"这一棵是吗?""那一棵呢?"。孩子们已能用"是"或"不是"来说出那种植物了。队长随后把他们叫到一起,问道:"你们该怎样描述我心目中的那种植物呢?"

"知道了。"一个孩子说,"它的叶子总是三片一簇。不管有多少细小的枝条,三片叶子总是紧紧地挨在一起。"

另一位表示同意说:"是的,而且它的叶子至少有一面是亮晶晶的。"

又一位补充道:"叶子看上去好像有油似的。"

有一位队员说:"它喜欢向上爬,但并非总是向上爬。"

另一位观察者说:"它喜欢阳光,但也可以在背阴处生长。"

孩子们七嘴八舌地这样说道。

"对了!"队长说,"你们已经把我所知的植物的属性——叶、茎等特点综合起来了。你们已会辨别它与其他植物在属性上的差异。我现在再增加其余的东西,但要注意,我曾叫你们不要碰它。如果碰了它,你们就会体验到,你们大多数人的身上会发出紫红色的疹块,皮肤会出现严重的红点,发痒,在我们离开前几天会疼痛。有些人也许会病得很厉害,不得不去看医生。知道我所指的这种植物的名称了吗?"

"毒橡树。"一个孩子大胆地说。

队长回答说:"不,不全对。毒橡树的叶子是五片一簇。"

"毒常春藤。"其他孩子异口同声地说。

队长微笑着点了点头。

迁移是学习的一种普遍现象,任何学习都是在学习者已经具有的知识经验的基础上进行的。新获得的学习过程及结果会对学习者的原有知识经验产生影响,这种新旧学习之间的相互影响就是学习的迁移。根据迁移的作用,几乎所有的习得经验都可以以各种复杂的方式相互联系起来。个体习得经验后,在适当的条件下可以应用所习得的经验来解决某种问题;新习得的经验有时可以改变原有的经验结构;不同的经验之间重新组合,可以形成新的经验结构。通过迁移,新旧经验得以概括化、系统化,形成整合的心理结构,并不断得到发展,从而稳定地调节个体的行为。迁移在生活中广泛存在,如"举一反三""触类旁通""闻一知十"等,都可以用迁移来解释。

第一节　学习迁移概述

一、什么是学习迁移

学习迁移(transfer)是指一种学习对另一种学习的影响,或习得的经验对完成其他活动的影响,其实质是经验的整合。如,学好乘法运算,有助于熟练掌握加法运算;会骑自行车的人容易学会骑摩托车;学会英语有助于俄语的学习,等等。

迁移不仅仅表现为先前的学习对后来的学习的影响,而且表现为后继的学习对先前学习的影响。不管哪种影响,从效果看,有时是积极的影响,有时是消极的影响。

迁移广泛存在于知识、动作技能、情感和态度等方面的学习中。例如,学习了加减乘除的概念后,能进行四则运算解答应用题,这属于在认知方面发生的迁移;会骑自行车的人学习骑摩托车比较容易,这主要是技能学习领域的迁移;小学生从小养成认真勤奋的学习态度也会影响到中学、大学学习期间的学习责任心;在学校中形成的爱护公物的行为规范会影响到在校外的此类行为的表现等;这些都属于态度与行为规范方面的迁移现象。

在各种知识与技能的学习中,知识和技能之间也存在着相互迁移。迁移不仅存在于某种经验内部,而且也存在于不同的经验之间的相互影响。如外语学习中,加强听、说训练,就能更快地提高读、写能力;丰富的词汇知识的掌握将促进外语阅读技能的提高;阅读技能的提高又可以促进更多外语词汇的获得等。所以,迁移表明了经验间的相互影响。通过迁移,各种经验得以沟通,经验结构得以整合。此外,学习的动机、兴趣、情感、意志、态度以及行为方式等都可以产生迁移。

二、学习迁移的类型

学习迁移的现象多种多样,不同研究者从不同角度对迁移进行了分类。

(一)正迁移和负迁移

按照迁移的性质不同,即迁移的效果不同,可以将迁移划分为正迁移和负迁移两种类型。

1. 正迁移(positive transfer),也称助长性迁移,是一种学习对另一种学习起到积极的促进作用。通常表现为一种学习使另一种学习具有了良好的准备状态,活动所需的时间或练习次数减少,或使另一种学习的深度增加、单位时间内的学习量增加,或者已经具有的知识经验使学习者顺利地解决了面临的问题等情况。正迁移常常在两种学习内容相似、过程相同或使用同一原理时发生。如小学生掌握汉字后,有利于写作技能的形成;学习珠算有利于心算能力的提高;平面几何的学习促进立体几何的学习;阅读技能的掌握有助于写作技能的形成等。

2. 负迁移(negative transfer),也称抑制性迁移,是两种学习之间的相互干扰、阻碍的情况。通常表现为一种学习使另一种学习所需的学习时间或所需的练习次数增加,或阻碍另一种学习的顺利进行以及知识的正确掌握。负迁移的产生常在两种学习又相似又不相似,学生认知混淆产生的情境下而出现。发生负迁移时,由于僵化的思维定势,缺乏灵活性、变通性,会使另一种学习更加困难,错误增加,难以顺利进行,学习效率低下。如小学生学习英语后,可能由于英语字母与汉语拼音字母刺激相似而反应不同从而产生干扰,把英语字母与汉语拼音字母混淆。负迁移一般来说是暂时性的,经过练习可以消除。如果能充分注意正迁移及其产生作用的条件,在一定程度上能减少甚至防止负迁移的消极影响。

一种学习对另一种学习的影响,并非只有正迁移或是只有负迁移,实际上常常是在某方面起正迁移作用,而在另一方面又起负迁移作用。如学过汉语拼音字母后,在开始学习英语字母时,对其字形的识记有正迁移的作用,而在读音中则有干扰作用;学习对数运算法则时,会受先前所学的法则 $m(a+b) = ma + mb$ 的影响,错误地得到 $\lg(a+b) = \lg a + \lg b$。

(二)顺向迁移与逆向迁移

根据迁移的时间顺序可划分为顺向迁移(forword transfer)和逆向迁移(backward transfer)。

1. 顺向迁移

前面的学习影响后继的学习,称为顺向迁移。即当学习者面临新的问题情境时,学习者如果利用原有的知识或技能获得了新知识或解决了新问题,就是顺向迁移。通常所说的迁移大部分都属于此类迁移,如学习汉语对学习英语的影响。顺向迁移是把已有的知识经验运用到同类事物中去,以揭示新事物的意义和作用,从而把新事物纳入到已有的认知结构中去,也就是一种"同化"过程。

2. 逆向迁移

逆向迁移是后来的学习对先前学习的影响。即学习者原有的知识技能不足以使其学习新知识或解决新问题,学习者需要对原有的知识进行补充、改组或修正,这种后来学习对先前学习的影响就是逆向的迁移。如小学生学习了生物的概念后,就会使原有的动物、植物的概念发生变化。逆向迁移是要把已有知识经验用到新的异类事物中,对已有的知识经验进行重新改组,以形成能包含新事物的新的认知结构的过程。

无论是顺向迁移还是逆向迁移,都有正、负之分;同样,无论是正迁移还是负迁移,也都有顺向和逆向之分(如表7-1)。

表7-1 四种学习迁移的相互关系

	顺向迁移	逆向迁移
正迁移	已掌握的知识、技能对新学习的知识、技能的积极影响。如掌握加、减法的学生,容易学好乘法运算	新学习的知识、技能对已掌握的知识技能的积极影响。如掌握乘法运算又有助于更加熟练地掌握加减法运算
负迁移	已掌握的知识、技能对新学习的知识、技能的消极影响。如掌握汉语语法的学生,在学习英语语法初期,总会自觉不自觉地用汉语语法去套英语语法,因而影响了英语的学习效果	新学习的知识、技能对已掌握的知识、技能的消极影响。如学生掌握了英语语法之后,又可能反转来对掌握汉语语法起干扰作用

顺向迁移有助于新知识的理解和掌握,逆向迁移有助于已有知识的巩固和完善,因而在教育教学实践中要充分利用这两种迁移,促进学生的学习主动性,增强其学习效果。

(三)知识迁移、技能迁移、情感和态度迁移

这是根据迁移发生的学习类型或领域划分的。学生所学的数学知识有助于对物理学和化学中的一些数量关系和方程式的理解,掌握了加减法的学生,容易学会乘法运算,这是知识的迁移;学会弹钢琴可以有利于弹手风琴,骑自行车的人较容易掌握摩托车技术,这是技能迁移;一个受到老师不公正待遇的孩子,提到学习就会厌烦,甚至连游戏也不想参加,这是态度和情感迁移。

学生在获得知识的过程中,他们的知识、技能、情感和态度是并不相悖的,因而由学习产生的迁移也是多方面的。美国教育心理学家布鲁纳认为,原理和态度的迁移是教育过程的核心。而在教育实践中,我们重视的大多是属于知识方面的迁移,而忽略了情感和态度方面的迁移,这对于激发和增强学生的学业成就动机是不利的。

(四)水平迁移与垂直迁移

根据迁移内容的抽象和概括水平不同,可将迁移分为水平迁移(lateral transfer)和垂直迁移(vertical transfer)。

1. 水平迁移

水平迁移也称横向迁移、侧向迁移,是指先行学习内容与后继学习内容或新旧知识经验之间在难度、复杂程度和概括层次上处于同一抽象和概括水平的学习活动之间产生的影响。即学习内容之间的逻辑关系是并列的。如直角、钝角、锐角、平角等概念之间的关系是并列的,都处于同一抽象和概括层次,各种概念的学习之间的相互影响即水平迁移。可见,水平迁移具有正迁移的效果,能起到举一反三、闻一知十、触类旁通的作用。

2. 垂直迁移

垂直迁移又称纵向迁移,指先行学习内容与后继学习内容或新旧知识经验之间处于不同抽象、概括水平的学习活动之间产生的相互影响,即垂直迁移表现在两个方面:一是自下而上的迁移;二是自上而下的迁移。前者指下位的较低层次的经验影响着上位的较高层次的经验的学习,如在学习生物知识时,对"老虎、狮子、牛、羊"等动物本质特征的掌握有助于理解和概括"哺乳动物"的特征。后者指具有较高的抽象和概括水平的上位经验与具有较低的抽象与概括水平的下位经验之间的相互影响,如小学生掌握了水果这一上位概念,要学习芒果这一下位概念时,如果告诉学生芒果是一种水果,学生就会很容易掌握芒果这一概念。

加涅十分强调这种分类。他认为,个体通过学习所形成的心理结构是一个网络化的结构,要解决其上下左右的沟通与联系,必须通过水平迁移和垂直迁移才能实现。

(五)一般迁移与具体迁移

这是根据迁移内容的不同所进行的划分。

1. 一般迁移

一般迁移(non-special transfer)也称普遍迁移、非特殊迁移,是将一种学习中习得的一般原理、方法、策略和态度等迁移到另一种学习中去。也就是说,一般迁移是与具体内容无关的领域的学习之间的迁移。这种迁移的作用范围比较宽广,如小学生乘法口诀的掌握可以广泛迁移于多种情境中;在学习中获得的一些基本的运算技能、阅读技能可以运用到各种具体的数学或语文学习中。

布鲁纳(1982)非常强调一般迁移,认为基本的原理、基本的态度具有广泛的适应性,能适用于许多表面特征不同,但结构特征相同的多种情境,并且能使以后的学习变得较容易。

2. 具体迁移

具体迁移(special transfer)也称为特殊迁移,指一种学习中习得的具体的、特殊的经验直接迁移到另一种学习中去,或经过某种要素的重新组合迁移到新情境中去。也就是说,特殊迁移是与内容相关的两种知识、技能学习间的迁移,如乒乓球运动学习中,推挡动作的学习可以直接迁移到左推右攻这种组合的动作学习中去;学会写"石"这个字,有助于学习写"磊"。特殊迁移的范围往往不如一般迁移广,仅适用于非常有限的情境。但这并不意味着特殊迁移是不重要的,相反,它对于系统掌握某一领域的知识是非常重要的。

(六)同化性迁移、顺应性迁移、重组性迁移

这是根据迁移过程中所需的内在心理机制的不同而进行的划分。

1. 同化性迁移

同化性迁移是指不改变原有的认知结构,直接将原有的认知经验应用到本质特征相同的一类事物中去。也就是把新的知识内化到已有认知结构中去,使原有认知结构在迁移过程中不发生实质性的改变,只是得到某种充实。平时我们所讲的举一反三、闻一知十等都属于同化性迁移。如原有认知结构中的概念"鱼",由带鱼、草鱼、黄鱼等概念组成,现在要学习鳗鱼,把它纳入"鱼"的原有结构中,既扩充了鱼的概念,又获得了鳗鱼这一新概念的意义。

2. 顺应性迁移

顺应性迁移也叫协调性迁移,是指将原有认知经验应用于新情境中时,需调整原有的经验或对新旧经验加以概括,形成一种能包容新旧经验的更高一级的认知结构,以适应外界的变化。比如,学生头脑中有一些日常概念,当这些前科学的日常概念不能解释所遇到的事例时,就要建立一个概括性更高的科学概念来标志某一现象或事物,新的科

学概念的建立过程也是一种顺应的过程。如学过了"胡萝卜""芹菜"和"韭菜"等概念后,再学习"白菜"这个概念时,原有概念不能解释新概念,这时我们需要先学习"胡萝卜、芹菜、韭菜都是蔬菜,白菜也是蔬菜",即建立起一个概括性更高的科学概念"蔬菜"来标志这一事物。可见,新的科学概念的建立过程也是一种顺应的过程。

3. 重组性迁移

重组性迁移就是将已有的认知结构中的有关知识成分,按照新的需要重新组合,建立起一种新的认知结构。在重组过程中,基本经验成分不变,各个成分间的结合关系发生变化,来进行调整或重新组合。如对一些原有舞蹈或体操的动作进行调整或重新组合后,编排出新的舞蹈或体操动作;教师以一些圆、直线、三角等几何图形,让孩子们发挥想象,通过联系生活中的实物,能够画出小鸡、汽车、水果等。

第二节　学习迁移的理论

虽然对迁移的研究早在18世纪中叶已经开始,但真正研究迁移现象是近一二百年的事。在此期间,研究者从不同哲学角度和不同理论基础出发,对迁移的本质、原因、过程、影响因素等进行了探索并形成了各种学习迁移理论。

一、相同要素说

相同要素说是桑代克首先提出来的。桑代克起初用知觉方面的一系列实验来研究迁移。在1901年的一个实验中,他先让大学生被试对10～100平方厘米的大小不同的长方形的面积进行估计,在被试的估计有了很大的提高以后,他又让被试对面积更大的长方形(150～300平方厘米)或面积相同而形状不同的图形(如三角形、圆形等)进行估计测试。结果发现,当面积与练习时相等而形状不同时,所得进步仅是练习时进步的44%;当形状相同而面积不同时,进步只有30%。他在长度和重量方面做的知觉实验也得到类似的结论,被试的估计能力并不因在前面训练中取得的进步而有所增进。

通过一系列实验,桑代克认为,学习中训练某一官能未必能使它的所有方面都得到改善,而任何一种官能的改变也只限于一定的活动范围。训练某一官能并不能保证自动地迁移到其他方面,只有当两种情境中有相同因素时才能产生迁移。用桑代克的话说,就是"只有当两个训练机能之间有相同的元素时,一个机能的变化才能改变另一个机能的习得"。相同元素即相同的刺激与反应联结。桑代克认为,当两种情境中的刺激相似而且其反应也相似时,迁移才会发生,而且一个情境与另一个情境中相同的元素越多,迁移越大。伍得沃斯(R. S. Woodworth)后来把相同元素说改为共同要素说,也就是说,在两种情境中有共同的成分才能发生迁移。

桑代克等人用大量的实验证明,迁移是非常具体的、有限的,只存在于含有相同要素的领域。迁移是有条件的,需要有共同的要素。桑代克的共同元素说也揭示了迁移现象中的一些事实,对迁移理论的研究做出了重大贡献。他的共同元素说在当时的教育界起过积极的作用,使学校脱离了在形式训练说影响下不考虑实际生活只注重所谓的形式训练的教学状况,在课程方面开始注意重视应用学科,教学内容的安排也尽量与将来的实际应用相结合。但他仅将迁移视为相同联结的转移,认为两种情境中的客观方面的共同要素是决定迁移的唯一因素,这在某种程度上否认了已经存在的迁移,也否认了迁移过程中的复杂的认知活动,因此有一定的机械性和片面性。

二、概括说

概括化理论由贾德提出。贾德(C. H. Judd,1908)以水中打靶的实验说明了原理、概括化的经验在迁移中的作用。

贾德并不否认两种学习活动之间存在的共同成分对迁移的影响,但不同意共同要素说将共同成分看作是迁移产生的决定性条件。他认为,两种活动之间存在共同成分只是产生迁移的必要前提,而迁移产生的关键在于学习者能够概括出两组活动之间的共同原理。而且概括化的知识是迁移的本质,知识的概括化水平越高,迁移的范围和可能性越大。

为此,1908年他进行了著名的"水下击靶"实验。实验是训练小学五六年级的学生射击置于水中的靶子,一组在练习射击之前学习光折射原理,另一组则不学习该原理。先将靶子放在距离水面30.48厘米处,两组射击成绩基本相等。然后将靶子移至距离水面10.16厘米处,学过光折射原理的那一组能迅速适应新的情境,进步很快,在速度和准确度上都超过没学光折射原理的一组(见表7-2)。

表7-2 水下击靶实验水深和练习次数与迁移程度

	击中靶所需的练习次数		迁移的进步(%)
	水深30.48厘米	水深10.16厘米	
第一组机械学习	9.10	6.03	34
第二组了解折光原理	8.50	5.37	37
第三组了解折光原理和深浅比例	7.73	4.63	40

贾德认为,掌握了折射原理并不一定马上产生效果,还需要领会和实际的练习,即理论不能代替实际,所以两组的第一次的成绩并未因是否学习了折射原理而有所差异。但当有了实际经验后,概括化的原理就可以应用于不同的情境中,能根据水下靶子的不

同的深度进行调整。概括化的原理和经验是迁移得以产生的关键。对原理学习得越透彻，对新情境的适应性就越强，迁移就越好。后来，亨得里克森等人(Hendrickson & Schroeder,1941)在贾德的实验基础上，又进行了更为严格控制的实验，得到了类似的结论，而且指出，概括化的过程不是自动化的，与教学方法密切相关。

这种迁移理论又称泛化理论。所谓"泛化"，就是把自己在一种情境中得到的经验，广泛地运用到另一种情境中去。即，经验化理论强调概括化的经验在迁移中的作用，认为迁移更多的是依赖于对一般原理的理解以及这种理解在新旧情境的相互关系中的作用，这实际上是对共同要素说的发展。若要产生迁移，新情境必须与原来的学习情境有一定相似，否则迁移不会发生。但概括化的经验仅是影响迁移成功与否的条件之一，并不是迁移的全部。

根据概括化理论，在课堂中讲授教材时，最主要的是鼓励学生对基本概念、基本原理进行概括。而同样的教材内容，由于教学方法不同，会使教学结果大相径庭，学生的迁移效果也不尽相同。

三、认知结构迁移说

1. 布鲁纳的迁移说

布鲁纳认为，学习是类别及其编码系统的形成。人是通过将新的信息归入某一类别，然后根据这一类别以及相关的类别做出推理，以此超越所给的信息。这些相关类别的有层次结构的安排就构成了编码系统，在编码系统中，较高级的类别比较抽象些，较低级的类别比较具体些。编码系统的这种非具体性对迁移具有重要的作用。布鲁纳认为，迁移是把习得的编码系统用于新的事例。正迁移就是把适当的编码系统应用于新的事例，负迁移则是把习得的编码系统错误地应用于新事例。

布鲁纳指出，迁移可分为两类：一类是特殊迁移，这是习惯和联想的延伸，主要是动作技能、机械学习的迁移；另一类是非特殊迁移，即原理和态度的迁移。布鲁纳承认一般的技巧、策略等有广泛迁移的可能性。非特殊迁移是教育过程的核心，掌握学科的基本结构和领会基本原理和概念，是通向适当的"训练迁移的大道"。认知结构与学习和迁移被认知心理学广泛关注。

2. 奥苏伯尔论迁移

在奥苏伯尔看来，一切有意义的学习都是在原有学习的基础上产生的。不受原有认知结构影响的有意义学习是不存在的。一切有意义的学习必然包括迁移。在顺向迁移中，迁移是通过认知结构这一中介变量起作用的，先前的学习并不是一组"刺激—反应"的联结，而是累积获得的、按一定层次组织的、适合当前学习任务的知识体系。在学习先前课题时所得到的经验,并不是直接同后继学习课题的"刺激—反应"成分发生相互作用,而只是由于它影响原有认知结构的有关特征,间接影响新的学习。

在有意义学习中,学生原有认知结构的特征始终是影响新的学习与保持的关键因素。这些特征不是指前后两个学习课题在刺激和反应方面的相似程度,而是指学生在一定知识领域内的认知结构的组织特征,如清晰度、稳定性、概括性和包容性等。

在一般的学习中,各个课题的学习并不是孤立存在的。先前学习是后继学习的准备和前提,后继学习是在与先前学习的联系中进行的。因此,在学校学习中,很少有像实验室条件下那样严格意义上的迁移,学习迁移所指的范围更广。

3. 罗耶的认知迁移理论

美国学者罗耶(J. M. Royer)根据学习和记忆的信息理论,提出认知迁移理论具有两个基本假设:第一,人类记忆是一种高度结构化的储存系统,人类是以一种系统方式储存和提取信息的;第二,知识结构的"丰富性"并非始终一致。

所谓丰富性,是指知识结构内各单元(如节点、命题等)之间交互联结的数量。此外,认知迁移理论还具有一个前提,即领会是学习迁移的必要条件,但不是充分条件。在没有领会的条件下我们虽然也可以习得信息,如机械记忆,然而,我们回忆或使用被领会的信息的条件是极为有限的。因此,要形成学习迁移,领会是必不可少的。

根据这两个假设和一个前提,罗耶的认知迁移理论认为,迁移的可能性取决于在记忆搜寻过程中遇到相关信息或技能的可能性。这样,教育的问题就成了如何增加学生在面临现实生活问题时提取在课堂中习得的相关材料的可能性的问题。提取的可能性与交互联结的数量有关,因此,任何增加交互联结网络的丰富性的教育方法,将有助于增加迁移的可能性。

在帮助学生建立抽象的知识结构和认知图式时,应给学生呈现最大范围的实例和这些知识的应用情景,以使学生了解课堂中习得的知识是如何应用的。这些例子最好与真实的生活背景相联系,使学校学到的每一知识的价值都需以在校外世界中的应用价值这一标准来衡量。

【案例7-1】

一位自然课老师在讲解"物体热胀冷缩原理"时,利用一个踩瘪了的乒乓球做实验。他先把乒乓球浸到开水中去,瘪的地方很快鼓了起来,然后提问:"是什么力量把瘪的地方鼓起来的?"造成悬念。根据学生是"热水""是空气"的认知纠葛,他先在乒乓球上插进打气针头,让学生观察:没有热水流出来,也不再瘪下去。再把戳破的乒乓球捏瘪放进开水中,让学生观察;开水流进了乒乓球,但瘪下去的地方没有鼓起来。接着他又演示了教材中的液体、气体、固体热胀冷缩的实验。最后由学生自己找到正确答案:"是乒乓球里的空气被开水烫热,膨胀起来,把瘪的地方顶了起来。"教师又问:"那么用针戳了乒乓球,为什么鼓不起来呢?"学生自信地回答:"因为热空气从洞口跑掉了。"

四、产生式迁移说

以安德森(Anderson,1983)等人为代表,研究认知技能的迁移问题,提出了迁移的产生式(production)理论。产生式法则是认知的基本成分,一个产生式法则包括一种条件表征(if)和一种动作表征(then)。条件表征用于再认情境中的特征模式,动作表征用于形成一种符号性信息。个体在最初学习任务中所形成的表征(表征1)是产生式法则的集合。同样,在新的情境(迁移情境)中也形成产生式法则的集合的表征(表征2)。若两个表征含有相同的产生式或者产生式的交叉与重叠,则可以产生迁移。产生式是决定迁移的一种共同要素。

虽然产生式理论也强调迁移中的共同要素,但这种共同要素侧重于认知成分,因此,与传统的强调客观的共同要素的观点是截然不同的。

五、情境性理论

以格林诺(J. G. Greeno,1993)等为代表,提出了迁移的情境性理论(situated theory),认为迁移问题主要是说明在一种情境中学习去参与某种活动,将如何影响在不同情境中参与另一种活动的能力。学习是个体与环境中的事件的相互作用,是对情境中所具有的特征的一种适应。通过相互作用而形成的是动作图式,该图式是活动的组织原则,而不是符号性的认知表征。迁移就在于如何以不变的活动结构或动作图式来适应不同的情境。这种活动结构的建立既取决于最初的学习情境,又取决于后来的迁移情境。

上述各种理论分别从不同的角度论述迁移问题,但在许多方面仍有一定的分歧。比如,决定迁移产生的关键因素是什么?是共同的主观成分还是客观成分?是抽象的表征还是活动?或者是其他因素?这些关键因素是何时建立、形成的?是在最初的学习情境中,还是在迁移情境中,或者由前后两种情境共同决定?迁移是一般的还是特殊的?决定迁移的根本成分是一般的基本能力、基本原则或结构,还是一些具体的成分或活动要素?这些分歧实际上反映了迁移研究中存在的普遍性问题。究其原因,主要是对迁移研究缺乏一种整体构想,只重视局部、微观的探讨,忽视整体与局部、局部与局部之间的联系的建构。

第三节　小学生学习迁移的影响因素及其在教学中的应用

学习的迁移是有条件的,不是自动产生的。学习者的个性特点、学习水平、学习材料的性质等因素都对迁移有影响。此处仅就影响迁移的一些基本因素进行论述。

一、影响迁移的因素

(一)主观条件

1. 智力

智力的核心是思维能力,包括一个人的概括能力、分析能力和推理能力等。智力较高的人能较容易地发现两种学习情境之间的相同要素及其关系,易于总结学习内容的原理、原则,能较好地将以前习得的学习策略和方法运用到后来的学习中。

2. 年龄

年龄不同的个体由于处于不同的思维发展阶段,学习间迁移产生的条件和机制有所不同。例如,具体运算阶段的学生学习迁移的发生有赖于具体事物的支持和协助,学习的迁移更多地表现在先后学习内容间较为具体的相同要素之间的相互影响;形式运算阶段的学习者由于已经具备抽象思维能力,不必依赖两种学习情境间的具体的相同要素的支持,就能概括出共同的原理、原则,产生学习的积极迁移。

3. 学生的认知结构

奥苏贝尔对学生已有认知结构在迁移中的作用非常重视。已有知识经验的准确性、稳定性、丰富性和组织性等会直接影响到学生面对新知识、新情境时对已有知识的提取的速度和准确性,从而影响到迁移的发生。

(1)原有经验的水平

曼德勒(G. Mandler,1962)曾汇总了动物学习和人类言语学习的迁移研究,得出了如图7-1所示的原有学习水平与迁移之间的关系。

从图中可以看出,随着先前学习水平的提高,迁移刚

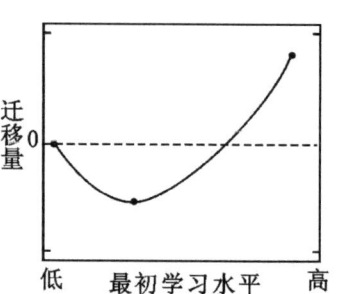

图7-1　原有学习水平与迁移量之间的关系

开始时是负的,但随着练习的不断扩大,先前学习水平不断提高,迁移逐渐由负变为正,并达到较高水平的迁移。曼德勒认为,之所以产生这种结果,是由于刚开始某些消极因素也随着练习的增加而增大到一定程度,对迁移产生影响。但随后逐渐扩展的练习也使得个体获得了更为一般的学习,即获得了学习方法等经验,这些一般的经验具有广泛的适用性,能够有效地促进正迁移的产生,同时也抑制、超过了负迁移的作用,使最终的结果表现为正迁移的量大大提高。

虽然上述结果是从较简单的学习中得出的一般性结论,但也反映了迁移中的一些基本规律。科学教育中的概念转变理论认为,学生已有的前科学概念或错误概念在学习的开始环节阻碍着新概念的建立。若要真正地掌握科学概念,提高迁移能力和问题解决能力,就必须摒弃已有的心理模型,并用新的科学概念取代错误概念,建立并使用新的心理模型。随着新的科学概念及心理模型的建立,其迁移能力也逐渐得以提升。以此为基础,其他一些研究者对先前经验的丰富性、概括性、适当性等问题进行了更为深入、细致的分析和研究。

(2)原有经验的组织性

认知心理学的研究表明,信息能否提取在很大程度上依赖于信息在记忆中是如何组织的,合理组织的信息易于提取,也易于迁移。原有经验的概括水平越高,迁移的可能性越大,效果越好;概括水平越低,迁移的范围越小,效果也越差。贾德的水中打靶实验、布鲁纳(1982)迁移研究都证实了这一点。

依据概括的原理来组织有关信息,这是保证经验结构具有组织的首要环节。拥有抽象、概括的认知结构,可以使个体不受表面相似性的制约,能从结构特性着眼,并发现其结构相似性,进而产生迁移。比如在学习物理学中的杠杆原理时,通过各种变式来充分理解这一基本原理,找出杠杆的支点、动力臂和阻力臂,使学生在遇到轮轴、滑轮等问题时,也能排除表面因素的干扰,应用杠杆原理来解答问题。组织合理的经验结构不仅表现在其抽象、概括性方面,还表现在经验的丰富性方面。许多实验和事实都证明,具体而丰富的经验对于迁移的产生也是非常必要的,而且正迁移往往随着练习中所提供的具体事例的数量的增加而增加。脱离具体事例而孤立地学习抽象的概念、原理,这在一定程度上无助于迁移的产生。

对专家和新手的对比研究发现,专家对于信息的组织是非常合理的,并且主要根据信息的内在深层结构进行组织,而新手主要根据信息的表面特征加以组织。所以,迁移时专家能根据已有的组织良好的信息进行恰当的提取,以应用于具有相同的结构特性的其他情境。新手则难以适应表面特性发生变化的新情境,无法从原有的认知结构中提取相应的信息。

同时,专家之所以具有较强的迁移能力,除了具有概括的认知结构外,还具有大量的依据概括原理而组织起来的具体经验,这些经验为迁移的产生提供认知结构,而且也要拥有一定量的具有典型代表性的具体信息。

4. 学习的定势

定势(set)通常指既先于一定的活动而又指向该活动的一种动力准备状态,有时也称为心向。定势使个体在认识方面和外显的行为方面以一种特定的方式进行反应,使个体在活动方向的选择方面有一定的倾向性。正因为如此,定势在迁移过程中也起到一定的作用。定势对迁移的影响有两种:促进和阻碍。定势既可以成为积极的正迁移的心理背景,也可以成为负迁移的心理背景,或者成为阻碍迁移产生的潜在的心理背景。

陆钦斯(A. S. Luchins,1942)的"量杯"实验是定势影响迁移的另一个典型例证。实验中要求被试用容积不同的量杯(A,B,C)量一定量的水。结果发现,如果被试先进行一定的练习,并发现所练习的问题都可以应用三杯方法(即 B - A - 2C)来解决问题的话,则被试就形成了定势,直接将三杯方法迁移到后面的问题的解决过程,使后面解题的速度加快,问题变得比较容易。定势是迁移产生的一种积极地心理因素。但是,这种定势同时又阻碍、限制了其他更简便的解决问题的方法(即 A - C 或 A + C)的产生,使思维僵化,因循守旧,难以灵活应用其他有效的经验来解决问题,成为一种负迁移。实验还发现,那些没有产生定势的被试都使用了最简便的解决问题的方法。

定势的消极作用的另一个明显的表现就是功能固着,即把某种功能、作用赋予某种物体的心理倾向。由于过去的经验,个体对某种物体所具有的特定的、主要的功能形成了比较稳定的认识,当遇到问题时,首先想到的是该物体的这一功能,因摆脱不了固有的定势而难发现该物体所具有的其他的潜在的功能。克服功能固着需要积极地将原有的经验灵活地迁移过来,调整原有的认知结构,以适应新情境的需要。定势对迁移究竟是积极的影响还是消极的影响,关键要使学习者首先能意识到定势的这种双重性,既要考虑如何充分利用积极的定势解决问题,又要注意打破已形成的僵化定势,利用顺向迁移和逆向迁移将新旧经验对比,找到他们的区别、联系,创造性地解决问题。

(二)客观因素

1. 相似性

许多研究证明,相似性是影响迁移产生的一个重要因素。一般而言,较多的共同成分将产生较大的相似性,并导致迁移的产生。

(1)学习材料的相似性

桑代克的共同要素说实际上就是对学习材料的相似性在迁移中的作用的一个经典研究。此后,奥斯古德(C. E. Osgood,1949)在综合有关研究的基础上提出了迁移的逆向曲面,认为迁移量与迁移的性质(正或负)是由刺激与反应的相似程度决定的。但由于此结论主要是根据较机械的言语学习(如配对联想言语学习)的实验得来的,具有一定的局限性，因此难以解释、证实较复杂的学习迁移现象。

吉克与霍利约克（1983，1987）曾就迁移中的学习材料的相似性问题进行了探讨。他们认为，学习材料的相似性包含两种：结构特性的相似与表面特性的相似。与最终的结果和目标的实现有关的成分即属于结构特性，如原理、规则或事件间的关系等；而那些无关的成分则是表面特性，如某些具体的事例内容、学习情境中的环境因素等。结构特性的相似也就是本质特征的相似，而表面特性的相似也就是非本质特征的相似。学习材料的相似性是由两种学习中所包含的共同的结构成分与表面成分决定的，属于客观相似，而个体对结构和表面相似性的认同则是主观的知觉相似。在结构特征与表面特征方面都非常相似，则学习者的知觉相似性提高，容易产生结构特性不相似，但表面特性相似，这容易产生负迁移；只有结构特性相似，但表面特性不相似，对某些学习者很难激活和提取头脑中的相关信息，难以产生知觉相似性，因而也不易产生迁移。

以代数中的因式分解为例，公式 $a^2-b^2=(a+b)(a-b)$ 中的平方项与运算符号（减号）为结构成分，字母为表面成分。学习者利用已习得的公式进行迁移时，可能受到学习材料的相似性的影响。代数式 c^2-d^2 与已习得的公式在结构特征和表面特征方面都非常相似，则学习者的知觉相似性提高，容易产生正迁移。a^2+b^2 与公式结构特征不相似，但表面特征相似，这容易产生负迁移。只有结构特性相似，但表面特性不相似，则对于某些学习者而言，很难激活和提取头脑中的相关信息，难以产生知觉相似性，因而也不易产生迁移。比如代数式 $x^2+y^2+2xy-m^2$ 表面看上去与公式不同，但通过适当变换可以成为 $(x+y)^2-m^2$，它与公式具有相同的结构特性。如果不能摆脱表面现象的控制，则迁移易受阻。

（2）学习目标与学习过程的相似性

除了学习材料这种客观的相似性影响迁移外，个体加工学习材料的过程是否相似也影响着迁移的产生。加工过程的相似性可视为主观相似性。由于加工过程往往受到活动目标的制约，因此，目标要求是否一致、是否相似，将在一定程度上决定加工过程是否相似，进而决定能否产生迁移。

韦斯伯格等人（R. Weisberg, M. Camillo & D. Phillips, 1978）曾作了一个实验，要求被试先进行配对联想学习，然后解决邓克尔（K. Duncker, 1945）的"蜡烛"问题，即发现一种将蜡烛固定于墙上的方法。在解决实际问题之前的配对联想学习中，有一组配对"盒子—蜡烛"实际上为该问题的解决提供了一个可能的解法，但极少有被试能注意到这种关键线索与解决问题间的相关。研究者认为，不能从前面的配对联想学习中迁移到"蜡烛"问题，这可能是由于缺乏相似的目标或相似的加工过程。因为被试以"发现一种方法将蜡烛置于墙上"这个目标作为线索去记忆中搜索，是目标本身而不是孤立的问题元素（盒子或蜡烛）唤起了过去的经验。先前获得的"盒子"和"蜡烛"的联系此时并不起作用,被试在配对联想学习中并没有进行这样的加工活动,即如何将两个问题元素(盒子与蜡烛)以某种方式结合起来。

还有些研究者强调两种学习情境中所涉及的其他成分的相似,如态度、情感以及学习中的环境线索等。建构主义特别强调真实性学习(authentic learning)。真实性学习即目前的学习应与讲义面对的现实世界中所从事的活动相似。通过让学生进行真实性学习,可以发挥学生的主动性,探讨最佳的学习方式,明确学习的目的性,提高迁移产生的可能性。

(3)学习情境的相似性

学习情境,即学习的环境、场所。若前后两种学习的情境相似,如环境的布置、教学人员等越相似,学生就越能利用有关的线索,使学习或问题解决中的倩影更多地出现。

2．原有经验的可利用性

即使个体拥有迁移所需的某种经验,要产生迁移,原有的经验结构就必须能够被有效地激活。如果这种经验在头脑中处于一种惰性状态,不能被激活、应用,就无法产生迁移。因此,在建构经验结构时,要注重这些经验的适用性条件,以便以后在适当的情境中能够充分利用、迁移有关经验。同时,还可以提供适当的机会让学习者在真实的情境中应用所学的经验。

原有经验的可利用性的关键因素是学习者的认知技能与元认知技能。迁移过程是通过一系列复杂的认知活动来完成的,而认知技能与元认知技能又是调节、控制认知活动,保证其顺利完成的必要条件,所以个体是否具有认知与元认知技能也影响着迁移的产生。

有些情况下,个体虽然掌握了某种迁移所必需的知识,且学习对象也具有相似性,但仍不能产生迁移,其原因可能在于缺乏必要的认知技能和元认知技能。拥有这些技能,可以使学习者沿着正确、合理的程序分析问题,使其注意力集中到要迁移的问题上。总之,这些技能可以促使个体知道何时、何处、如何迁移某种经验,在一定程度上增强原有经验的可利用性。

3．迁移的媒体

当两个学习情境并不能直接发生联系或产生迁移时,就需要借助一定的媒体才能使两种学习间产生迁移。此时,能否选择能引起正迁移的媒体会对迁移的发生和性质产生影响。

4．教师的指导

教师有意识的指导有利于积极迁移的发生。教师在教学时有意地引导学生发现不同知识之间的共同点,启发学生去概括总结,指导学生监控自己的学习或教会学生如何学习,将会对学生的学习和迁移产生良好的影响。

二、小学教学中如何促进学习迁移

迁移在实际教学中有着重要的指导意义,只要教师重视解决旧知识与新课题的矛盾,实现知识的正迁移,就一定能提高教学质量。那么,在教学中如何创造条件,促进学习的积极迁移和防止干扰呢?

(一)掌握基础知识和基本技能,突出事物间的内在联系,为学习迁移提供有利条件

知识之间、技能之间的共同因素是产生学习迁移的重要客观条件,学生掌握了扎实的基础知识和基本技能,就为新知识和新技能的顺利学习提供了有利的条件。为了能更好地促进学习的迁移,在基础知识和基本技能的教学中,应尽量在回忆旧知识的基础上引出新知识,要尽量突出事物间的内在联系,强调新旧知识之间的共同因素。这样不但可以复习旧知识,也可以使学生更好地理解掌握新知识。也就是说,前面的学习是后面学习的准备,后面的学习是先前学习的发展。比如,通分教学,就要回顾分数的性质,对同分母与异分母进行比较后,才能顺利进行。

(二)突出基本概念,发展学生的概括能力

前面谈到原有的知识越具有概括性,正迁移的可能性越大。因此,在教材的选择和组织上,应把每门学科的基本概念、原理放在教材的中心地位,作为教材的重点,以突出教材的内部规律。

基本概念的掌握与学生的概括能力是密不可分的,学生的知识概括水平越高,越有利于迁移的发生。如果学生具有独立地分析、概括问题的能力,能觉察到事物之间的内在联系,善于掌握新旧知识、新旧课题的共同特点,这就有利于知识和技能的迁移。因此,教师要指导学生真正理解所学的知识,并在此基础上引导他们自己进行概括,总结知识的要领。要将新的学习材料同已经学会的东西,充分地进行对比分析,找到二者的共同点和不同点,以加强迁移,减少干扰。教师还要特别重视采取多种手段,教学生"学会学习",帮助他们掌握概括化的认知策略和元认知策略,熟练运用有效的学习方法和技巧,从而促进学习的迁移。

【案例7-2】

加法原理与乘法原理的教学设计

(1)创设情境

师:对于本次世界杯足球赛,每个人可能有不同的看法和预测。那么,大家最关心的是什么呢?今天下午,中国队将进行本届世界杯上的第一场比赛。这节课,我们先来聊一下足球赛。

学生1:中国队能进入世界杯的决赛,我是非常高兴的。我希望中国队在本次世界

杯上能取得很好的成绩,最好能进入决赛,爆出一个大冷门。

师:同学1说出了我们大家的希望,希望中国队能发挥他们的水平,赛出中国队的风格来。

学生2:对于本次世界杯,中国队的实力还达不到和世界强队竞争的水平。所以我只希望中国队能进一个球,能赢一场比赛,也就不枉进了一回世界杯。

师:这位同学对中国队的现状作了一些实力分析,态度比较保守。

学生3:足球是圆的,比赛场上什么情况都有可能发生,只要中国队能赢一场平一场,那么中国队就可以进入16强,我最关心的是"谁能夺冠"及"中国队能否出线"。

师:"夺冠""出线"可能是在座各位最关心的问题了。(在黑板上板书——"夺冠""出线")

(2)提出问题

师:在足球场上,要想赢球,与教练的赛前战术布置、球员的技术发挥、比赛双方的实力对比、天气情况等各种内、外在因素密不可分。比赛场上,什么情况都有可能发生,所以不能说中国队就完全没有出线甚至夺冠的可能。

夺冠问题——如果排除各种内、外因素干扰,单单从夺冠的可能性来说,这次世界杯的冠军会有多少种不同的可能呢?

出线问题——中国所在的C组,分别以第一名、第二名身份出线的两队,有多少种不同的可能?

(3)解决问题

师:这节课我们就来解决这两个问题。

①夺冠问题(学生分组讨论解决方法,时间控制在15分钟之内)。

小组1:将球队按所在的赛区可以分为6类,即6个赛区:直接晋级的3支,亚洲队2支,非洲队5支,欧洲队14支,北美洲队3支,南美洲队5支。由于无论哪一个赛区中的哪一支球队都有夺冠的可能。所以一共有 $N = 3 + 2 + 5 + 14 + 3 + 5 = 32$ 种不同的夺冠可能。

师:上面这种方法可以归纳为"加法原理":做一件事,完成它可以有n类办法,在第一类办法中有 m_1 种不同的方法,在第二类办法中有 m_2 种不同的方法,……在第n类办法中有 m_n 种不同的方法。那么,完成这件事共有 $N = m_1 + m_2 + \cdots + m_n$ 种不同的方法。

小组2:按照世界杯的分类,可以分为8类,即8个小组,每组4支队,每个小组内的4支球队都有夺冠的可能,则一共有 $N = 4 + 4 + 4 + 4 + 4 + 4 + 4 + 4 = 32$ 种不同的夺冠可能。

小组3:将这32支球队看成一类,这一类中有32种不同的方法,每一种方法都能独立地完成"夺冠"这件事,所以根据加法原理,一共有32种不同的可能。

②出线问题(讨论时间控制在20分钟之内)。

学生4:为了解决问题,可以列出各种可能,以C组为例:一共有$4\times3=12$种不同的可能。

师:上面这种方法可以归纳为下面要讲的"乘法原理":做一件事,完成它需要分成n个步骤,做第一步有m_1种不同的方法,做第二步有m_2种不同的方法,……做第n步有m_n种不同的方法。那么,完成这件事共有$N=m_1\times m_2\times\cdots\times m_n$种不同的方法。

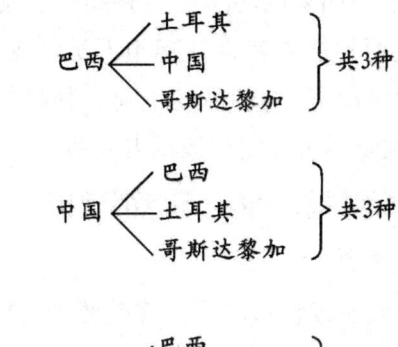

浅析这2个基本原理。

(1)共同点:计算做一件事完成它的所有不同的方法种数。

(2)区别:加法原理与分类有关,要求不论哪一类办法中的哪一种方法,都能单独完成这件事,每类是独立完成事情。乘法原理与分步有关,要求一次完成所有步骤后,才能完成这件事,每步是阶段性的完成事情。

所以,应用两个原理的关键在于恰当地分类或分步,使分类或分步不重复,不遗漏。换句话说,类类互斥,步步独立。

师:刚才的结论是排除了几个方面干扰的,但实际问题中,要受到各种各样的因素的干扰。所以,不能仅仅根据我们算出来的结论就武断地做出结论,必须具体问题具体分析,认真而又冷静地对待比赛的结果。

(资料来源:张让深."加法原理与乘法原理"教学案例[J].数学教育版,2003:(12)4)

(三)应用比较的方法,有利于防止干扰

在教学上应用比较的方法,可以帮助学生全面、精确、深刻地分析不同情境中的同和异。比较就是在思想中将各种事物或其个别部分、特征加以对比,并确定它们之间的异同和关系。比较中,参加比较的事物在性质上应该是有联系的,否则就难以比较;比较应有明确的标志,并需要始终遵循同一标志进行,否则,比较过程就会发生混乱。对事物进行系统的比较,可以帮助我们全面、精细而深入地认识事物。如语文教学中对形近字、同音字、近义词、反义词的区分,对文章体裁的区分,既可避免新旧学习之间的干扰,又有

利于促进新旧学习之间的积极迁移。

(四)在巩固和熟练先前学习的基础上,再转入下一步的学习

两种技能的学习时间和掌握的熟练程度与巩固程度对迁移是有影响的。如果先学习一种技能,直到熟练地牢固地掌握了这种技能以后,再学习另外一种技能,虽然在学习的初期新的技能也可能受到旧的技能的干扰,但是随着新的技能达到熟练和巩固,这两种技能就不会互相干扰了。如果同时学习两种新的技能,特别是每种技能都没有达到熟练和巩固的程度时,这两种技能就容易互相干扰。或者两种新技能中有一种掌握得比另一种更巩固,在这种情况下,最容易发生前一种技能对后一种技能的干扰作用。因此,在必要的情况下,应注意尽可能完满地结束先前的学习,再转入下一步的学习。

(五)精选教材,合理编排教学内容和教学程序

1. 依据迁移要求,精选教材

因为学习具有迁移作用,所以教和学的内容就要进行精选,而不是把一门学科上的内容都一步一步地教给学生。那么精选教材的标准是什么?精选哪些内容作为教材呢?

(1)要让学生掌握每门学科的基本结构。最基本的原理、原则和概念,才具有广泛的迁移价值。所谓学科的基本结构就是学科的基本原理。懂得基本原理就可以使得学科更容易理解,也就可以得到广泛的迁移。

(2)精选教材,要随着科学的发展而不断变化更新。必须注意用科学上的新成就来替代过时的教材,不断取舍,使之符合科学发展水平。

(3)精选教材,必须把最基本的内容,具有广泛迁移价值的科学成果放在首位。

(4)精选教材,要突出学习材料的共同因素,以及学习材料的组织结构和应用价值。

2. 合理编排教材内容和教学程序

精选教材内容后,如何组织这些材料以及如何编排教材,就成为重要的任务了。因为同样的内容,如果编排得好,迁移的作用就能充分地发挥,教学中就省时省力;如果编排不好,迁移的效果就小。编排教材要做到使教材结构化、一体化、网络化。

结构化是指教材内容的各构成要素具有科学、合理的逻辑联系,能体现出事物的各种内在联系,如上下、并列、交叉等关系。

一体化是指教材的各构成要素能整合成为具有内在联系的整体。一体化教材要防止各种教材中各组成要素之间的相互割裂、支离破碎,以及互相干扰、机械重复。

网络化是一体化的引申,指教材各要素之间上下左右、纵横交叉联系要沟通,要突出各种知识、技能的联络点,以利于学习迁移。

有了编排合理的教材,如何在教学过程中发挥迁移的作用,这就要求合理处理教学程序。教学程序主要包括两个方面:一是宏观方面,即整体安排,先学什么,后学什么,学

习的先后程序要确定。比如小学的四则运算,先学整数四则运算,后学小数和分数的四则运算。二是微观方面,即每个单元、每一节课的教学程序的安排。教师要根据教材的难点、重点,结合本班学生的智力特点、知识程序,来把那些具有最大迁移价值的基本知识、基本技能的学习放在首位。把那些概括性高、派生性强的主干内容突现出来,以使学生在学习中能顺利地进行迁移。

(六)学习方法的学习

由于大部分学生都不一定能自发地产生一些有效的学习方法,因此更需要教师的指导与教授。教学中,仅教给学生组织良好的信息是不够的,教师还应教会学生进行高度复杂的水平迁移的能力,包括各种复杂技能,要比简单的个别课题的特殊技能更容易发生迁移。学习方法的学习包括:

(1)学习为课题或解决问题制定方案;

(2)观察力、分类、记述能力、推理能力、对数、时、空间的认识以及应用能力等基本能力;

(3)看懂图表的方法,抓住要点、大纲的方法,使用工具书等的学习能力;

(4)学习热情,对某一课程的酷爱;

(5)教会学生善于累积经验。学生的知识、概念、技能、能力的培养是在长期的分散的学习过程中逐渐积累起来的,积累的经验越多,越容易产生迁移。

总之,教师要力求成为"专家型"教师,牢固树立"为迁移而教"的教学理念。各派迁移理论均有一定的价值,教师应予以充分理解,懂得迁移的规律,在每一项教学活动中,要具体分析所教授的内容究竟适合哪种迁移,如是易于产生共同因素的迁移,还是原理、原则的迁移,并做出科学的教学设计。教师还必须结合具体学科的特点和所教学生的特点,灵活创设和利用各种教育契机,去促进学习迁移的发生。

思考与讨论

1. 什么是学习迁移?学习迁移有哪些类型?
2. 试评述各学习迁移理论。
3. 如何促进有效学习迁移?
4. 影响学习迁移的因素有哪些?

参考文献

[1] 虞国庆,漆权.小学教育心理学[M].江西高校出版社,2008

[2] 冯忠良,等.教育心理学[M].第2版.北京:人民教育出版社,2010

[3] 姜智.教育心理学[M].长春:吉林大学出版社,2005

[4] 皮连生.教育心理学[M].上海:上海教育出版社,2004

[5] 易小文,陈杰.教育心理学[M].北京:北京工业大学出版社,2006

[7] 肖爱芝.当代教育心理学[M].呼和浩特:内蒙古人民出版社,2005

[8] 章永生.教育心理学[M].石家庄:河北教育出版社,1996

[9] 田宝,戴天刚,张扬.教育心理学案例[M].北京:首都师范大学出版社,2007

第八章　小学生的学习策略

学习目标

1. 掌握学习策略、认知策略、复述策略、精加工策略、编码与组织策略、元认知策略的概念;
2. 掌握学习策略的结构;
3. 尝试把学习策略和本章的学习进行结合;
4. 能通过实例说明学习策略训练的方法和原则。

【案例导入】

学习策略的重要性

有一位教师在教学时把难以区别的字编成顺口溜儿,告诉学生如何区别。如在学"买卖"两个字时说:"多了就卖,少了就买。"学生很快记住了这两个字。还有的学生把"干燥"写成"干躁",把"急躁"写成"急燥",老师就教学生记住:"干燥防失火,急躁必跺足"。从此以后,学生对这两个字再也不混淆了。可见学习策略可以让教师的教学和学生的学习变得事半功倍。

(资料来源:田宝,戴天刚.教育心理学案例[M].北京:首都师范大学出版社,2007)

许多老师和家长都发现,有些学生在小学低年级时学习很好,可随着年级增高,学习成绩就开始下降。这些孩子学习还挺努力的,可成绩就是上不来。如果孩子的智力没什么问题的话,那就要关注一下孩子的学习策略的问题了。比如有两个学生比赛识记下列词语:砖头、汽车、鞋子、眼镜、木材、轮船、衣服、水泥、公交、帽子、钢筋、飞机。甲同学记得很快,过后很久也能说出来,而乙同学记得不仅慢,而且遗忘很快。他们之间的差别就在于甲同学使用了学习策略里的编码与组织策略。他将这12个词语分为了建筑材料类、交通工具类、生活用品类三大类。这说明,学生如果智力没有问题,学习也很努力,造成学习成绩不好的原因可能就是学习方法不当,不能合理的安排自己的学习时间和采取合理的学习方法,最终也不会取得很好的成绩。

随着义务教育的普及,高等教育的发展,"文盲"不再是不认识字的人,而是不会学习的人。学生要学会根据课程特点的变化来调整自己的学习方法,找到适合自己的学习方法才能事半功倍。笛卡尔说:"最有价值的知识就是方法的知识。"中国古人认为"善学者,师逸而功倍,又从而庸之;不善学者,师勤而功半,又从而怨之"。掌握学习方法和学习策略学生才能及时补充和更新工作和生活所需的知识和信息,更好地迎接时代挑战。

第一节 学习策略概述

随着时代的发展,终生学习的理念越来越普及。人们意识到知识处在一个不断更新和淘汰的时代,学生不可能在学校里获得未来生活和工作中所需要的全部知识。"授人以鱼,不如授人以渔"。学生在学习各种技能和知识时,也要学习怎样去记忆,学会对自己的思维做出反思和监控,对自己的学习过程进行自我调控,以达到更为有效的学习,最终学会如何学习。学习策略就是关于"如何学习"和"如何更好地学习"的问题。

一、学习策略的概念

策略就是指科学手段,是相对效果和效率而言的。学习策略是指学习者为了提高学习的效果和效率,有目的、有意识地制订的有关学习过程的复杂的方案,涉及学习者在学习过程中有效学习的规则、方法、技巧和调节控制的方式等。学习策略的概念具有以下特点:

第一,主动性。学习策略是学习者为了达到学习目的而积极主动地使用的。运用学习策略是主体有意识的心理过程,首先需要学习者有需求和动机,然后才能自觉地分析学习任务和自身特点,制订适当的学习方案。

第二,有效性。学习者运用学习策略是为了提高学习质量和提高学习效率。好的学习策略是为了达到高效的学习效果。虽然使用最原始的方法,也可能达到目标,但效果不会好,效率也不会高。比如记忆英语单词,只要有足够的时间,一遍又一遍地朗读,最终也能记住,但是保持时间不会太长,记忆也不会很牢靠;相反,如果采用分散复习或尝试背诵的方法,记忆的效果和效率一下子会得到很大的提高。

第三,过程性。学习策略是有关学习过程的,它规定学习时做什么不做什么、先做什么后做什么、用什么方式做、做到什么程度等诸方面的问题。

第四,普遍性。学习策略是个体根据任务制订的,往往不尽相同,但同一种类型的学习存在着基本相同的策略,如阅读策略等,研究者可以通过找出这些策略来帮助更多的学习者提高学习效果。

二、学习策略的结构

许多学者和研究者都对学习策略结构和分层进行了探讨。迈克卡(Mcheaehie)等人按照学习策略所涵盖的成分,将学习策略分为认知策略、元认知策略与资源管理策略三部分。认知策略是指加工信息的方法和技术,包括复述策略(重复、抄写、记笔记、划线等)、精细加工策略(如想象、口述、总结、作笔记、类比、答疑等)和组织策略(如组块、选择要点、列提纲、画地图等)。元认知策略可以帮助学习者更好地安排调控自己的学习过程。元认知策略包括计划策略(如设置目标、浏览、设疑等)、监视策略(如自我测查、集中注意、监视领会等)、调节策略(如调整阅读速度、重新阅读、复查、使用应试策略等)。资源管理策略是反映帮助学生管理可用的环境与资源,以提高学习效率的策略。资源管理策略包括时间管理(如建立时间表、设置目标等)、学习环境管理(如寻找固定地方、安静地方、有组织的地方等)、努力管理(如归因于努力、调整心境、自我谈话、坚持不懈、自我强化等)和其他人的支持(如寻找教师帮助、伙伴帮助、小组学习、获得个别指导等)。

根据学习任务的类型,也可以将学习策略分为不同的类别。心理学界研究得比较多的主要有:①阅读策略(信息的获得策略),包括浏览、摘要与标题、做笔记等。②知识保持策略(信息的保持策略),包括联想、比较、组块化、重复等。③问题解决策略(信息的运用策略),包括手段—目的分析、逆推分析、计划简化等。④写作策略,包括主题把握策略、布局谋篇策略等。

第二节　认知策略

认知策略这个术语最早是由布鲁纳在人工概念的研究中提出来的,70年代加涅的研究把认知策略作为一种学习结果分列出来。认知策略是指在加工信息(学习材料)的过程中,为了更好地获得、储存、提取、运用信息所采用的方法和技术,其作用是能使信息较为有效地在记忆中保持和提取。

一、复述策略

复述策略是在工作记忆中为了保持信息而对信息进行多次重复的过程。学习者可以运用内部语言在大脑中重现学习材料或刺激,将注意力维持在学习材料之上达到更好的记忆效果。我们对许多新信息,如人名、地名或外语单词等都使用了复述策略。研究表明,5岁以下儿童缺乏足够的、合适的复述策略;6~10岁的儿童在一定的指导下可以使用复述策略,但不能自发地产生有效的复述策略;11岁以上的儿童可以自发使用复述策略,并不断纠正自己的复述行为。

(一)识记阶段的复述策略

1. 无意识记和有意识记

无意识记是指没有预定目的、不需经过努力的识记。一般而言,对人们有重大意义的、与自己需要和兴趣密切相关的、给人以强烈情绪反应的或形象生动鲜明的人或事,就容易使人产生无意识记。在学习中,教师教学中要尽量满足这些条件来利用学生的无意识记提高教学效果。

有意识记是指有目的、有意识的识记。学习者要想记住某一信息,就需要有意识地、用心地去记它,尝试着自己复述一遍,看看自己能否重复出来。这是我们学习和识记的主要形式。研究发现,增强识记的目的性,我们注意力越集中,越有利于知识的识记和保持。一项研究表明,在相同的时间内,接受笼统识记任务(尽量记住短文内容)的小学四年级学生,平均只记住了23个词;而接受具体任务(精确记住短文内容)的学生,平均记住了31个词。

2. 避免干扰

当有人刚刚安排了一件事情,另外一个人马上找我们谈别的事,等谈完事我们会发现自己并没记住之前那件事情。我们之所以没有记住这件事,是因为这一信息受到后面信息的干扰,被其他信息搞混了,或者被其他信息挤到一边去了。为了有效地促进记忆,就需要排除干扰。

一般来说,前后所学的信息之间存在相互干扰。先前所学的信息对后面所学信息的干扰叫作前摄抑制;后面所学的信息对前面所学信息的干扰叫作倒摄抑制。倒摄抑制是产生遗忘的一个重要原因,这就是为什么我们很难记住频繁重复的影像,如前天在食堂里吃了什么饭。

研究发现,当人学完一系列词汇后,马上进行测验,开始和结尾的几个词一般要比中间的词要记得牢。人对首先出现的项目倾注了更多的注意和心理努力,造成了首位效应和近因效应,而中间词汇受到了两头的干扰,效果最差。在安排复习时,要尽量考虑预防这两种抑制的影响。根据学习内容的性质、难度安排学习任务,这样可以减少学习内容之间的干扰。

3. 整体记忆与部分记忆

对于篇幅短小或内在联系密切的材料,适合采用整体识记,即整篇阅读,直到记牢为止。对于篇幅较长,或者较难,或者内在联系不强的对料,适于采用分段识记,即将整篇材料分成若干段,先一段一段地记牢,然后合成整篇识记。

4. 多种感官协同记忆

在进行识记时,调动多种感官协同记忆,如用眼睛看、用耳朵听、用嘴巴说以及用手写等,效果比单一感官记忆要好。多种感官协同"作战",信息就会通过不同的感觉神经通路传入大脑,形成信息的网络。在回忆时,只要有一个通路连接起来,其他通路就相应接通了,从而提高了记忆效果。心理学家做过这样一个实验,被试分成三组,让他们用同样的时间学习同样的材料。第一组只靠耳听,第二组只用眼看,第三组眼耳结合,3小时后检查他们的记忆效果,发现第一组能保持75%,第二组能保持72%,第三组能保持85%。3天后再测,结果第一组只剩10%,第二组剩下20%,第三组却还能保持65%。由此可见,运用多种感官对知识进行编码,比单纯只用某一种感官的编码记忆效果要强得多。

5. 反复阅读与试图回忆式记忆

学习一篇材料时,要一面阅读,一面自己提问题、自己回答或背诵,而后根据回答或背诵的情况,检查自己的错误和薄弱环节,以便重新分配时间和精力,避开不必要的重复,减轻识记的负担,从而提高识记的效率。如果只是反复地念,那就犹如小和尚念经有口无心,学习效率极低。

6. 过度学习

过度学习是在刚刚达到完全记住的基础上,再进行一定的超额学习。一般来说,过度记忆的次数以刚刚能背诵所需要的次数为基础的150%左右为适宜。如记10遍就能达到熟练程度的材料,再继续多记5遍,这样的记忆效果最好。注意过度学习不是越多越好。如果过度学习过多,会浪费不少时间,更容易引起学习者的疲劳,反而导致记忆效果降低。

(二)保持阶段的复述策略

1. 及时复习

艾宾浩斯绘制出的遗忘曲线告诉我们,遗忘先快后慢。在学习无意义的音节之后,遗忘曲线即开始迅速下降,然后逐渐缓慢下来。对有意义材料的遗忘也是开始较快,然后速度减慢。所以及时复习对于保持记忆是非常重要的,尤其是对那些意义性不强的材料。

2. 集中复习与分散复习

集中复习是集中一段时间进行多次的重复学习,分散复习是把复习时间分散开成若干个小段时间,每隔一段时间复习一次。对于大多数学习,分散复习更有益于长期保持。让学生在持续的时间里复习刚学的知识和技能,以加强对这些技能的保持。因此,要注意利用分散复习,经常进行复习。每天的家庭作业是一种有效的分散复习的策略。

3. 多种形式的复习

采用多种形式对学习材料进行复习,就可以避免因为单一形式所导致的对学习的厌烦。采用多种形式进行复习,如将所学的知识再用实验证明、写成报告、作出总结、小组讨论以及向别人讲解等,比单纯重复更有利于理解和记忆。

二、精细加工策略

精细加工策略是一种将新学材料与头脑中已有知识联系起来,从而增加新信息的意义的深层加工策略。如果一个新信息与其他信息联系得越多,提取的线索越多,能回忆出该信息的途径就越多,回忆就越容易。因此,它是一种理解性的记忆策略,与复述策略结合使用,可以显著提高记忆效果。

(一)常用的精细加工策略

1. 记忆术

记忆术是对无意义的材料赋予某些人为的意义,以促进知识优质记忆的方法。常用的记忆术有:(1)位置记忆法。位置记忆法是一种传统的记忆术,是指学习者在头脑中创建自己所熟悉的场景,把要记住的事物按顺序与场景中的各个点联系起来。回忆时可以以自己熟悉的场景和地点作为线索提取出所要记住的内容。(2)缩编和歌诀法。缩编法是将所学的材料的每一条内容简化成一个关键字,然后变成自己熟悉的事物的记忆方法。歌诀法是将学习材料编成歌谣口诀,与头脑中已有的诗歌、曲乐的格调相联系,易于背诵和记忆。缩编和歌诀法经常一起使用。(3)谐音联想法。谐音联想法是把一些枯燥的无意义材料用谐音的方法使之变得有意义以便于记忆。有这样一个有趣的故事。据说有一个私塾先生,每天让学生背诵圆周率,自己却到山上寺庙里与和尚饮酒。学生们总背不会。一天,有一学生编了一个顺口溜,学生们很快就背会了。这个顺口溜是:"山巅一寺一壶酒,尔乐苦煞吾,把酒吃,酒杀尔,杀不死,乐尔乐。"(4)关键词法。关键词法就是将新词或概念与相似的声音线索词,通过视觉表象联系起来。例如,英文单词 tiger 可以联想成"泰山上一只虎"。这种方法在教外语词时非常有用。(5)视觉想象。视觉想象就是通过形成心理想象来帮助人们记忆。例如,可以将"老人—玫瑰花"想象为"老人头上插着玫瑰花"。

2. 做笔记

做笔记是非常有用的精加工策略。学生不但可以借助做笔记来控制自己的注意力和信息加工过程,而且可以发现新知识的内在联系,帮助新旧知识建立联系。有人建议采用以下三个步骤记笔记:(1)在笔记本的每页的右边(或左边)留出几厘米的空白;(2)记下听课的内容,但保留所留的空白;(3)整理笔记,在留出空白的部分写下批注、评语或简要的总结等。

3. 利用背景知识

精细加工策略强调的是建立新旧知识之间的联系,在对复杂信息进行精细加工时,背景知识起着重要的作用。一个学习者如果非常了解某一课题,那他有同化、融合新的知识心理图式。心理学的研究也表明,关于某一事物的背景信息越多越丰富,越有利于学习者掌握。我们在记忆历史事件等理解性的题目时,拥有的背景知识越多,记忆效果越好。背景知识比一般学习能力更能准确地预测学生能学会多少。有些学习者往往不会使用他们先前的知识来帮助他们学习新的材料。教师一定要引导学生把新的学习和他们已有的背景知识联系起来。

4. 语义联想

通过联想,把新知识与头脑中的旧知识联系起来,把过去旧知识当作"衣钩"来"挂住"所要记住的新材料,赋予新材料以更多的意义。语义联想不仅有助于识记无意义的材料,而且更有助于识记有意义的材料。对于有意义的材料,要设法找出新旧材料之间的内在逻辑联系。例如,在记三角形的面积公式时,要想一想新公式是如何从以前的平行四边形的面积公式中推导出来的。

5. 联系生活实际

要善于在不同的情境下应用所学的知识,以便加深对知识的理解和保持,同时促进生活问题的解决。生活中产生的许多问题,不是因为我们缺乏知识,而是因为我们不能使用这些知识。如数学课学过容积知识,学生却仍然不知道如何用杯子量出一定的水来。在教学过程中,我们不要让能联系生活实际的知识成为惰性知识。教师应该使学生感到知识应用的价值,这比让学生单纯理解知识更重要。

三、编码与组织策略

(一)编码策略

研究表明,人们在记忆一系列词语概念材料时,总是倾向于把它们按语义的关系进行编码,组成一定的系统,并归类进行记忆,而不是按它呈现的顺序去记忆。在日常生活中也有这样的经验,如阅读一篇文章,最终留下来的是它的意义,而不是逐字逐句地加以记忆。在学习中,人们将材料按意义进行归类,并形成一定的系统,有助于识记。

在的单位时间内,人类加工的信息量是有限的。为了扩充记忆空间,人们会将这些信息转化成更大的记忆组块。也就是将信息在编码时,使信息构成自己所熟悉的有意义的较大的单位。组块的作用在于减少短时记忆中的刺激单位,而增加每一单位所包含的信息。这样就可以提高记忆的容量和效率。实验证明,短时记忆的最大信息容量为 7 ± 2 个组块。

每个组块所含的信息量多少是相对的、变化的,它可以是一个字母、一个单词、一个词组或短语、一个句子甚至几个句子。一般认为组块的方式主要依赖于人过去的知识经验,例如我们要记住 TVIBMNBANEWYORK 这些单词,可以把它组合成 TV IBM NBA NEW YORK 来记忆。

组成有意义组块,也可以按时空进行组织,把时间空间上接近的一些项目分成一组。例如,当我们记一个身份证号码时,常将这些数字在主观上分成几组来记。

(二)组织策略

组织策略是整合所学新知识之间、新旧知识之间的内在联系,形成新的知识结构的策略。当然,组织策略和精细加工策略是密不可分的,如作笔记和写提要等等实际上是两者的结合。下面是一些常用的组织策略。

1. 列提纲

列提纲就是用简要的语词写下材料中的主要观点、次要观点,呈现出材料的要点及其各种观点之间的关系,从而对材料进行整合。列提纲时首先要对材料进行分析、归纳,只有理解了材料内容才能准确地反映什么是主要观点、什么是次要观点以及各种观点之间的关系。

2. 做示意图

学完一科知识或某一单元内容,对学习材料进行归类整理,将主要信息归成不同水平或不同部分,做成示意图。复杂的信息一旦被整理成一个金字塔式的层次结构,就容易理解和记忆多了。在金字塔结构里,较具体的概念要放在较抽象概念之下。常见的示意图有系统结构图、流程图、模式图、网络关系图。

3. 利用表格

学习中通过画各种表格对学习内容进行组织,也是我们常用的方法。常用的表格包括一览表和双向图。

第三节 元认知策略与资源管理策略

一、元认知

元认知是弗拉维尔(F. H. Flavell)于 20 世纪 70 年代提出来的。他认为在学习的信息加工系统中,存在着一个对信息流动的执行控制过程。它监视和指导认知活动的进行,负责评估学习中的问题,确定用什么学习策略来解决问题,评价所选策略的效果,并且改变策略以提高学习效果。这种执行控制功能的是元认知。元认知是对认知的认知,具体地说,是关于个人自己认知过程的知识和调节这些过程的能力,其内容主要包括元认知知识、元认知体验和元认知监控。

元认知知识是个体关于自己或他人的认识活动、过程、结果以及与之有关的知识。它包括关于人的知识、关于任务的知识、关于策略的知识三方面内容。元认知体验是个体伴随着认知活动而产生的认知体验或情感体验。元认知监控是指个体在认知活动中,对自己的认知活动进行积极监控,并相应地进行调节,以达到预定目标。

二、元认知策略

(一)计划策略

计划策略是指学习前对学习目标、过程等方面的规划与安排的元认知策略。计划策略包括设置学习目标、安排时间、预测重点难点、产生待回答的问题以及分析如何完成学习任务、预测可能的结果、选择适当的策略、准备好处理各种可能的突发状况等等。如对外语的学习,计划策略包括每天安排多少时间学习外语,把学习的重点和难点放在哪里,通过怎样的方法来学习,通过几级考试等。

(二)监控策略

监控策略是指学习过程根据学习目标中对学习进程所采用的方法、效果、学习计划情况等方面进行有意识监控的元认知策略。监控策略主要包括领会监控、策略监控与注意监控。领会监控包括警觉自己在理解方面的问题、监视自己的速度与时间、审视目标是否达到、对材料自我提问等。策略监控主要指调控自己对策略的使用的元认知策略,包括有意识地根据学习任务策略、审视所使用的策略的有效性等。注意监控是指调控自己的注意过程的元认知策略,包括对学习过程注意力的自我管理、有选择地对主要信息加以注意、有意识地抑制分心等。

(三)调节策略

调节策略是指根据学习过程的实际情况对计划、学习过程、所用的策略等进行调整的元认知策略,包括调整预先的目标或计划、改变所使用的策略、矫正学习行为、采取补救措施等。调节策略是对认知策略效果的检查,是在监控评估的结果之上的及时修正和调整,这样才能保证学习有效、顺利地进行。例如,当学习者意识到他不理解课的某一部分时,他们就会退回去读困难的段落;在阅读困难或不熟悉的材料时放慢速度;复习他们不懂的课程材料;测验时跳过某个难题先做简单的题目等。调节策略能帮助学生矫正他们的学习行为,补救理解上的不足。

三、资源管理策略

(一)时间管理策略

时间管理能力强的人可以在较少时间内完成较多事情,能达到更高的效率。他们通常是事先做好计划,按照事情的轻重缓急决定先后顺序以及所需时间。学业成就高的学生,他们的时间管理能力通常很高,他们善于统筹规划和安排,而那些学业成就低的学生,表现出较低的时间管理能力。

学会统筹安排时间。每个人应当根据自己的学习总体目标,对时间做出总体安排,并通过阶段性的时间表来落实。学习计划有长期、中期或每周(日)计划。计划制定后要坚持执行,不能随便改变,或者在充分考虑的基础上有针对性的修改。每个人的最佳学习时间点是有差别的,根据一天内学习效率的变化来安排学习活动,高效利用最佳时间。除了对事件进行统筹安排外,可以利用零碎时间。

(二)环境管理

学习环境也是一种可以利用的资源,会对我们的学习效率产生影响。学习者可以通过选择或者改变周围环境来促进自己的学习,例如,尽量选择干扰少的地方,学习时尽量避免接触电视和娱乐设施。为此,首先要注意学习环境的自然条件,如明亮度、色彩的和谐;其次要设计好学习的空间用具摆放、室内布置等。当然,最为重要的是,要根据个人的学习习惯安排学习环境。有些学生喜欢单独学习,在安静的环境中能提高学习效率;有些学生喜欢人多的地方,在这些地方学习时,能更好地约束自己的行为。有些学生喜欢一个人学习,有些学生喜欢讨论。因此,在选择环境时一定要考虑个人的习惯。

(三)努力和心境管理

有效的学习需要时间的付出,也需要维持自己的意志努力。调节自己的心境,需要不断地鼓励学生进行自我激励,保证有效地将精力用于学习。第一,情绪管理。学习过程中会出现一些消极情绪,比如紧张、焦虑、厌烦等。这个时候需要一些方法来调整自己的情绪。比如深呼吸放松训练、想象放松训练,给自己一些积极的言语暗示,"不要着急,慢慢来""慢慢来,没问题的"等。第二,动机管理。在学习的过程中处理好与学习有关的动机,避免其他事情的干扰,防止无关事情的动机占据优势,明确学习的目标,激发学习的内在动机;梳理为了掌握学习的信念;正确认识成败的原因,形成合理的归因方式等。第三,自我强化。学生可以利用一些言语指导维持自己的学习,预期自己完成的学习活动的结果,根据一定的标准来评价自己的行为,并由此对自己进行一定的强化或者惩罚。这种奖励可以是精神性的(我这周时间表现很不错),也可以是物质性、活动性的(安排休息和娱乐的时间)。

(四)学业求助策略

学业求助泛指当学生在学习上遇到困难时,向他人或物请求帮助的行为,包括学习工具的利用和向其他人进行求助。可以利用的学习工具有参考资料、工具书、图书馆、网络等。这些资源可以帮助学生加深对某些问题进行深入的思考和探索,促进学习内容的理解,增强记忆,提高学习兴趣等。这里强调的是学习工具的利用应该及时,就是当你需要时就应该自主去查资料。

向他人进行求助是指学生遇到学习困难时向他人求助,包括父母、老师、同学、朋友等。我们这儿强调学业求助是指在学校中学生遇到学习困难时向老师和同学的求助。学业求助不同于抄袭和舞弊,是一种值得提倡的有助于提高学习质量的学习策略。

学生对学业求助的态度也会影响其学业求助行为。学生对于学科的兴趣、对学科的重要性和难度的知觉也会影响到他们的学业求助。在培养学生学业求助策略的过程中要注意:首先,要为学生创设一个轻松、自由的学习环境。让学生在这种环境中感受到寻求学业求助不是件丢人的行为,不会受到教师或同学的嘲笑。第二,要有意识地培养学生合理的求助策略。要帮助学生认识到学业求助是对学习有益的行为,要学会利用参考书,学会请教他人。第三,要帮助学生树立积极、合理的学习目标,培养学生对所学学科的兴趣。

第四节 小学生学习策略的训练

学生的学习能力与学习策略的运用有关。心理学家通过长期的研究发现,可以通过专门的教学对学生学习策略进行训练,从而改善他们的学习能力。

一、学习策略教学的主要原则

学习策略不是一般意义上的"教"所能教会的。学习策略的教学受到学习策略特点的制约,不能简单地将其等同于一般知识的教学。如果只是教给学生一些现成的学习方法,或让他们阅读一些有关学习方法的指导书,而不是在持续的学习情境中实施和练习,许多学生即使学了这些方法,也不会迁移至真正的学习情境,不能灵活地选用合适的学习方法。学习策略的教学受其自身的特殊性及具体策略的适用性所制约,因此,在进行学习策略的训练时,教什么策略、怎么教这些策略要遵循一定的基本原则。

(一)特定性原则

特定性原则是指学习策略一定要适合学习目标和学生的类型。研究者发现,不同的学习材料和学习主体应用的策略是不一样的。不同的方法可能针对不同的学习任务和材料。同样一个学习策略对于不同年龄的、成绩好的和成绩差的学生,使用的效果就不一样。阅读时做提纲对于成年人是个有效的策略,但对于小学低年级学生来说效果并不大。

(二)主体性原则

主体性原则是指任何学习策略的使用都依赖于学生主动性和能动性的充分发挥。这是学习策略训练的目的,也是必要的方法和途径。如果学生处于一种被动状态,学习目标、过程、方法都由他人包办,学习的效果也由他人评价,那么学生还是处于不会学的状态。

(三)生成性原则

生成性原则是指学生要利用学习策略对学习材料进行重新加工,生成某种新的东西。这就是要求学习者进行高度的心理加工。生成性程度高的策略有写内容提要、提问、列提纲、图解要点之间的关系、向同伴讲授课等。生成性程度低的策略有不加区分的画线、不抓要点的记忆、不抓重要信息的肤浅的提要等,这些方法对学习都是无益的,应注意避免。

(四)有效的监控原则

有效的监控原则是指学生应该知道何时、如何应用他们的学习策略,并能反思和描述自己对学习策略的运用过程。因此,教师要交代清楚何时何地与如何使用一个策略。在示范中,教师要用语言明确告诉学生在某种情况下为何使用某一策略,并要告诉学生使用步骤,然后让学生进行适当练习;教师要适时帮助和反馈,直到学生能够独立选择并使用适当的策略。

(五)自我效能感原则

自我效能感原则是指教师给学生一些机会使他们感觉到策略的效力以及自己使用策略的能力。教师一定要给学生一些机会使他们感觉到策略的有效性,树立学生学习策略学习的个人效能感。教师要在学生学习时,要不断对学生提问和测查,并根据这些评价给学生定成绩,促使学生使用学习策略,让其感到使用学习策略进行学习就会有更大的收获。

(六)内化性原则

内化性原则只训练学生不断实践各种学习策略,逐渐内化成自己的学习能力,并在各种情境中加以灵活应用。只有当学习策略达到内化,学生才能自觉使用适宜的策略,才能真正提高学生的学习效果。

二、学习策略训练的方法

学习策略的使用是一种程序性知识,是一种技能,因而不能用陈述性知识传授的方法来进行学习策略的教学,而应从程序性知识获得的过程出发去思考学习策略的教学方法。

(一)指导教学模式

指导教学模式与传统的讲授法十分类似,由激发、讲演、练习、反馈和迁移等环节构成。在教学中,教师先向学生解释所选定学习策略的具体步骤和条件,在具体应用中不断给以提示,让学生口头叙述和明确解释所操作的每一个步骤,并报告自己应用学习策略时的思维。通过不断重复这种内部定向思维,可加强学生对学习策略的感知、理解与保持。同时,教师选择恰当的事例来说明学习策略应用的可能性,使学生形成对策略的概括化认识;提供的事例应从学生认识水平出发,由简到繁,使学生从单一策略的应用发展到多种策略的综合应用,从而形成一种综合应用能力。

(二)程序化训练

程序化训练就是将活动的基本技能,如解题技能、阅读技能、记忆技能等,分解成若干有条理的小步骤,在其适宜的范围内,作为固定程序,要求活动主体按此进行活动,并经过反复练习使之达到自动化程度。程序化训练的基本步骤是:①将某一活动技能,按有关原理分解成可执行、易操作的小步骤,而且使用简练的词语来标志每个步骤的含义。例如,PQ4R 阅读策略,包括预览(preview)、提问(question)、阅读(read)、反思(reflect)、背诵(recite)、复习(review)等六个步骤。②通过活动实例示范各个步骤,并要求学生按步骤活动。③要求学生记忆各步骤并坚持练习,直至使其达到自动化程度。

在学习本章时,以 PQ4R 为例。首先,一个最好的做法是不要马上读,而是先花几分钟大略的看一遍。注意一下各节标题术语,形成一个总体的认识。同时,也要考虑这一章讨论的是什么问题,材料是怎样组织的,以及它与前几章有什么联系等。第二,提问(Q)。在阅读每一节之前,先问问自己它都包含什么内容,以及应当抽取哪些信息。本章中第一节的标题"学习策略",可以提问"什么是学习策略"、"学习策略对我们有什么影响"。第三,阅读(R)。阅读课文,并试着回答自己前面提出的问题。第四,复述(R)。在读课文时,试图予以理解,想出一些例子,把教材和已有的知识联系起来。第五,回忆(R)。在学完一段后,试着回忆其中所包含的要点,回答自己提出的问题。对不能回忆的部分再阅读一遍。第六,复习(R)。学完一章后,复习所有内容,找出各节内和各节间的联系。目的是考察作者如何组织材料。掌握了篇章的组织结构,单个的事实就容易记住了。研究表明,采用这种方法不仅可以更好地记忆材料,而且会节省大量时间。

(三)完形训练

完形训练就是在直接讲解策略之后,提供不同程度的完整性材料,促使学生练习策略的某一个成分或步骤,然后逐步降低完整性程度,直至完全由学生自己完成所有成分或步骤。例如,在教学生列提纲时,教师可先提供一个列得比较好的提纲,然后解释这些提纲是如何统领材料的,下一步就给学生提供一个不完整的提纲,分步对学生进行训练:①提供一个几乎完整的提纲,需要学生听课或阅读时填写一些支持性的细节;②提供一个只有主题的提纲,要求填写所有的支持性细节;③只提供支持性细节,而要求写主要的观点。如果学生给以适当的练习,就能学会写出很好的提纲来。完形训练的好处就在于能够使学生有意注意每一个成分或步骤,而且每一步训练所需的心理努力都是学生能够胜任的,更为重要的是,每一步训练都给学生以策略应用的整体印象。

如下图所示,可以引导学生完成有主题的提纲的填写。

秦朝
- 统一全国的原因
  - 1. 商鞅变法
  - 2. 长平之战
  - 3. _____
- 巩固措施
  - 军事:_____。
  - 政治:_____。
  - 经济:_____。
  - 文化:_____。
  - 思想:_____。

(四)交互式教学模式

交互式教学法主要是用来帮助成绩差的学生阅读理解。它是由教师和一小组学生(大约6人)一起进行的。交互式教学旨在教学生这样四种策略:①总结,总结段落内容;②提问,提与要点有关的问题;③析疑,明确材料中的难点;④预测,预测下文会出现什么。一开始,教师示范这四种策略,例如,朗读一段课文,并就其核心内容进行提问,直到最后概括出本段课文的中心大意。提问是为了引起讨论,概述大意则有助于小组成员为阅读下一段课文作准备。然后,教师指定一个学生扮演"教师"效仿教师的步骤,带领大家分析下一段内容。学生们轮流担当"教师"。在这里,教师先树立一些榜样性行为,示范四种主要策略,然后改变自己的角色,在学生尝试使用策略时给以必要的帮助,起一个促进者和组织者的作用。研究表明,这种策略能增加成绩差的学生的成绩。

(五)合作学习模式

许多学生可能已经发现,当自己和同学讨论所读到的和所听到的材料时,获益匪浅。有人通过实验研究,将这样一种学习形式规范化了,并称之为"合作性讲解"。在这种学习活动中,两个学生一组,一节一节地彼此轮流向对方总结材料,当一个学生主讲时,另一个学生听,纠正错误和遗漏。然后,两个学生彼此变换角色,直到学完所学材料为止。关于这种学习形式的一系列研究证明,这种形式的学习比独自总结或单纯地阅读材料有效得多。有意思的是,合作性讲解的两个参与者都能从这种学习活动中受益,而主讲者比听者获益更大。

现在合作学习大多以小组的形式进行的。在课堂教学中,小组可以是临时组成的,由兴趣相同的学生自动组成学习小组,由前后左右相邻的几位同学组成,对共同感兴趣的问题进行研究。老师在构建学习小组时,就要注意考虑成员之间的搭配,每个小组的成员要按好、中、差三个层面及合适的男女比例搭配好,让好的学生带动差的,达到学生与学生之间的互补,并选好组长,明确组长的责任——组织好小组讨论,协调好组内成员的分工等。

在选择合作点时,一方面不仅要挖掘教材,选准合作点,另一面要关注学情,挖掘和调整合作点。例如,在《狼和小羊》一文中,结尾写道:"狼往小羊身上扑去。"小羊的最后的结局文章并没有清晰明确地写出来。教师可抓住这一空白处,设下悬念,引导学生合作学习。这一问题应该是大多数学生感兴趣的,是大多数学生的疑惑,或是学生个人能力又无法解决的,或是学生意见不统一且有争论的,让学生合作探究。

在实际教学中,教师不管采用什么方法进行学习策略的教学,都要结合学科知识。研究认为,学习策略知识不是孤立的,不能脱离专门知识。脱离知识内容的单纯训练容易导致形式化倾向,难以保证学生提高学习策略水平。教师要善于不断地探索和优化自己的教学步骤,为学生提供可以仿效的活动程序。同时要根据学生原有的学习方式和基础来启发学生的思路,让他们有意识地内化有效的学习策略。

思考与讨论

1. 学习策略由哪些策略构成?
2. 列举出一些具体的复述策略、精细加工策略和组织策略。
3. 说说元认知的含义与结构。
4. 结合实例说明如何利用指导教学方法培训某一种学习策略。

参考文献

[1]陈琦.教育心理学[M].北京:高等教育出版社,2001
[2]陈琦,刘儒德.当代教育心理学[M].北京:北京师范大学出版社,2007

[3]皮连生.教育心理学[M].上海:上海教育出版社,2004
[4]吴庆麟.教育心理学[M].北京:人民出版社,1999
[5]肖爱芝.当代教育心理学[M].呼和浩特:内蒙古人民出版社,2005
[6]易小文,陈杰.教育心理学[M].北京:北京工业大学出版社,2006
[7]张大均.教育心理学[M].北京:人民教育出版社,2011
[8]伍新春.儿童发展与教育心理学[M].北京:高等教育出版社,2004

第九章　小学生品德心理

学习目标

1. 掌握品德的概念和品德的结构。
2. 掌握品德内化的过程;了解影响品德的因素。
3. 能够阐述品德发展的阶段性理论及其对品德培养的意义。
4. 理解对品德不良学生的教育转化过程。

【案例导入】

有一个典型的双差生宋某,因自由散漫惯了,升入五年级后,他的毛病依然未改。自我管理能力很差,不服班干部管理,平时经常张口就骂,打这个同学一下,打那个同学一下。对于这名双差生,老师采取了与他交朋友的办法,和他多接触,一起参加他喜欢的活动,使他从不愿意接近老师逐渐变为愿意亲近老师。功夫不负有心人。一次,老师与他交谈中,他终于道出了他"野"的缘由。原来他"恨"他的母亲,母亲总是批评他,打他,他没有觉得家庭的温暖,他讨厌他们,进而讨厌学生,讨厌学校,讨厌老师,就想办法捣乱,希望引起他们的重视。症结找到后,老师给他讲雷锋的成长过程和英雄事迹,讲保尔·柯察金的奋斗历程和辉煌业绩。还抓住他爱好体育活动、爱看课外书籍的优点,引导他把自己的才干贡献出来,为班集体服务。时常把一些与他的身世相同或类似的成功名人的事例讲给他听,使他从中得到安慰,受到鼓舞,慢慢地端正学习态度,提高思想认识。作为师范学生,你是如何看待这位同学的问题?如果你遇到类似的学生你又会怎么处理?

(资料来源:田宝,戴天刚.教育心理学案例[M].北京:首都师范大学出版社,2007)

教育不仅要发展学生的知识技能,而且要培养学生具有良好的品德,能够按照一定的道德和价值标准来规范自己与人、与社会的关系。学生良好的道德品质不是自发形成的,它的形成有其自身发展的特点和规律。掌握学生品德发展的规律,将有利于我们在品德教育中提出恰当的教育措施和方法以提高学生的道德品质。本章探讨品德的心理实质、品德的形成过程及其规律,阐明品德教育措施的心理学依据。本章的学习可以使你对小学生品德心理的形成、发展有一定的认识,学会引导、矫正品德不良学生,培养学生形成良好的品德。

第一节　小学生品德心理概述

一、道德与品德的含义

品德是道德品质的简称,又称为德行或品行等,即一个人的思想道德品质。它是指个体依据一定的社会道德准则和规范行动时所表现出来的稳定的心理特征或倾向。品德是具有道德评价意义的心理品质,它最典型、最集中地体现着人的社会性,是个性的核心成分。

与品德密切相关的是道德。道德是指由社会舆论力量和个人内在信念系统驱使的行为规范的总和。人们按照这些行为规范来支配和调节自己的言行,并以此来要求和评价他人的举止。品德和道德虽然都受社会发展规律所制约,却不能相互等同,它们之间既有区别又有联系。道德是一种社会现象,是调整人们相互关系的各种行为规范和准则。而品德是一种个体现象,是社会道德在个体头脑中的主观映像,其形成、发展和变化既受社会规律制约,也受个体的生理、心理活动规律制约。

为了正确理解品德,必须把握以下几点:第一,品德所调节的是人的社会行为,即对社会、对他人有影响的行为;第二,品德是与一定的社会规范或道德准则相联系的;第三,品德是一种相对稳定的心理特征。品德是指一个人一贯的行为倾向,而不是偶然的行为表现。

二、品德的心理结构

品德的心理结构非常复杂,它是由多种心理因素交互作用的综合结果,是多层次、多水平的有机统一整体。一般将品德分为道德认识、道德情感、道德意志和道德行为四个成分。

(一)道德认识

道德认识是人们对社会道德现象、道德规范及其履行意义的认识,也就是对客观存在的道德关系及处理这些关系的原则、规范的认识。如学生对爱祖国、爱人民、爱劳动、爱公物和爱社会主义的重要意义的理解,就表明他们的道德认识达到了一定的水平。

(二)道德情感

道德情感是伴随着道德认识而产生的一种内心体验。这种情感既反映了人们的道德需要,又表现出人们对客观现实是否符合自己的道德需要而产生的一种态度体验。

一般来说,在现实生活中的各种事件或是他人、本人的行为,凡是符合自己的道德认识或自己所维护的道德观念时,就会产生积极的情绪体验,否则就会产生消极的情绪体验。道德情感是一种自我意志监督的力量,使人保持良好的行为。

(三) 道德意志

道德意志是人们自觉地确定道德行为目的,支配自己的道德行为,克服各种困难,以实现既定目的的心理过程。它体现在实现道德目标过程中的支持与控制行为的力量。有的学生长年帮助身体有残疾的同学就是意志支持的结果。道德意志还能使人抵御各种诱惑。道德意志的作用就在于发动与既定目的相符的行动,制止与既定目的相悖的行动。

(四) 道德行为

道德行为是指一个人遵照道德规范所采取的言论和行动。它是品德的外显成分,是实现道德动机、达到道德目的的手段。道德意志调节和控制着人的道德行为,使其贯彻始终,经过多次反复和实践,便形成道德行为习惯。道德行为习惯的形成则是品德形成的客观标志。只有学生具有良好的道德行为及其习惯,才能使学校的品德教育具有社会价值。

三、品德的内化过程

一种品德的形成过程经历了从外到内的转化过程,它是社会规范的接受和内化过程。这种内化大致经历了以下三个阶段。

(一) 依从

依从是规范内化的初级阶段。依从即表面上接受规范,按照规范的要求来行动。依从具有一定的盲目性和被动性,个体对规范所要求的行为缺乏足够的了解,对规范的必要性或根据缺乏认识,甚至有抵触情绪,只是迫于权威或情境的压力才遵从了规范。依从水平上的规范也是最不稳定的,一旦外部监控和压力消失了,相应的规范行为就可能会动摇和改变。

(二) 认同

认同比依从深入了一层,简单地说,它是对自己所认可、仰慕的榜样的遵从、模仿。个体在思想、情感和态度上主动地接受了规范,从而试图与之保持一致。认同具有自觉性和主动性,虽然学习者对规范的必要性的认识还有不足,但他已有明确的行为意图,具有一定的稳定性。认同是规范内化的深入阶段。

(三) 内化

内化是品德形成的最高阶段。学习者对社会规范及其价值原则有了深刻的理解,并持有积极的情感体验,使之成为自己的一种信念,即价值观念一体化。学习者所做出的规范行为是由自己的价值信念所驱动的,而不是因为外界的压力所控制。当个体按照自己的价值标准做出行动时,他就会感到满意和快乐;而当自己做了违背自己的价值信念的事情时,他就会感到内疚,受到良心的责问。内化阶段具有高度的自觉性和主动性,因而成了稳定的品德。

可见,德育要从道德行为的纪律约束和外部控制开始,但不能仅仅停留在表面化的依从的水平上。品德是学习者作为活动主体所具有的自觉的、自主的品质,必须引导学生对规范及其价值原则进行思考、分析和判断,促进规范的认同和内化。

四、影响小学生品德形成的因素

影响小学生品德形成的因素极其复杂,归纳起来有环境因素和自身因素两个方面。影响小学生品德形成的环境因素主要包括家庭因素、社会因素、班集体与小群体因素。

(一)环境因素

1. 家庭因素

家庭环境包括家庭教养方式、父母的价值观念、文化、经济、政治背景、人员构成和父母的道德修养等。它对学生品德的形成和发展起着奠基的作用。研究发现信任、民主、宽容的作风与儿童的优良品德之间具有正相关,过分严厉、过分溺爱都不利于儿童良好品德的形成。父母本身的道德观念会影响儿童品德的发展。父母是儿童最早的认同和模仿的对象。父母的道德观念会体现在他们待人接物的方式和态度中,这些对孩子的品德形成起着潜移默化的作用。

2. 社会环境

由于儿童好奇心强,识别能力较差,喜欢模仿,社会风气、大众传媒对他们品德的影响也非常大。而且随着小学生年龄的增加,他们与社会的接触也就越来越广泛,这种影响越来越广泛和深刻。他们既可能接受社会上积极因素的影响而形成良好的品德,也可能受其消极影响而变坏。研究表明,在其他社会条件相同的条件下,观看暴力电影的学生比其他学生表现出了更多的攻击性行为,也有更多的恐惧感。

3. 班集体与小群体

良好的班集体对儿童的品德发展具有很重要的意义。如果一个班级内师生关系良好,同学关系和谐融洽,形成了班级凝聚力,有明确的纪律规范,这就形成了良好的班风。这种班风是一种无形的影响力,对那些品德不良的学生不仅是一种规范,同时又是一种榜样。另外,小学生因为共同的兴趣爱好、共同的活动而形成相互交往、彼此接纳的小群体。小群体内常常会相互模仿、相互感染,既可能使好的习惯和品德得以推广,也可能使不良的思想行为得以蔓延。教师应该对小群体加以积极引导,引导他们更多进行积极向上的、有意义的活动。

(二)自身因素

影响小学生品德形成的因素是内外因素共同作用的结果,除过上述外界环境的因素外,也有自身的因素。有些学生正常的需求没有得到满足,比如希望认可的需求、爱美的需求等。有些学生的意志力很差,不能克服困难和抵抗诱惑。有些学生存在性格上的问题,自卑和敌意较重。小学生心理不成熟,心理调节能力未建立起来。这些问题都会影响学生品德形成。

第二节 品德形成的理论

一、认知发展理论

20世纪60年代以来,心理学家对品德心理发展的问题做了很多研究。其中,皮亚杰、柯尔伯格的品德发展阶段论和班杜拉的社会学习论是最具代表性的理论。前者侧重于道德认知发展规律的探索,后者侧重于道德行为方面的研究。这两种理论对于培养学生的道德品质都富有启发性。

(一)皮亚杰的品德发展阶段论

瑞士心理学家皮亚杰(1896—1980)设计了一些包含道德价值内容的对偶故事来研究儿童的道德认知发展。他要求儿童对故事判断是非对错,从儿童对行为责任的道德判断中来探明他们所依据的道德规则,以及公平观念发展水平。

通过大量的实证研究,皮亚杰发现儿童道德判断能力的发展与其认识能力的发展存在关系,而这种认识能力是在与他人和社会的关系之中得到发展的。

皮亚杰在研究中所用的对偶故事举例:

(1)有一个小男孩叫朱利安。他的父亲出去了,朱利安觉得玩他爸爸的墨水瓶很有意思。开始时他拿着钢笔玩。后来,他在桌布上弄上了一小块墨水渍。(2)一次,一个叫奥古斯塔斯的小男孩发现他父亲的墨水瓶空了。在他父亲外出的那一天,他想把墨水瓶灌满以帮助他父亲。这样,在他父亲回家的时候,他将发现墨水瓶灌满了。但在打开墨水瓶时,他在桌布上弄上了一大块墨水渍。皮亚杰对每一个对偶故事提出了两个问题:(1)这两个孩子的过失是否相同? (2)这两个孩子中,哪一个更坏一些? 为什么?

皮亚杰认为儿童的道德发展大致分为前道德、他律、自律三个阶段。在10岁之前，儿童对道德行为的思维判断主要是依据他人设定的外在标准；在10岁之后儿童对道德行为的思维判断则多半能依据自己的内在标准。在1930年他出版的著作中，皮亚杰把这一过程划分为四个阶段。

第一阶段是自我中心阶段（2～5岁）。这一阶段的儿童开始接受外界的准则，但还不能把自己和他人及外界的环境区别开。儿童按照自己的想象在执行规则。规则对他们来说，还不具有约束力。

第二阶段是权威阶段（6～7、8岁），又称他律阶段。这一阶段的儿童认为服从、听话就是好孩子，否则就是错的，是坏孩子。对外在权威表现出绝对尊敬和顺从的愿望，把成人规定的准则，看成是固定不变的。这个阶段的儿童对行为的判断是根据客观的效果，而不考虑主观动机。

第三阶段是可逆性阶段（8～10岁），又称自律阶段。这一阶段的儿童已经认识到同伴间的社会关系，认识到应尊重共同约定的规则，不把规则看成是不可改变的而把它看作是同伴间的共同约定，是可以改变的。规则已经具有一种保证相互行动、相互取予的可逆特征。同伴间可逆关系的出现表明儿童的思维已从自我中心解脱出来，认识到规则是在维护自己与他人的关系，倾向于自觉地遵守，因而导致一定程度的自律。这标志着儿童道德认识开始形成。

第四阶段是公正阶段（10～12岁）。儿童的公正观念或正义感是在可逆的道德观念上发展起来的。10岁以后，儿童在人与人的关系上，从权威性过渡到平等性。在这一阶段，儿童的道德观念倾向于主持公正、平等。在皮亚杰看来，从可逆性关系转变到公正关系的主要原因是利他主义因素增长的结果。

皮亚杰认为，儿童品德发展阶段的顺序是固定不变的，但这些阶段不是决然划分的，而是一个连续发展的统一体。根据皮亚杰的看法，在从他律到自律发展的过程中，个体的认知能力和社会关系具有重大的影响。道德教育的目标就是使儿童达到自律道德，而要达到这一教育目标就必须注意，在儿童犯错误时，要使他了解为什么这样做不好，注意成人与儿童的关系不应是权威和服从的关系，要培养同伴之间的合作，以发展儿童的道德认识。

（二）柯尔伯格的品德发展理论

美国的教育心理学家柯尔伯格（1927—1987）认为道德思维能力是内在于个体身上，并随着个体的成熟而发展。这就从根本上改变了认为品德仅仅是社会进行道德灌输结果的传统观点。

> 柯尔伯格把皮亚杰的研究方法改进为道德两难故事法。两难故事法举例：
> 在欧洲,有一位妇女因患一种罕见的癌症而面临死亡。医生认为还有一种可以救她的药,即该镇一位药剂师最近发明的一种镭。药剂师以10倍于成本的价值2000元出售该药。病妇的丈夫海因茨向每一位熟人借钱,但总共才凑得药价一半左右的钱。他告诉药剂师:妻子危在旦夕,请他便宜一些售药或允许迟一些日子付款,但药剂师说:"不成!我发明了这种药,正是要用它来赚钱。"海因茨走投无路,闯进该药店为妻子偷了药。故事讲完后,要求被试回答:这个丈夫该不该偷药？为什么？海因茨倘若被捕,法官该不该给他判刑,为什么？药店老板对还是错？为什么？这样的道德两难问题,具有不同道德水平的人会做出不同的判断并提出不同的判断理由。

根据被试的回答,柯尔伯格把道德判断分为三个水平,每个水平又各包括两个阶段。

第一种水平是前习俗水平。大约在幼儿园及小学低年级阶段。该时期的特征是,儿童们遵守规范,但尚未形成自己的主见,着眼于人物行为的具体结果与关心自身的利害。这时期又分为两个阶段:①惩罚和服从的定向阶段。还缺乏是非善恶观念,只是因为恐惧惩罚而要避免它,因而服从规范。认为免受处罚的行为都是好的,遭到批评指责的事都是坏的。②工具性的相对主义定向阶段。行为的好坏按行为的后果带来的赏罚来定,得到奖赏就好,受到惩罚就不好,或是对自己有利就好,对自己不利就是不好,没有主观的是非标准。

第二种水平是习俗水平。这是在小学中年级以上出现的,一直到青年、成年。该时期的特征是个人由于认识到团体的行为规范,进而接受并付诸实践,这时期又可分为两个阶段:①人际协调的定向阶段。个体按照人们所称"好孩子"的要求去做,以得到别人的赞许。如"偷"不对,"互助"是对的。②维护权威或秩序的定向阶段。服从团体规范,"尽本分",要尊重法律权威。海因茨先生"偷"药是不对的。这时判断是非已有了法制观念。

第三种水平是后习俗水平。这个阶段已经发展到超越现实道德规范的约束,达到完全自律(自己支配)的境界。年龄上至少是青年期人格成熟之后,才能达到这一境界。这个水平是理想的境界,成人也只有少数人达到。这一时期也可分为两个阶段:①社会契约定向阶段。有强烈的责任心与义务感,尊重法制,但相信它是人制定的,不适于社会时理应修正。②普遍道德原则的定向阶段。有个人的人生哲学,对是非善恶有其独立的价值标准。对事有所为有所不为,不受现实规范的限制。

柯尔伯格根据自己的大量研究得出结论:0～9岁儿童属前世俗水平;9～15岁,多属习俗水平;16岁以后,一部分人向后习俗水平发展,但达到的人数很少。柯尔伯格认为,这种发展的顺序是由低级阶段依次向高级阶段发展的,这种顺序既不会超越,更不会逆转。

柯尔伯格认为,学生的道德判断可以通过道德两难问题得以训练发展。一个人的智力发展与其道德认识发展是密切相关的,学生认知上的成熟在道德发展中很重要。

二、社会学习品德理论

社会学习理论最初是由美国的心理学家班杜拉在20世纪60年代提出的。他通过大量的研究提出观察学习社会行为更有效的方式。观察学习是人们通过观察他人的行为及行为的后果而间接产生的学习。他认为人的许多态度或行为,不是通过其行为的直接后果即直接经验获得的,而是通过间接经验获得的。

班都拉以学前儿童为对象进行的研究发现,成人榜样对儿童行为有明显的影响,儿童可以通过观察成人榜样的行为而习得新行为:首先让儿童看成人榜样对一个充气娃娃拳打脚踢,然后把儿童带到一个放有充气娃娃的实验室,让他们自由活动。结果发现,儿童也学着成人榜样的动作对充气娃娃拳打脚踢。

在另一项实验中,他们把儿童分为3组,奖励组观看的录像片是一个大孩子在打玩具娃娃,一个成人给他一些糖果作为奖励;惩罚组观看的录像片是一个大孩子打了玩具娃娃后,成人过来打了他一顿,以示惩罚;控制组儿童看到录像片上大孩子的攻击性行为,既不受奖也不惩罚。后来,这些儿童一个个被领进游戏室,里面有大孩子攻击过的玩具娃娃。结果表明,榜样受奖励组儿童的攻击性行为最多,榜样受罚组儿童的攻击性行为最少,控制组居中。这说明,榜样攻击性行为所导致的后果是儿童是否表现这些攻击行为的决定因素。在后续的一项研究中,班都拉要求三组攻击玩具娃娃以获得奖励。结果三组都表现出了强烈的攻击性。这说明,在第一项实验中没有表现出很强烈的攻击性,并不是说明儿童没有观察学会这种攻击行为。

榜样能对学生的行为产生巨大的影响,模仿是学生向社会学习形成品德的重要途径。当榜样的行为和说理教育一致时,品德教育会取得最佳的教育效果。就老师而言,学生仰慕和模仿的教师,通常是那些知识渊博、兴趣广泛、课讲得好、耐心、亲切、体谅学生的困难、乐于帮助学生的教师。

第三节 小学生品德的培养

一、形成道德认识

培养学生品德,先要解决"理解"的问题,提高道德认识。但道德知识的掌握,还不足以成为道德行为的动机,只有建立了道德信念,才会真正成为道德行为的动机。有些学生可能已经具有某些道德认识,但依然不愿接受家长、教师所讲的道德知识和要求。为了使正确的道德认识提升为道德信念,道德教育中应注意学生已形成的实际需要,以及家长、教师的言行是否一致等问题。

二、激发道德情感

道德情感是个人道德行为的内部驱动力,也是一种自我监督和自我完善的力量。对符合道德的规范的言行具有肯定态度,使学生产生称赞、钦佩、满意等积极情感,从而以此为榜样来表现道德行为。对不符合道德规范的行为产生厌恶或惭愧等消极情感,从而避免不道德行为的出现。

三、增强道德意志

有些学生本来一直有较好的表现,但在某种诱惑下却不能坚持道德行为,这是由于他们缺乏意志。学生道德意志的增强,主要通过以下途径实现:在师生之间的谈话和讨论中,理解锻炼意志的必要性;在平时学习过程中,制订并坚决执行学习计划,克服学习中的内部和外部困难,发展良好的意志品质;在集体活动中,使自己的活动服从集体要求,从而提高自我控制能力;提供意志坚强的榜样,从榜样的言行里使学生找到效法的对象。

四、培养道德行为

道德行为的发展,经历了一个由非意志行动到意志行动的发展过程。经过教师和家长的教育和示范,掌握了道德行为方式。再经过对行为结果的强化,就可以养成良好的德性行为习惯。教师、家长应让学生随时了解自己的行为是否符合道德的标准,对于好的进行赞许、表扬、奖励等正强化,对于不好的进行指责、批评、惩罚等负强化,并满腔热情地帮助他们改正,最终形成道德行为习惯。

【案例9-1】

暑假的一天,我上完课回家时,有一件事吸引了我的注意。

路上有一大群人围在一起,还传来一阵喊叫声:"给我,是我的,给我,是我的……"我出于好奇便跑了过去。人真多呀!我使劲往里面挤,好不容易才挤进去。只见一个七八岁的男孩,手背在后面,像是手里有什么东西似的,嘴里还说:"谁丢钱了?谁丢钱了?"一个小伙子指着男孩说:"给我,是我的,我丢了钱,快把钱给我!"

"你丢了多少钱?"

"500!"

"不是500。"

"那就是200,200对了吧。"

"不对,钱不是你的。"

"你这小孩儿,老师怎么教你的。快把钱给我。"

这时,有人指着男孩说:"把钱给他吧"

"他说的不对,不是200,太多了不能够给他!"男孩眼里含着泪,像受了委屈似的。

"那就是50。"那小伙子说。

可那男孩还摇摇头。我想:"到底有多少钱啊?"这时,男孩把手伸出来,我一看,原来只有5角钱。围观的人惊呆了,小伙子看了,就骂了那小男孩几句,然后长扬而去了。那小男孩还在喊:"谁丢钱了?谁丢钱了?"

人群不欢而散,而我却站在那,内心久久不能平静……

(资料来源:小学生德育小故事,http://wenwen.sogou.com/z/q614282121.htm?)

第四节 小学生品德不良的矫正

一、小学生品德不良的含义及特点

学生的品德不良行为是指学生个体或群体由错误道德意识支配的、严重违反道德规范、损害他人或集体利益的行为。小学生品德不良行为不同于一般的学生过错行为。学生过错行为是指学生个体或群体所发生的违反学校中校纪校规的行为。在学校生活中,小学生的不良行为以过错行为居多,品德不良的学生占少数,但其消极作用大,经常干扰学校的教育和教学工作,有的甚至走上犯罪道路。面对这种情况,教师应该重视并采取积极有效的教育措施,努力做好品德不良学生的思想转化工作,尽可能地把他们的不良品德矫正过来。

二、品德不良学生的心理特点

(一)认识方面

品德不良的学生往往不懂得需要的合理性和实现的可能性。常因个人欲望的驱使,做出错误行为,不能清醒地认识到自己行为目的的正确与否、行为手段是否正当,以及可能产生的不良后果。有许多错误的认识,是非颠倒。这些学生往往以为自由散漫、目无组织纪律、为所欲为是具有个性,认为打架斗殴是勇敢、有胆量的表现。

(二)情感与情绪方面

这些学生往往是自尊感与自卑感交织在一起。他们有强烈的自尊需要,不希望别人瞧不起自己。但由于经常受到冷遇、训斥,自卑感强烈,有畏惧、抵触情绪,对家长、教师有戒备心理,不愿意接受帮助,容易自暴自弃。情感易暴易怒,一旦爆发,难以自制,很多过失行为由此而生。情绪极不稳定,有强烈的冲动性。

(三)意志方面

由于个人非分的欲望得不到满足,产生违反社会规则的方式去满足其不合理的需要。对于外界的引诱和胁迫,没有抵制的意志力,只是盲目随从。如果侥幸得逞,以后又不自觉地重复,从而形成坏习惯,陷入错误的泥坑而不能自拔。即使有时也产生上进的愿望,但需作艰苦努力时,常常又软弱下来。

三、小学生不良行为的原因分析

(一)家庭教育中的缺陷

学生品德不良行为的形成与家庭中不良影响密切相关。一些家庭中缺父或少母以及父母离异,孩子在家庭生活中得不到应有的教育和关爱。有的家长对子女的教育不重视,有的家长甚至从不过问子女情况等。有的家长自身起不良示范的作用,整天在家中发牢骚、说怪话,散布对社会的不满情绪。有的家长具有酗酒、赌博、偷窃、腐化等恶习,孩子受其不良影响而产生不良行为。有的家长教育态度与方式方法错误,过分溺爱孩子、庇护孩子,只重视满足子女的物质需要而忽视其思想品德的教育。有的家长只关注学业成绩,不关心品德的问题。

(二)学校教育工作的偏差

学校教育工作存在一些偏差。有些教师缺乏正确的教育思想,为了片面追求升学率,对学生不能一视同仁,对那些中差生或自己不喜欢的学生往往讽刺挖苦或刁难,进行体罚或变相体罚,忽视他们的心理需要和人格尊严。学校的各种压力过高,如升学压力和考试压力等,常会引起学生过度的焦虑与挫折,以至造成他们的对抗心理而产生不良行为。

【案例9-2】

一位教师在教学八年级上册《礼貌显魅力》一课,出示了"孔融让梨"的案例,然后提问:如果你也有三个梨,你会怎么做呢?学生争先恐后地举手:"先把大的给爸爸妈妈,再把小的留给自己";"先让爸爸妈妈吃,再自己吃"……教师颇感满意,突然一个声音传来:"我要先挑大的,在选小的。"此时,教师装作没听到,马上把话题一转,进入下面的教学。下课了,听课的老师饶有兴趣地上前询问学生,为什么你要先选大的呢?学生天真得抬起头:"我要先尝一尝,如果是甜的,我就留给爸爸妈妈吃;如果不甜,就我吃,让爸爸妈妈吃甜的。"……如果这位教师听到这样精彩的话语,肯定会感到十分遗憾!

(资料来源:郭瑞芬.关注课堂细节 注重有效教学——结合案例反思思想品德教学.人教网,2009)

(三)社会风气的不良影响

社会上存在各种错误的思想,不良风气、社会文化生活对孩子的品德产生不良影响。有些学生受学校小群体不良影响或者是社会团体的教唆出现品德不良行为。在一些小群体中,学生一起吃喝玩乐,一起学偷窃、打群架、观看黄色书籍和淫秽录像,以致过错活动越来越升级,思想上的腐蚀和行为上的错误越陷越深,直至犯罪而不能自拔。

(四)学生自身的问题

小学生的心理发展处在不成熟到成熟的迅速社会化阶段,未定型,可塑性大。小学生自我意识、认知能力较差,明辨是非的能力不强,控制自己的情感能力不足,还具有强烈的好奇心和盲目的模仿心理等,容易受到外部条件的诱惑和熏染,再加上缺乏必要的社会生活经验,容易接受各方面因素的影响。他们既可以接受正确教育而把自己塑造成为符合社会道德规范的人,也可以接受错误思想的影响而成为违反社会道德规范的人。

四、品德不良的矫正与教育

品德不良的学生可塑性很大,在不利的条件下很容易变坏,但在有利的条件下也可以成为一个优秀的人才。品德不良学生的教育转化是一项艰巨、细致而又复杂的工作,需要学校、家庭、社会积极配合与共同努力。在教育过程中又必须考虑这些学生特殊的心理状态,采取合理的教育措施。

(一)消除疑惧心理与对立情绪

由于我们对品德不良学生指责和批评多于赞扬和鼓励,这些学生往往比较敏感、有戒心、有敌意,认为教师瞧不起他们,甚至对真心诚意教育他们的老师,也常常持以回避或粗暴无礼的态度。所以,对于这些学生的教育与转化工作,首先要做的是消除疑惧心理与对立情绪。为了消除学生的疑惧心理和对立情绪,必须"晓之以理""动之以情",先要感化,才可能发生转化,使他们相信教师的善意,从生活实践中亲身体验到教师的一片真诚之心,把教师当知心人。

(二)善于发现闪光点

品德不良学生并不都是不好的方面,也有积极的一面,比如一个偷窃的学生,也有同情心。品德不良学生在做违反社会道德规范的行为时也有恐惧感和羞耻感,也模模糊糊地认为这些行动是不道德的,从内心深处也希望得到别人的尊重。教师和家长要善于发现他们内心深处的"闪光点",利用孩子这些积极因素,进行教育和开导。不要一味对他讽刺、挖苦和训斥或惩罚,这样会使孩子在错误的路上越走越远。但他们身上的积极面并不是十分凸显,并且常常被消极的东西所掩盖,有些教师看不到他们身上"闪光"的东西。因此,在转变品德不良学生时,教师要有敏锐的观察力,善于发现他们的积极因素和"闪光点",甚至拿着"放大镜"找优点。

(三)选择最佳的心理时机

品德不良学生的转变,一般要经历醒悟、转变、反复、巩固、稳定的过程。当犯错误的学生感到继续坚持错误的危险性,开始有了改正错误的愿望,这些学生进入了醒悟阶段。这种认识一般的是在事实的教育和教育者的引导下,学生意识到行动的严重后果时产生的。教师要掌握和识别这种心理,及时给予鼓励和帮助。当这些学生开始在行动上有了改正错误的表现时就进入了转变阶段。教师应抓住学生醒悟和转变的良机,加紧工作,进行耐心细致的思想教育,努力促其转化。对他们微小的进步也要给予肯定、表扬、鼓励,使其进步的愿望变为进步的行动,并使其正确的行动不断地得到强化而巩固下来。抓住学生思想转化的最佳心理时机,对矫正学生不良品德是有重要意义的。当然,品德不良学生在转变的过程中会出现反复、又重犯错误的现象,这是正常现象。学生出现反复时,教师绝不能气馁或放弃教育,要更加耐心、更加细致地做好教育和引导工作。

(四)点燃学生的自尊心

犯过错误的学生有着自卑、自暴自弃或反抗的心理,同时也存在着强烈自尊需求。教师的任务就是要善于发现和维护他们的自尊心。为了点燃学生自尊心,教师要更多地采用赞许、表扬、奖励、信任的办法,适当的时候设置一些荣誉称号,如进步奖,激励学生上进。通过集体活动帮助品德不良学生克服缺点,吸引他们参加集体活动,在集体活动中培养他们的集体荣誉感,感受到集体尊严。对于品德不良的学生,教师的信任和期望很重要。让他们担负一些工作,相信他们能完成任务和改正错误,这样可以激发他们改正缺点的决心,增强改正的信心。

【案例9-3】

小明,男,13岁。父母因为感情不和离异,父亲无业长年在外打工,由爷爷奶奶照顾,但是长辈们对其是一味地溺爱,对孩子缺乏严格的管理,使其心理严重失衡,由此带来了行为偏差。学生本人很机灵聪明,接受能力强,能言善辩,懂得的道理也多,但是由于家庭教育方式、社会环境影响等方面的原因,该学生一直对学习没有真正产生兴趣,作业也不能按时完成,学习行为习惯很差,上课不遵守课堂纪律,经常自己不听课还干扰别人;老师、同学讲话时喜欢插嘴,有时上课会喊一些和课堂无关的话,而且只能表扬,不能批评,只要受到老师批评就会情绪激动,或与老师狡辩。而对老师、同学的错误则抓住不放,甚至幸灾乐祸,表现出了明显的自私自利。

我从同学、其他老师、其爷爷奶奶那里了解了一些情况后,知道了其实他是因为缺少关爱,想利用一些奇异动作和上课破坏课堂纪律的方式来引起老师和同学们的注意。因为他往往受人歧视,遭人嫌弃,这就更需要教师用真情去感化他。后来我给他当上了一个数学小组长,还时常地表扬、鼓励他,督促他学习,还经常抽出自己的空余时间给他补课,由于该学生就住在学校附近,所以我经常利用饭后之余到他家进行家访,了解相关情况。功夫不负有心人,现在他的学习态度端正多了,虽然上课偶尔还会开小差,但绝大部分时间能认真听讲,发言也较以往积极,而且作业也能及时完成,学习成绩也在稳步提高。看到他的进步,老师们、同学们都很欣慰,对他的看法也在不断改变中。

(资料来源:班主任德育工作案例,http://www.177liuxue.cn/info/2012-5/314252.html)

(五)培养正确的是非观念

品德不良学生往往是非观念薄弱,缺乏辨别是非的能力。所以提高这些学生辨别是非的能力,是使他们改正错误行为,坚持正确行为的重要方法。适当的时候进行榜样教育。当然,榜样的树立,必须和说理教育结合进行。教师应激起学生改变错误行动的愿望和寻找榜样的需要。选择形象鲜明、特点突出、事迹生动,而且便于模仿的人和事,特别是后进变先进的人和事,作为学习的榜样。通过各种方式,提高学生的辨别是非的能力,知道正确的行为方式,避免稀里糊涂地犯错。

(六)锻炼与诱因做斗争的意志力

错误行动屡教不改,与外界存在的诱因是密不可分的。所以对品德不良行为的矫正,既要改变不合理的需求,也要尽可能控制诱因的条件。因此在矫正的初期,切断诱因是必要的,如让学生更换环境或暂时避开某些诱因。但对于学生真正改变不良行为,单纯的避开诱因是消极的,因为学生很难完全长期地避开诱因,即使能避开,也不能保证在新的诱因下不犯错误。根本的办法是使学生增强在各种环境下都不受诱因影响而有坚持正确方向的能力。这需要通过学生自身的道德努力来矫正不良品德。要达到这一目的,应创设新环境使学生锻炼意志力,培养抵抗诱惑的能力。

(七)重视学生的个别差异

对学生的不良品德,应视年龄、个性、错误的性质与严重程度不同,而采取灵活多样的教育措施。一般来说,年龄小的学生产生某些不道德行动,往往出于好奇心,不了解或不理解道德行动准则的产生。对于他们当多进行正面教育,肯定他们的优点,指出行动方式的不当,指导他们采取正确方法来实现目的。对于年龄较大学生的不良行动,可以采取较严厉的教育方法。在矫正学生不良品德时,教师要进行深入的调查研究,细致全面地了解学生的个性特点,善于发现和利用他们的积极因素去克服消极因素,采取灵活多样的方式方法去进行工作。

【案例9-4】

"唐佳龙,说一说刚才老师问的是什么问题?"一位小男孩站起来,满脸通红,一语不发。"请把你手里的东西拿过来!"他把手中的两粒瓜子给了我,低着头。经过课下询问,他是由于在家里很想吃到瓜子,所以从同学那里拿了几粒瓜子,还未吃,却被没收。在家里没有零食吃,所以就把这个希望寄托在校内和上学的路上,这样他就养成了课下拿人东西的习惯。

每个孩子都有着不同的性格、习惯,而形成他的性格又有多方面的因素,有来自家庭的教育方法,有来自社会的影响等方方面面。唐佳龙,父母离异,跟着爷爷奶奶生活,没有人真正关心他的学习和心理健康。正是由于在这样的环境下生活,才使他养成了这样一个坏毛病。这与他得不到真正的爱和关心有着非常重要的关系。改变这些不能急于一时,要慢慢感化他,我们必须坚持不懈去努力,全方位入手,有针对性地对他进行"矫治"。

(资料来源:小学生心理健康教育个案辅导,http://www.177liuxue.cn/info/zt/2/1708/173400.html)

思考与讨论

1. 什么是品德?它的心理结构是怎样的?
2. 品德的内化过程大致经历哪些环节?
3. 皮亚杰把道德认知发展分为哪些阶段?各有什么特点?
4. 柯尔伯格把儿童道德判断的发展分为哪些阶段?各有什么特点?
5. 试用班杜拉的社会学习理论来解释道德行为的获得。
6. 结合实际,请谈谈如何矫正品德不良学生。

参考文献

[1] 陈琦.教育心理学[M].北京:高等教育出版社,2001
[2] 陈琦,刘儒德.当代教育心理学[M].北京:北京师范大学出版社,2007
[3] 皮连生.教育心理学[M].上海:上海教育出版社,2004

[4]姜智.教育心理学[M].长春:吉林大学出版社,2005
[5]姚本先.儿童发展与教育心理学[M].合肥:安徽大学出版社,2002
[6]易小文,陈杰.教育心理学[M].北京:北京工业大学出版社,2006
[7]吴庆麟.教育心理学[M].北京:人民出版社,1999
[8]肖爱芝.当代教育心理学[M].呼和浩特:内蒙古人民出版社,2005
[9]张大均.教育心理学[M].北京:人民教育出版社,2011